Schriftenreihe

Studien zur Rechtswissenschaft

Band 324

ISSN 1435-6821

Verlag Dr. Kovač

Strafrechtlicher Vermögensschutz in Stiftungen –

eine grenzüberschreitende Betrachtung

Dissertation
zur Erlangung des Grades eines Doktors der Rechte
der Rechts- und Wirtschaftswissenschaftlichen Fakultät
der Universität Bayreuth

vorgelegt

von

Christine Mathilde Streufert

aus Heilbronn-Neckargartach

Dekan: Prof. Dr. Herbert Woratschek
Erstberichterstatter: Prof. Dr. Nikolaus Bosch
Zweitberichterstatter: Prof. Dr. Knut Werner Lange
Tag der mündlichen Prüfung: 17. Februar 2014

Christine Mathilde Streufert

Strafrechtlicher Vermögensschutz in Stiftungen – eine grenzüberschreitende Betrachtung

Verlag Dr. Kovač

Hamburg
2014

VERLAG DR. KOVAČ GMBH
FACHVERLAG FÜR WISSENSCHAFTLICHE LITERATUR

Leverkusenstr. 13 · 22761 Hamburg · Tel. 040 - 39 88 80-0 · Fax 040 - 39 88 80-55

E-Mail info@verlagdrkovac.de · Internet www.verlagdrkovac.de

Bibliografische Information der Deutschen Nationalbibliothek
Die Deutsche Nationalbibliothek verzeichnet diese Publikation
in der Deutschen Nationalbibliografie;
detaillierte bibliografische Daten sind im Internet
über http://dnb.d-nb.de abrufbar.

ISSN: 1435-6821
ISBN: 978-3-8300-7995-8

Zugl.: Dissertation, Universität Bayreuth, 2014

Meinen Eltern

– Ingrid und Wolfgang Streufert –

Vorwort

Die vorliegende Arbeit wurde im Wintersemester 2013/2014 von der Rechts- und Wirtschafts-wissenschaftlichen Fakultät der Universität Bayreuth als Dissertation angenommen. Die zugrunde gelegte Rechtslage und Rechtsprechung sowie die verwendete Literatur befinden sich auf dem Stand der ersten Fassung des Manuskripts vom Dezember 2013.

Mein Dank gilt all denen, die mich bei der Entstehung dieser Arbeit unterstützt und meine Promotionszeit bereichert haben.

Besonders hervorheben möchte ich meinen Doktorvater Herrn Prof. Dr. Nikolaus Bosch. Ihm danke ich für die gute Betreuung meiner Dissertation, die hilfreichen Anmerkungen und die interessanten Diskussionen. Durch die äußerst angenehme Tätigkeit an seinem Lehrstuhl während meines Studiums wurde mein Interesse an der Wissenschaft und am Strafrecht geweckt. Gerne blicke ich auf diese Zeit zurück, die mich und meinen weiteren Werdegang geprägt hat.

Ebenfalls möchte ich mich bei Herrn Prof. Dr. Knut Werner Lange für die freundliche Übernahme des Zweitgutachtens bedanken. Im Zuge seiner Vorlesungen im Rahmen des universitären Schwerpunktbereichs „Unternehmens- und Steuerrecht" bin ich erstmals auf die Rechtsform der Stiftung aufmerksam geworden. Ferner bedanke ich mich bei Herrn Prof. Dr. Brian Valerius für sein Mitwirken im Rahmen des Kolloquiums.

Die Arbeit entstand während meiner Tätigkeit als wissenschaftliche Mitarbeiterin in der Sozietät CMS Hasche Sigle in Stuttgart. Herzlich danken möchte ich an dieser Stelle Herrn Dr. Kai-Guido Schick, der mir im Rahmen dieser Tätigkeit umfassende Einblicke in die Praxis ermöglichte und der auch stets das Vorankommen dieser Arbeit unterstützt hat.

Mein größter Dank gebührt schließlich meinen Eltern, Ingrid und Wolfgang Streufert, ohne die ich nicht wäre was ich bin. Sie haben mein Promotionsvorhaben immer mit ganzem Herzen unterstützt, haben mich stets ermutigt und mich durch so manches Wochenende am Bodensee wieder neu motiviert. Ihnen ist diese Arbeit in Liebe und Dankbarkeit gewidmet.

Abschließend danke ich von ganzem Herzen Herrn Dr. Alexander Schott, der mich durch die Höhen und Tiefen des Studiums und der vergangenen Jahre begleitet hat und so maßgeblich zum erfolgreichen Entstehen dieser Arbeit beitrug.

Oberstenfeld im Mai 2014   Christine Mathilde Streufert

Inhaltsverzeichnis

XI

1. Kapitel   Einführung

„Devote yourself to loving others, devote yourself to your communi-
ty around you, and devote yourself to creating something that gives
you purpose and meaning.“[1]

A) Anlass der Untersuchung

Die Beweggründe für die Errichtung einer Stiftung sind vielfältig. Zu nennen
sind etwa gemeinnützige Motive, der Wunsch zur Sicherung der Unternehmensnachfolge oder zur Sicherstellung einer langfristigen finanziellen Absicherung
der Familie, das „Streben [...] nach persönlicher Anerkennung oder der
Wunsch, sich mit Hilfe der Stiftung ein Stück Unsterblichkeit zu erkaufen“[2].
Diesen Gründen ist gemeinsam, dass ihnen der Gedanke innewohnt, den langfristigen Erhalt von Vermögen zu gewährleisten.[3] Das Vermögen soll im Sinne
des Stifters bewahrt und verwendet werden. Die Stiftung bietet die Möglichkeit,
das Vermögen des Stifters vor und selbst noch nach seinem Tod mithilfe einer
Stiftungskonstruktion zu sichern.[4] Vor diesem Hintergrund hat sich in den letzten Jahren beziehungsweise Jahrzehnten eine starke Nachfrage nach Stiftungs-
konstruktionen im Rahmen von Nachfolgeplanungen entwickelt.[5]

---

[1] *Albom*, Tuesdays with Morrie, S. 127; ins Deutsche übersetzt: „Widme dich liebevoll anderen Menschen, widme dich der Gemeinschaft, die dich umgibt und bemühe dich, etwas zu
schaffen, das deinem Leben Sinn und Bedeutung verleiht.“
[2] *Hüttemann/Rawert* in: Staudinger BGB, Vorbem §§ 80 ff. Rn 6; so auch: *Aebi-Müller*,
ZBJV 2005, 721 (725); *Riemer* in: Maier-Hayoz (Hrsg.) Berner Kommentar zum
schweizerischen Privatrecht: Stiftungen, System. Teil N 48.
[3] Ähnlich: *Hennerkes/Schiffer*, Stiftungsrecht, S. 19.
[4] Siehe hierzu: *Bisle*, DStR 2012, 525 (525 ff.); *von Oertzen/Hosser*, ZEV 2010, 168 (168 ff.);
Wochner, MittRhNotK 1994, 89 (89 ff.) mit weiteren Nachweisen.
[5] Derzeit prominentestes Beispiel ist die Nachfolgeplanung Ferdinand Piechs mithilfe einer
österreichischen Familienstiftung zur Abschirmung und Sicherung seiner VW und Porsche
Anteile vor dem Zugriff seiner Erben. Zur Nachfrage nach Stiftungen siehe auch die Neuer-
richtungszahlen in Deutschland unter: *Bundesverband Deutscher Stiftungen*, Fakten zu Stiftungen in Deutschland, S. 3. Die dritthöchste Neuerrichtungszahl von Stiftungen in der Ge-
schichte der Bundesrepublik belief sich im Jahr 2009 auf 914.

Damit eine Stiftung in der Lage ist, die der Stiftungsgründung zugrundeliegenden Motive des Stifters dauerhaft zu verwirklichen und die an sie gestellten Aufgaben zu bewältigen, muss das Stiftungsvermögen sowohl vor dem Zugriff Dritter als auch vor dem Zugriff von Stiftungsorganen geschützt sein. Insbesondere muss sichergestellt sein, dass das Stiftungsvermögen für die Zweckverfolgung ausreicht und langfristig für die Erzielung des Stiftungszwecks zur Verfügung steht. Bereits aus diesem Grund spielt der Vermögensschutz im Stiftungsrecht eine besondere Rolle.

Berücksichtigt man zudem, dass sich Stiftungen vor allem dadurch auszeichnen, dass im Rahmen der Stiftungtätigkeit eine Vielzahl von Vermögensdispositionen durch Stiftungsorgane getroffen werden, die keiner Kontrolle zum Beispiel durch Gesellschafter unterstehen und auch der Stifter nach der Stiftungserrichtung regelmäßig keinen unmittelbaren Einfluss mehr auf das Stiftungsgeschehen hat, so wird deutlich, dass es insoweit eines besonderen Schutzes des Stiftungsvermögens insbesondere auch mit Blick auf etwaige Fehlverhalten von Stiftungsorganen bedarf. Dies gilt vor allem dann, wenn das Fehlverhalten der Stiftungsorgane zu einer Verminderung und Gefährdung des Stiftungsvermögens führt. Gerade dieser letztgenannte Aspekt verlagert die Diskussion in das Strafrecht und wirft die Frage nach der Bedeutung der strafrechtlichen Komponente des Vermögensschutzes im Rahmen der Stiftung auf, insbesondere danach, ob und inwieweit das Strafrecht einen effektiven Beitrag zum Schutz des Vermögens einer Stiftung leistet.

In Anbetracht des Umstandes, dass deutsche Stiftungen im Wettbewerb zu Stiftungen anderer Rechtsordnungen stehen, lohnt es sich insoweit einen Blick über die Grenzen zu werfen und rechtsvergleichende Aspekte mit in die Bewertung des strafrechtlichen Vermögensschutzes der deutschen Stiftung einzubeziehen.

B) <u>Ziele und Methodik der Untersuchung</u>

Die vorliegende Arbeit befasst sich vor diesem Hintergrund rechtsvergleichend mit dem strafrechtlichen Vermögensschutz in der Stiftung am Beispiel des deutschen und österreichischen Untreuetatbestands gemäß § 266 StGB beziehungsweise § 153 öStGB sowie der schweizerischen ungetreuen Geschäftsbesorgung gemäß Art. 158 chStGB.

Ziel der Untersuchung ist die Beantwortung der Frage nach der Effektivität des strafrechtlichen Vermögensschutzes in der deutschen Stiftung.

Hierfür ist in einem ersten Schritt zu ermitteln, in welchem Umfang das Stiftungsvermögen einer deutschen, österreichischen und schweizerischen Stiftung durch das nationale Strafrecht des jeweiligen Sitzstaates der Stiftung geschützt wird und welche Lücken insoweit bestehen. Dabei wird sowohl die materiell-rechtliche Konzeption des Strafrechts, als auch die tatsächliche Anwendbarkeit dessen beleuchtet. Die einzelnen Rechtsordnungen werden zunächst getrennt voneinander betrachtet, um den jeweiligen Status quo des strafrechtlichen Vermögensschutzes in den verschiedenen Staaten festzustellen. Durch diesen Überblick über die untersuchten Rechtsordnungen soll eine taugliche Vergleichsgrundlage erarbeitet werden, auf der im Rahmen des weiteren Gangs dieser Arbeit aufgebaut werden kann.

Zunächst wird von den drei zu untersuchenden Rechtsordnungen, die Deutschlands betrachtet. Dabei werden die Voraussetzungen des Untreuetatbestandes erläutert und anhand von ausgewählten Praxisbeispielen dargestellt, in welchen Konstellationen dieses Delikt im Rahmen einer deutschen Stiftung verwirklicht werden kann und welche Personen beziehungsweise Organe einer Stiftung taugliche Täter einer Untreue sein können. In diesem Kontext wird insbesondere untersucht werden, ob der Stiftungsvorstand eine Untreue begeht, wenn er Anlagegeschäfte mit einem hohen Risiko für das Stiftungsvermögen tätigt, wenn er Rechtsgeschäfte vornimmt, die dem Stiftungszweck widersprechen, wenn er in eigennütziger Weise auf das Stiftungsvermögen zugreift oder wenn er aus dem Stiftungsvermögen in unzulässiger Weise Zuwendungen an Dritte leistet.

Hieran anschließend wird auf dieser Basis der strafrechtliche Vermögensschutz durch den Untreuetatbestand in einer deutschen Stiftung bewertet. Im Rahmen dessen soll geklärt werden, ob und inwieweit Schutzlücken aufgrund der materiell-rechtlichen Konzeption des Untreuetatbestands oder aufgrund von Defiziten bei der Aufdeckung und Verfolgung strafbarer Verhaltensweisen bestehen.

An die Darstellung des deutschen Rechts schließt sich die Betrachtung der österreichischen und schweizerischen Rechtsordnung an. Hierbei wird entsprechend der Untersuchung des deutschen Rechts vorgegangen, um Anknüpfungspunkte für den anschließenden Rechtsvergleich zu gewinnen.

Zuletzt erfolgt eine rechtsvergleichende Darstellung und Würdigung der zu den einzelnen Rechtsordnungen gewonnenen Erkenntnisse. Ziel dieses Vergleiches ist es, die übergeordnete Frage nach der Effektivität des strafrechtlichen Vermögensschutzes in einer deutschen Stiftung beantworten zu können. Durch den Vergleich mit anderen Rechtsordnungen soll der deutsche strafrechtliche Vermögensschutz in Stiftungen dahingehend bewertet werden, ob es im deutschen Recht weiterer Maßnahmen bedarf, um den strafrechtlichen Vermögensschutz zu stärken und welcher Art solche Maßnahmen sein können.

Abschließend soll ein kurzer Ausblick auf die Reformbestrebungen der Europäischen Union in Hinblick auf das Stiftungsrecht und deren Auswirkungen auf den strafrechtlichen Vermögensschutz in der Stiftung gegeben werden.

2. Kapitel Die untersuchten Rechtsordnungen im Vergleich

A) Deutsche Rechtslage

I) Strafrechtlicher Vermögensschutz durch den Tatbestand der Untreue in der deutschen Stiftung

1) Stiftungsvermögen und Untreue gemäß § 266 Abs. 1 StGB

Wie bereits eingangs dieser Arbeit angedeutet wurde, kommt dem Schutz des Vermögens im Rahmen der Stiftung eine wichtige Funktion zu. Neben dem *Stiftungszweck* und der *Stiftungsorganisation* zählt das *Stiftungsvermögen* zu den wesentlichen Merkmalen einer jeden Stiftung.[6] Dabei liegt die Besonderheit darin, dass es sich bei einer Stiftung[7] um eine rechtsfähige Einrichtung handelt, die einen vom Stifter vorgegebenen Zweck mittels eines bestimmten Vermögens dauerhaft fördert[8], aber nicht aus einem Personenverband besteht[9]. Das heißt, die Stiftung hat weder Mitglieder noch Gesellschafter und auch keinen sonstigen Träger, der ihr Schicksal bestimmt.[10] Daher unterscheidet sich die Stiftung zum Beispiel von klassischen Gesellschaftsformen wie der Aktiengesellschaft (AG)

---

[6] Siehe: *Nietzer/Stadie*, NJW 2000, 3457 (3457 f.); *Ellenberger*, in: Palandt, Vorb v § 80 Rn 5.

[7] Die Stiftung ist im deutschen Recht in den §§ 80 ff. BGB und in den einschlägigen Landesstiftungsgesetzen geregelt. Weder in den Bundes- noch in den Landesgesetzen existiert eine Legaldefinition des Begriffes „Stiftung".

[8] BVerwG Urt. v. 12.02.1998 - 3 C 55/96, NJW 1998, 2545 (2546); BayObLG Beschl. v. 25.10.1972 - 2 Z 56/72, NJW 1973, 249 (249 ff.); *Nietzer/Stadie*, NJW 2000, 3457; *von Campenhausen*, in: Seifart/von Campenhausen (Hrsg.), Stiftungsrechts-Handbuch, § 1 Rn 1; *Hüttemann/Rawert*, in: Staudinger BGB, Vorbem. §§ 80 ff. Rn 1.

[9] BVerwG Urt. v. 12.02.1998 - 3 C 55/96, NJW 1998, 2545 (2546); *Hüttemann/Rawert*, in: Staudinger BGB, Vorbem. §§ 80 ff. Rn 1; *Reuter*, in: Säcker/Rixecker (Hrsg.), MüKo BGB, Vor §§ 80 ff. Rn 51.

[10] *Zimmermann*, NJW 2011, 2931 (2932).

oder der Gesellschaft mit beschränkter Haftung (GmbH) dadurch, dass das *Vermögen* und nicht der Personenverbund *rechtlich verselbständigt* sind.[11]

Dieses „verselbständigte Vermögen" bedarf eines besonderen Schutzes, da Eigentumszuständigkeit und Einfluss auf die Verwaltung bei der Stiftung konsequent auseinander fallen. Anders als bei der Aktiengesellschaft, bei der die Aktionäre im Rahmen der Hauptversammlung auf die Geschicke der Gesellschaft Einfluss nehmen können[12], fehlt diese Kontrollkomponente bei der Stiftung.

Das Stiftungsvermögen unterliegt nur dem Einfluss der darüber zur Verfügung berechtigten Stiftungsorgane. Aus der Trennung des Vermögens vom Einfluss des Stifters resultiert eine ungewohnt starke Machtstellung der Stiftungsorgane.[13] Diesen obliegt im Rahmen der Stiftung die Verwaltung des Vermögens, wobei sie vom ursprünglichen Vermögensinhaber weder „kontrolliert" werden, noch dessen Einfluss unterliegen. Die besondere Schutzbedürftigkeit der Stiftung resultiert daher insbesondere aus dieser Trennung vom Einfluss des ursprünglichen Vermögensinhabers, dem Stifter[14].

---

[11] Vergleiche *Langenfeld*, ZEV 2002, 481 (482); *Reuter*, in: Säcker/Rixecker (Hrsg.), MüKo BGB, Vor §§ 80 ff. Rn 51; *Zensus/Schmitz*, NJW 2012, 1323 (1328).

[12] Die Hauptversammlung bestellt beispielsweise die Mitglieder des Aufsichtsrats (§ 119 Abs. 1 Nr. 1 AktG), die ihrerseits den Vorstand bestellen (§ 84 Abs. 1 Satz 1 AktG), ferner entscheidet sie über Satzungsänderungen (§ 119 Abs. 1 Nr. 5 AktG) und insbesondere Kapitalmaßnahmen, wie Kapitalerhöhungen oder Kapitalherabsetzungen (§ 119 Abs. 1 Nr. 6 AktG). Zudem entscheidet sie über die Verwendung des Bilanzgewinns (§ 119 Abs. 1 Nr. 2 AktG).

[13] Ausführlicher hierzu und eine Darstellung, inwiefern sich diese Situation auf die Durchsetzbarkeit des strafrechtlichen Vermögensschutzes in der Stiftung auswirkt, findet sich unter: 2. Kapitel A) II) 1) Umfang des strafrechtlichen Vermögensschutzes.

[14] Als Stifter kommen neben natürlichen Personen auch juristische Personen, das heißt Personen- und Kapitalgesellschaften sowie rechtsfähige Stiftungen in Betracht (siehe hierzu: *Ihle*, RNotZ 2009, 557 (559); *Hof*, in: Hopt/Reuter (Hrsg.), Stiftungsrecht in Europa, S. 301 (305); *Schlüter/Stolte*, Stiftungsrecht, 2. Kap. Rn 30; *Schlüter*, in: Henssler/Strohn (Hrsg.), Gesellschaftsrecht, § 81 BGB, Rn 1.). Auch eine Gesellschaft des bürgerlichen Rechts (GbR) kann Stifter sein, soweit sie als (Außen-) GbR rechtsfähig ist (vgl.: Zur Rechtsfähigkeit der (Außen-)GbR: BGH Urt. v. 29.01.2001 - II ZR 331/00, BGHZ 146, 341 (341 ff.); ferner *Schlüter/Stolte*, Stiftungsrecht, 2. Kap. Rn 30; *Schlüter*, in: Henssler/Strohn (Hrsg.), Gesellschaftsrecht, § 81 BGB Rn 1.). Sollte es sich aber um eine nicht rechtsfähige (Innen-) GbR oder eine Erbengemeinschaft handeln, können nur deren Gesellschafter respektive die Miterben gemeinschaftlich als natürliche Personen tauglicher Stifter sein (siehe: *Hof*, in: Hopt/Reuter (Hrsg.), Stiftungsrecht in Europa, S. 301 (305); *Schlüter/Stolte*, Stiftungsrecht, 2.

Eine weitere Besonderheit der Stiftung liegt darin begründet, dass der langfristige Vermögenserhalt für den Fortbestand der Stiftung und die Stiftungszweckerfüllung von besonderer Bedeutung ist. Zwar muss zum Beispiel auch das Vermögen einer Aktiengesellschaft vor untreuerelevanten Handlungen geschützt werden. Jedoch besteht im Vergleich zur Stiftung insoweit eine Besonderheit als bei der Aktiengesellschaft primär das operative Geschäft im Vordergrund steht, es also darum geht, „Geld zu verdienen", Gewinne zu erwirtschaften und diese, sofern sie nicht thesauriert werden, an die Aktionäre auszubezahlen. Demgegenüber liegt der Schwerpunkt einer Stiftung darin, Vermögen zu erhalten[15] und Vermögen entsprechend des Stiftungszwecks auszugeben. Aus diesem Grund spielen bei der Stiftung der Gedanke des langfristigen Vermögenserhalts und damit auch der Vermögensschutz eine viel größere Rolle, als bei der Aktiengesellschaft.

Mangelnde Einflussmöglichkeiten des ursprünglichen Vermögensinhabers[16], die besondere Situation des „verselbständigten Vermögens" der Stiftung sowie die auf Vermögenserhalt ausgelegte Zielsetzung der Stiftung machen deutlich, dass dem Vermögensschutz im Rahmen der Stiftung eine besondere Bedeutung beigemessen wird.

Den Tatbestand der Untreue nach § 266 StGB verwirklicht - verkürzt dargestellt -, wer die ihm durch Gesetz, Auftrag oder Rechtsgeschäft eingeräumte Befugnis missbraucht, über fremdes Vermögen zu verfügen oder die ihm kraft Gesetz, Auftrag, Rechtsgeschäft oder aus einem sonstigen Treueverhältnis obliegende Pflicht verletzt, fremde Vermögensinteressen wahrzunehmen. Die Untreue sanktioniert mithin im Kern solche Verhaltensweisen, im Rahmen derer eine Person fremde, ihr anvertraute Vermögensinteressen verletzt. Geschütztes

---

Kap. Rn 30. Eine Erbengemeinschaft ist selbst grundsätzlich nicht rechtsfähig, hierzu BGH Beschl. v. 17.10.2006 - VIII ZB 94/05, NJW 2006, 3715 (3715).).

[15] Vorbehaltlich der Sondersituation der durch Gesetz vom 21.03.2013 neu eingefügten Verbrauchsstiftung, bei der der Verbrauch des Stiftungsvermögens, innerhalb eines 10-Jahres-Zeitraums, zulässig ist.

[16] Näher auf diese Situation und die sich daraus ergebende Konsequenz hinsichtlich der Durchsetzung des strafrechtlichen Vermögensschutzes wird eingegangen unter: 2. Kapitel A) II) 1) Umfang des strafrechtlichen Vermögensschutzes.

Rechtsgut der Untreue ist das *individuelle Vermögen*[17] des Treugebers, was insbesondere durch den Gesetzeswortlaut „fremdes Vermögen" und „fremde Vermögensinteressen" zum Ausdruck kommt. Vergegenwärtigt man sich die vorstehende Definition, so wird deutlich, dass mit der Untreue vor allem solche Verhaltensweisen sanktioniert werden sollen, deren Gefährlichkeit aus „der Verletzung einer anvertrauten internen Machtstellung [...]" resultiert und deren Opfer sich durch eine erhöhte Schutzbedürftigkeit auszeichnen[18]. Wie vorstehend dargestellt wurde, spielen beide Aspekte im Rahmen der Stiftung eine besondere Rolle, weshalb dem Tatbestand der Untreue im Rahmen der Untersuchung des strafrechtlichen Vermögensschutzes im deutschen Stiftungsrecht die maßgebliche Bedeutung zukommt.

Nachfolgend soll vor diesem Hintergrund dargestellt werden, inwiefern der Straftatbestand der Untreue gemäß § 266 StGB in Stiftungen verwirklicht werden kann. Zur Erörterung werden zunächst die einzelnen Tatbestandsmerkmale der Untreue hinsichtlich ihrer Relevanz für den Vermögensschutz im Rahmen einer Stiftung untersucht. Insoweit werden nach Tathandlung, tauglichem Täter, Einverständnis und Vermögensnachteil gegliedert und an Hand von Praxisbeispielen sowie Beispielen aus der Rechtsprechung jeweils konkrete Bezüge zu potentiellen Fehlverhalten von Stiftungsorganen hergestellt.

Aufgrund der in vielen Teilen zivilrechtsakzessorischen Ausgestaltung des Untreuetatbestandes[19] soll die nachfolgende Darstellung nicht auf rein strafrechtliche Aspekte beschränkt bleiben; vielmehr sind insbesondere auch die zivilrechtlichen Vorgaben des Stiftungsrechts, wie zum Beispiel gesetzliche Vorgaben an die Ausgestaltung der Stiftung oder Vorgaben aus der Stiftungssatzung, mit in die Betrachtung einzubeziehen. Erst aus dem Stiftungsrecht sowie der konkreten Ausgestaltung einer Stiftung lassen sich Anhaltspunkte vor allem hinsichtlich

---

[17] Vergleiche nur: *Dierlamm,* in: Joecks/Miesbach (Hrsg.), MüKo StGB, Bd. 4; *Saliger,* in: SSW-StGB, § 266 Rn 1; *Fischer,* § 266 Rn 2; *Perron,* in: Sch/Sch StGB, § 266 Rn 1.
[18] *Saliger,* in: SSW-StGB, § 266 Rn 3; ähnlich: *Lassmann,* Stiftungsuntreue S. 47 f.; *Lassmann,* NStZ 2009, 473 (474).
[19] So auch: *Bosch,* JZ 2009, 225 (227); *Dierlamm,* StraFo 2005, 397 (398); *Momsen/Christmann,* NZI 2010, 121 (124); kritisch: *Eisele,* GA 2001, 377 (377) mit weiteren Nachweisen; *Kiethe,* BB 2005, 1801 (1802).

des Umfanges von Treuepflichten ableiten. Mithin wird der Umfang des strafrechtlichen Vermögensschutzes maßgeblich durch die Ausgestaltung der Stiftung bestimmt.

2) Tathandlung

Der Tatbestand der Untreue gemäß § 266 StGB enthält zwei Tatbestandsvarianten, den sogenannten Missbrauchstatbestand und den sogenannten Treuebruchtatbestand. Unbeschadet dieser Differenzierung ist beiden Tatbestandvarianten gemeinsam, dass das entscheidende Unrechtsmerkmal in der Verletzung einer Vermögensbetreuungspflicht begründet liegt, die dem Täter gegenüber einem Dritten obliegt.

Nachfolgend wird zunächst ein kurzer Überblick über die Unterschiede beziehungsweise Gemeinsamkeiten beide Tatbestandsvarianten gegeben. Für die Ausführungen zum deutschen Recht wird sodann die Differenzierung zwischen Missbrauchs- und Treuebruchtatbestand nicht weiter untersucht, da wie nachfolgend kurz dargestellt wird, der Treuebruchtatbestand nach ganz überwiegender Meinung im Grunde den Missbrauchstatbestand mit umfasst. Dies ist jedoch nicht in allen untersuchten Rechtsordnungen so. Daher wird im Rahmen des Rechtsvergleichs diese Unterscheidung nochmals aufgegriffen werden.

Im Anschluss an diesen Überblick wird im Einzelnen dargestellt werden, woraus sich Vermögensbetreuungspflichten als beiden Tatbestandsvarianten gemeinsame Voraussetzung im Rahmen der Tätigkeit einer Stiftung ergeben können.

a) Missbrauchs- und Treuebruchtatbestand

Gemäß § 266 Abs. 1 Variante 1 StGB setzt der *Missbrauchstatbestand* voraus, dass „der Täter eine ihm durch Gesetz, behördlichen Auftrag oder Rechtsgeschäft eingeräumte Befugnis, über fremdes Vermögen zu verfügen oder einen anderen zu verpflichten, missbraucht". Diese Tatbestandsvariante stellt mithin den Missbrauch einer rechtlichen Befugnis unter Strafe.[20] Die erforderliche Be-

---

[20] Siehe: *Saliger,* in: SSW-StGB, § 266 Rn 18 f.; *Fischer,* § 266 Rn 9.

fugnis kann sich aus dem Gesetz ergeben,[21] aus einem behördlichen Auftrag[22] oder aus einem Rechtsgeschäft. Umfasst sind davon insbesondere Vollmachten, Ermächtigungen und organschaftliche Positionen in einer Gesellschaft. Tatbestandshandlung ist der Missbrauch dieser Befugnis. Dabei kommt es im Kern darauf an, dass der Täter im Rahmen seines rechtlichen Könnens im Außenverhältnis handelt, jedoch das rechtliche Dürfen im Innenverhältnis überschreitet.[23]

Während sich das Außenverhältnis zum Beispiel an Hand der Vertretungsmacht definiert, bemisst sich das Innenverhältnis nach der internen Befugnis, also der individuellen Beziehung zwischen Vermögensinhaber und Vermögensbetreuer. Diese ist in vielen Fällen begrenzter ausgestaltet, zum Beispiel, indem der Abschluss bestimmter besonders wichtiger Rechtsgeschäfte unter den Zustimmungsvorbehalt von weiteren Organen gestellt wird. Diese Unterteilung zwischen Außen-[24] und Innenverhältnis ist grundlegend, wenn es um die Abgrenzung zwischen Missbrauchs- und Treuebruchtatbestand geht, da es für die Verwirklichung des Treuebruchtatbestandes im deutschen Recht ausreicht, wie nachfolgend noch darzustellen sein wird, wenn eine Vermögensbetreuungspflicht verletzt wird.

Der *Treuebruchtatbestand* im Sinne des § 266 Abs. 1 Variante 2 StGB setzt voraus, dass „der Täter eine ihm kraft Gesetzes, behördlichen Auftrages, Rechtsgeschäfts oder eines Treueverhältnisses obliegende Pflicht, fremde Vermögensinteressen wahrzunehmen, verletzt". Bei dieser Variante kann sich eine Vermögensbetreuungspflicht aus denselben Quellen ergeben, wie die Befugnis im Rahmen der Missbrauchsvariante, darüber hinaus aber auch aus einem sonstigen

---

[21] Beispielsweise § 1626 BGB (elterliche Sorge), §§ 2205 ff. BGB (Testamentsvollstreckung), § 35 GmbHG (Vertretung der GmbH durch den Geschäftsführer), § 78 AktG (Vertretung der AG durch den Vorstand).

[22] Ein behördlicher Auftrag kann zum Beispiel durch die Wahl zum Bürgermeister oder durch Ernennung eines Beamten begründet werden, hierzu: *Dierlamm,* in: Joecks/Miesbach (Hrsg.), MüKo StGB, Bd. 4, § 266 Rn 28.

[23] Vergleiche: BGH Beschl. v. 25.11.2003 - 4 StR 239/03, BGHSt 49, 17 (18); BGH Urt. v. 16.12.2010 - 4 StR 492/10, NStZ 2011, 280 (280 f.).

[24] Die im Außenverhältnis wirksame Missbrauchshandlung muss grundsätzlich auf einer rechtsgeschäftlichen Handlung beruhen. Rein faktische Handlungen genügen hierfür nicht. Siehe: *Kühl,* in: Lackner/Kühl (Hrsg.), § 266 Rn 6; in diesem Sinne auch *Schramm,* NStZ 2000, 398 (398 f.).

„Treueverhältnis". Dieses Treueverhältnis kann nicht nur auf rechtlichen, sondern auch auf rein tatsächlichen Verhältnissen beruhen.[25] Tatbestandshandlung ist die Verletzung der Vermögensbetreuungspflicht. Da die Treuebruchvariante im Gegensatz zum Missbrauchstatbestand nicht an die wirksame Ausübung externer Rechtsmacht gebunden ist[26], sondern auch sonstige Treuepflichtverletzungen sanktioniert, kann die Tathandlung auch in einem rein faktischen Verhalten des Täters begründet liegen.[27] Insofern ist der Treuebruchtatbestand umfassender als der Missbrauchstatbestand.[28]

Während der Treuebruchtatbestand weiter gefasst ist als der Missbrauchstatbestand und letzterer insofern einen Spezialfall des Treubruchtatbestands darstellt[29], setzen beide Tatbestandsvarianten „die Verletzung einer inhaltsgleichen Vermögensbetreuungspflicht als gemeinsamen Unrechtskern voraus (sogenannte streng monistische Untreuetheorie)"[30]. Insbesondere die Tatsache, dass die „Befugnis" im Rahmen des Missbrauchstatbestandes aus denselben Rechtsquellen gefolgert wird, wie die „Treuepflicht" im Rahmen des Treuebruchtatbestandes, indiziert dieses Ergebnis. Rechtsprechung und das überwiegende Schrifttum sehen daher den „gemeinsamen Unrechtskern [der Untreue in der] Verletzung einer für beide Tatbestandsvarianten identischen Pflicht zur fremdnützigen Ver-

---

[25] Vergleiche: *Dierlamm,* in: Joecks/Miesbach (Hrsg.), MüKo StGB, Bd. 4, § 266 Rn 144; *Kühl,* in: Lackner/Kühl (Hrsg.), § 266 Rn 10.

[26] Dies hat zur Konsequenz, dass die Treubuchuntreue in allen Fällen in Betracht kommt, in denen die interne Rechtsmacht als Grundlage der Vermögensbetreuungspflicht pflichtwidrig eingesetzt wird. Näher hierzu: *Saliger,* in: SSW-StGB, § 266 Rn 24.

[27] *Schramm,* NStZ 2000, 398 (298); *Dierlamm,* in: Joecks/Miesbach (Hrsg.), MüKo StGB, Bd. 4, § 266 Rn 151; *Kühl,* in: Lackner/Kühl (Hrsg.), § 266 Rn 15.

[28] Vielfach diskutiert wird daher in diesem Zusammenhang die Bestimmtheit des § 266 StGB. Siehe hierzu: BVerfG Beschl. 23.06.2010 - 2 BvR 2559/08, 2 BvR 105/09, 2 BvR 491/09, BVerfGE 126, 170 (193).

[29] Vergleiche nur *Labsch,* NJW 1986, 104 (106 f.); *Dierlamm,* in: Joecks/Miesbach (Hrsg.), MüKo StGB, Bd. 4, § 266 Rn 16; *Kindhäuser,* in: Kindhäuser/Neumann/Paeffgen (Hrsg.), StGB, § 266 Rn 26; *Kühl,* in: Lackner/Kühl (Hrsg.), § 266 Rn 21.

[30] *Saliger,* in: SSW-StGB, § 266 Rn 6 mit weiteren Nachweisen; ferner *Lassmann,* NStZ 2009, 473 (474); andere Ansichten stellen darauf ab, dass für die Missbrauchsuntreue nur die Verletzung fremdnütziger Verfügungs- und Verpflichtungsbefugnisse vorliegen muss (sog. eingeschränkte monistische Untreuetheorie) oder darauf, dass die Alternativen grundsätzlich selbständig sind, jedoch für die Missbrauchsuntreue im Wesentlichen ein Missbrauch der nach außen eingeräumter Rechtsmacht genügt (sog. modifizierte dualistische Untreuetheorie).

mögensbetreuung".[31] Die „Vermögensbetreuungspflicht" ist damit zentraler Bestandteil *beider* Tatbestandsvarianten und daher im Folgenden maßgeblicher Anknüpfungspunkt für die weitere Untersuchung der Stiftungsuntreue.

Dies lässt die Frage in den Vordergrund treten, welche Erfordernisse an das Vorliegen einer Vermögensbetreuungspflicht zu stellen sind.

Hierzu kann festgehalten werden, dass eine allgemeingültige Definition, was unter einer Vermögensbetreuungspflicht zu verstehen ist, im deutschen Recht nicht existiert. Allerdings hat die Rechtsprechung einen Indizienkatalog entwickelt, anhand dessen sich das Vorliegen einer Vermögensbetreuungspflicht bestimmen lässt. Bereits das Reichsgericht stellte dazu auf den *Umfang* und die *Dauer der Pflichtenstellung*, den Charakter der Betreuungspflicht als *Hauptpflicht* sowie die *selbstständige Stellung* des Treupflichtigen ab.[32] Diese Kriterien wurden in der Folge vom Bundesgerichtshof fortentwickelt. So fordert der BGH regelmäßig, dass es sich um eine fremdnützige Vermögenssorge handelt,[33] die Pflicht zur Vermögenssorge die wesentliche Verpflichtung darstellen muss, sie also nicht nur von untergeordneter Bedeutung sein darf[34] und die vermögenssorgende Person über einen eigenverantwortlichen Handlungsspielraum verfügt.[35]

---

[31] BGH Urt. v. 26.07.1972 - 2 StR 62/72, BGHSt 24, 386 (387); BGH Urt. v. 13.06.1985 – 4 StR 213/85, BGHSt 33, 244 (250); BGH Urt. v. 25.02.1988 - 1 StR 466/87, BGHSt 35, 224 (224ff.); *Knauth,* NJW 1983, 1287 (1289); *Schreiber/Beulke* JuS 1977, 656 ff.; *Nelles,* Untreue zum Nachteil von Gesellschaften 1991, S. 186 ff.; *Dierlamm,* in: Joecks/Miesbach (Hrsg.), MüKo StGB, Bd. 4, § 266 Rn 21.

[32] RG Urt. v. 14.12.1934 - 1 D 865/34, RGSt 69, 58 (58 ff.).

[33] BGH Urt. v. 25.07.1984 - 3 StR 192/84, NJW 1984, 2958 (Fundstelle); BGH Urt. v. 22.05.1991 - 3 StR 87/91, NJW 1991, 2574 (2574); BGH Urt. v. 13.05.2004 - 5 StR 73/03, NJW 2004, 2248 (2248); BGH Beschl. v. 01.04.2008 - 3 StR 493/07, wistra 2008, 427 (427); BGH Beschl. v. 03.05.2012 - 2 StR 446/11, NStZ 2013, 40 (40).

[34] BGH Beschl. v. 26.05.1983 - 4 StR 265/83, NStZ 1983, 455 (455); BGH Urt. v. 25.07.1984 - 3 StR 192/84, NJW 1984, 2958 (2958); BGH Urt. v. 13.06.1985 - 4 StR 213/85, NJW 1985, 2280 (2280); BGH Beschl. v. 01.04.2008 - 3 StR 493/07, wistra 2008, 427 (427).

[35] BGH Beschl. v. 26.05.1983 - 4 StR 265/83, NStZ 1983, 455 (455); BGH Urt. v. 25.07.1984 - 3 StR 192/84, NJW 1984, 2958 (2958); BGH Urt. v. 22.05.1991 - 3 StR 87/91, NJW 1991, 2574 (2574); BGH Beschl. v. 01.04.2008 - 3 StR 493/07, wistra 2008, 427 (427); BGH Beschl. v. 03.05.2012 - 2 StR 446/11, NStZ 2013, 40 (40).

Eine Vermögensbetreuungspflicht kann grundsätzlich aus Gesetz, behördlichem Auftrag oder Rechtsgeschäft oder einem „tatsächlichen Treueverhältnis" entstehen.[36] Ein tatsächliches Treueverhältnis kann etwa „dadurch begründet sein, dass der Betreffende [faktisch] die organschaftlichen Aufgaben eines Geschäftsführers übernommen und diese ausgeführt hat".[37]

Aus vorstehenden Ausführungen wird bereits deutlich, dass sich verallgemeinernde Aussagen, in welchen Konstellationen Vermögensbetreuungspflichten bestehen, nicht treffen lassen, sondern es sich insoweit immer um eine Einzelfallbetrachtung handeln muss, in deren Rahmen sämtliche der vorstehend dargestellten Kriterien mit einbezogen werden müssen. Dennoch soll nachfolgend der Versuch unternommen werden, zunächst einen Überblick über potentielle Quellen für Vermögensbetreuungspflichten im Rahmen einer Stiftung zu gewinnen, bevor im Anschluss hieran taugliche Täter der Stiftungsuntreue identifiziert sowie ausgewählte Verhaltensweisen von Stiftungsorganen daraufhin untersucht werden sollen, ob diese die Verletzung einer Vermögensbetreuungspflicht begründen oder nicht.

b) Rechtsquellen für Vermögensbetreuungspflichten im Rahmen einer Stiftung

Nachfolgend werden Rechtsquellen aus dem Kontext einer Stiftung dargestellt, aus denen gegebenenfalls Vermögensbetreuungspflichten erwachsen können. Wie bereits oben erwähnt, müssen die stiftungsrechtlichen Pflichten die von der Rechtsprechung geforderten Kriterien erfüllen, um Vermögensbetreuungspflichten zu begründen. Dies erfordert eine umfassende Darstellung des Inhalts dieser Rechtsquellen. Insofern ist es notwendig, zunächst die stiftungsrechtlichen Grundlagen vertieft darzustellen, um zu eruieren, ob diese eine fremdnützige Vermögenssorge zum Gegenstand haben, die Pflicht zur Vermögenssorge die

---

[36] BGH Beschl. v. 13.12.2012 - 5 StR 407/12, NJW 2013, 624 (625); siehe hierzu auch: *Perron,* in: Sch/Sch StGB, § 266 Rn 9 ff.; *Saliger,* in: SSW-StGB, § 266 Rn 12; *Fischer,* § 266 Rn 10 f.
[37] BGH Beschl. v. 13.12.2012 - 5 StR 407/12, NJW 2013, 624 (625); ferner *Fischer,* § 266 Rn 40, 42.

wesentliche Verpflichtung darstellt und der vermögenssorgenden Person ein eigenverantwortlicher Handlungsspielraum zugestanden wird.

Ziel des nachfolgenden Abschnittes ist es, einen Eindruck von den in Betracht kommenden stiftungsrechtlichen Rechtsquellen zu erhalten.

(1) Stiftungssatzung

Die eigentliche Grundordnung der Stiftung ist die *Stiftungssatzung*[38], womit diese zuvorderst in die Betrachtung der Rechtsquellen für etwaige Vermögensbetreuungspflichten aus der Sphäre der Stiftung einzustellen ist.

Insoweit sollen nachfolgend exemplarisch einige typische Regelungen einer Stiftungssatzung dargestellt und daraufhin untersucht werden, ob aus diesen Vermögensbetreuungspflichten zum Beispiel für handelnde Organe oder Aufsichtsgremien resultieren. Nachfolgend wird der Fokus zunächst auf die allgemeinen Vorgaben für Stiftungssatzungen gelegt, um einen Eindruck davon zu gewinnen, welche Bestimmungen in einer Stiftungssatzung zu finden sind. Dies lässt bereits einen ersten Rückschluss auf etwaig daraus resultierende Pflichten zu. Daran anschließend erfolgen eine Einzelfallbetrachtung typischer Satzungsbestimmungen und deren Einordnung als Quelle von Vermögensbetreuungspflichten im Sinne des Untreuetatbestandes.

Die Stiftungssatzung muss mindestens Name, Sitz, Zweck[39] und Vermögen der Stiftung sowie Angaben über die Bildung des Stiftungsvorstands enthalten, § 81 Abs. 2 BGB.[40] Sie wird als Anlage dem Stiftungsgeschäft beigefügt.[41] Zudem wird die Stiftungssatzung regelmäßig klare Regelungen für den Umgang

---

[38] *Ellenberger,* in: Palandt § 85, Rn 1; *Stingl,* S. 56.

[39] Zu etwaigen aus dem Stiftungszweck folgenden Vermögensbetreuungspflichten und deren Verletzung im Rahmen der Stiftung siehe unter: 2. Kapitel A) II) 4) b) Stiftungszweckwidrige Verwendung der Stiftungserträge.

[40] Siehe näher hierzu: *Turner/Doppstadt,* DStR 1996, 1448 (1449 ff.); *Langenfeld,* ZEV 2002, 481 (482 f.); *Schlüter/Stolte,* Stiftungsrecht, 2. Kap. Rn 33 ff.; *Fischer/Ihle,* DStR 2008, 1692 (1692 ff.); *Schlüter,* in: Henssler/Strohn (Hrsg.), Gesellschaftsrecht, § 81 BGB Rn 2 ff.; *Zimmermann,* NJW 2011, 2931 (2932).

[41] Schlüter/Stolte, Stiftungsrecht, 2. Kap. Rn 33; *Ihle,* RNotZ 2009, 557 (560); Schlüter, in: Henssler/Strohn (Hrsg.), Gesellschaftsrecht, § 81 BGB Rn 2.

mit dem Stiftungsvermögen enthalten. Über die vorstehenden elementaren Regelungen hinaus empfiehlt es sich und ist es in der Praxis auch üblich, eine Vielzahl weiterer Regelungen in die Satzung einer Stiftung mit aufzunehmen[42]. Dies betrifft insbesondere Voraussetzungen zur Satzungsänderung, Vorgaben hinsichtlich der Zusammenlegung und Auflösung der Stiftung, des Vermögensanfalls beim Erlöschen der Stiftung sowie Regelungen zu weiteren Organen (Kontroll- und Beratungsgremien).

Ferner können weitere Vorgaben hinsichtlich des Inhalts von Stiftungssatzungen aus den einschlägigen Landesstiftungsgesetzen resultieren. Die Vorgaben der Landesstiftungsgesetze unterscheiden sich jedoch zum Teil, je nach Bundesland in dem die Stiftung angesiedelt ist und je nachdem welche Landesstiftungsgesetze daher zur Anwendung kommen.[43] Diese sollen für den weiteren Gang dieser Untersuchung nicht näher beleuchtet werden.

Eine Stiftungssatzung kann daher, abhängig von anwendbaren zwingenden Vorgaben und jeweiligem Regelungsbedarf, aus einer Vielzahl von Regelungen bestehen, die unterschiedliche Pflichten für die handelnden Organe begründen. Jedoch folgen nicht aus allen Regelungen der Stiftungssatzung zugleich Vermögensbetreuungspflichten. Entscheidend ist, ob den Regelungen ein vermögensbetreuender Charakter innewohnt.

Dies hat der Bundesgerichtshof in einer jüngeren Entscheidung zu einer englischen limited company noch einmal bekräftigt. Hiernach können, was letztlich auch nahe liegt, aus der Regelung eines Gesellschaftsvertrages respektive einer Satzung einer Gesellschaft Vermögensbetreuungspflichten abgeleitet werden, sofern diese Regelung dem Schutz des Gesellschaftsvermögens dient.[44] Diese Kernaussage lässt sich auch auf die Stiftung übertragen. So kommt im Rahmen der Stiftung insbesondere den satzungsrechtlichen Regelungen, die den Schutz des Stiftungsvermögens bezwecken, eine noch größere Bedeutung zu, als im vorstehend erwähnten Fall der limited company.

---

[42] *Hof*, in: Heidenhain/Meister (Hrsg.), Vertragshandbuch Band 1, Kap. VIII Form. 1 Anm. 2. So auch: *Zimmermann*, NJW 2011, 2931 (2932).
[43] Hierzu unten: 2. Kapitel A) II) 1) b) (3) (dd).
[44] Vergleiche: BGH Urt. v. 13.04.2010 - 5 StR 428/09, NStZ 2010, 632 (633).

Die englische *limited company* hat nämlich im Gegensatz zur Stiftung Gesellschafter, denen Vermögens- und Verwaltungsrechte sowie umfangreiche Mitgliedschaftsrechte zustehen. Sie können in die Geschäftstätigkeiten eingreifen, indem sie beispielsweise den handelnden *director* abberufen und im Rahmen ihrer Rechte den Vermögensschutz verstärken[45]. Dieses Element der Kontrolle durch Gesellschafter fehlt bei der Stiftung, so dass dem Schutz des Stiftungsvermögens durch die Stiftungssatzung eine insoweit noch größere Bedeutung beizumessen ist als im Rahmen einer „mitgliedschaftlich" strukturierten Gesellschaft. Allerdings hebt der BGH in diesem Urteil auch hervor, dass erst durch die Darstellung und Würdigung der Satzung eine endgültige Feststellung getroffen werden kann, ob sich aus einer Satzungsregelung tatsächlich Vermögensbetreuungspflichten ergeben.[46] Die Stiftungssatzung muss daher prinzipiell dargestellt und gewürdigt werden, um herauszufinden, aus welchen Regelungen Vermögensbetreuungspflichten folgen.

Nachfolgend sollen zur besseren Veranschaulichung exemplarisch einige ausgewählte Beispiele von Satzungsbestimmungen einer Stiftung abgebildet und daraufhin untersucht werden, ob diese grundsätzlich geeignet sind, Vermögensbetreuungspflichten zu begründen[47].

Viele Satzungen von Stiftungen beinhalten Regelungen hinsichtlich der Verwendung des Stiftungsvermögens in dieser oder einer vergleichbaren Form:

---

[45] Siehe hierzu: *Servatius* in: Henssler/Strohn (Hrsg.), Gesellschaftsrecht, Rn 129.
[46] Siehe: BGH Urt. v. 13.04.2010 - 5 StR 428/09, NStZ 2010, 632 (633).
[47] Eine Vielzahl von Satzungsregelungen könnten für diese Darstellung herangezogen werden. Vorliegend werden einige ausgewählt und beispielhaft untersucht. Weitere Satzungsbestimmungen, wie beispielsweise der Satzungszweck, werden im weiteren Verlauf der Arbeit an anderer Stelle daraufhin untersucht werden, ob aus ihnen Vermögensbetreuungspflichten abgeleitet werden können und diese in der konkreten Situation verletzt sind. Siehe hierzu z.B. unter: 2. Kapitel A) I) 4) b) Zweckwidrige Verwendung der Stiftungserträge.

„Stiftungsvermögen:

(1) Das Stiftungsvermögen ist der Nachlass [...]. Die Stiftung hat dieses Vermögen zu erhalten.

(2) Zustiftungen sind möglich. "[48]

„Stiftungsmittel:

(1) Die Stiftung erfüllt ihre Aufgaben aus den Erträgen des Stiftungsvermögens.

(2) Sämtliche Mittel dürfen nur für die satzungsmäßigen Zwecke verwendet werden. "[49]

Eine solche Regelung gibt konkrete Hinweise, welches Vermögen zu erhalten ist und welches Vermögen, im konkreten Beispielsfall die Erträge, für die Aufgabenerfüllung einzusetzen ist. Die Regelung gibt den Stiftungsorganen eindeutige Vorgaben dahingehend, dass das Stiftungsvermögen als Grundstock des Stiftungskapitals zu erhalten und damit vor Verwendung beziehungsweise Verlusten zu schützen ist, wohingegen die Erträge aus der Stiftung im Rahmen des Stiftungszwecks zu verwenden sind[50]. Die daraus abzuleitende Pflicht, das Vermögen entsprechend dieser Vorgaben einzusetzen beziehungsweise zu erhalten, ist auch keine unbedeutende Pflicht für die Stiftung. Vielmehr geht es insoweit um den Bestand der Stiftung, der durch die Vermögenserhaltung gewährleistet werden soll sowie um deren dauerhafte Zweckerfüllung, die infolge der Verwendung der Erträge sichergestellt werden soll. Dass derartige Regelungen grundsätzlich geeignet sind Vermögensbetreuungspflichten der mit der Mittelverwendung betrauten Organe auszulösen, liegt auf der Hand.

Andere typische Satzungsreglungen befassen sich mit der Schaffung von Aufsichtsorganen zur Überwachung des Stiftungsvorstandes sowie der Festlegung

---

[48] Siehe hierzu auch die Mustersatzung einer Stiftung in: *Krauß* in: Beck'sche Online Formulare Vertragsrecht, 18.1.1 Gemeinnützige Stiftung.
[49] Siehe hierzu auch die Mustersatzung einer Stiftung in: *Krauß* in: Beck'sche Online Formulare Vertragsrecht, 18.1.1 Gemeinnützige Stiftung.
[50] Zu den Details der Sicherung des Grundstockvermögens sowie der Mittelverwendung siehe später im Rahmen der Darstellung zu den Anlagegeschäften unter 2. Kapitel A) I) 4) a) (1) Vermögenserhaltung und Mittelverwendung.

von deren Kompetenzen. Exemplarisch für derartige Regelungen kann die nachfolgende Formulierung angeführt werden:

„Aufgaben des Kuratoriums:

(1) Das Kuratorium überwacht die Tätigkeiten des Stiftungsvorstands. Es tritt mindestens einmal im Jahr zusammen.

(2) Der Plan über die Verwendung der Erträge der Stiftung bedarf der Zustimmung des Kuratoriums. "

Beinhaltet die Stiftungssatzung eine solche Regelung hinsichtlich der Aufgaben des Kontrollgremiums, die die Überwachung der Vermögenssituation der Stiftung umfasst, sowie nähere Regelungen über den Umfang und die Intensität der Kontrolle (vorliegend in Form eines Zustimmungsvorbehalts des Kuratoriums hinsichtlich der Verwendung der Erträge), so lässt sich daraus folgern, dass das Kontrollgremium in dieser Konstellation eine für die Stiftung wesentliche Aufgabe erfüllt. Diese liegt in der Einhaltung einer ordnungsgemäßen Vermögenserhaltung und Vermögensverwendung und dient dem Schutz des Stiftungsvermögens. So soll durch eine ordnungsgemäße Kontrolle seitens des Kuratoriums vor allem vermieden werden, dass es zu einer Verschlechterung der Vermögenssituation der Stiftung infolge Fehlinvestitionen oder Fehlentscheidungen der handelnden Stiftungsorgane kommt.[51] Derartige Regelungen sind vor diesem Hintergrund aufgrund der mit ihnen verfolgten Intention grundsätzlich geeignet Vermögensbetreuungspflichten für Kontrollorgane von Stiftungen zu begründen.

Vorstehende Beispiele sollen jedoch nicht darüber hinwegtäuschen, dass nicht aus jeder Satzungsbestimmung eine Vermögensbetreuungspflicht gefolgert werden kann. Regelungen wie Name, Sitz und Rechtsform der Stiftung oder Bestimmungen hinsichtlich des Abstimmungsverhaltens der Mitglieder des Stif-

---

[51] So auch: *Saliger,* in: SSW-StGB, § 266 Rn 20, der zudem darauf eingeht, dass sich aus Stiftungssatzungen „Vermögensbetreuungspflichten ergeben, wenn daraus beispielsweise Rechtsmachten des Treunehmers abzuleiten sind, zivil- oder öffentlich-rechtlich wirksame Verfügungs- oder Verpflichtungsgeschäfte für fremdes Vermögen zu tätigen" oder aber wie vorliegend in Frage stand „Organen Kontrollbefugnisse zugewiesen werden".

tungsvorstands oder der Mitglieder des Kuratoriums sowie Regelungen über die Festlegung der Stiftungsorgane fehlt regelmäßig der vermögensbetreuende Charakter. Derartige Regelungen sind eher von organisatorischer als vermögensschützender Natur. Hieraus lassen sich zwar Pflichten folgern, wie beispielsweise entsprechende Organe in der Stiftung einzurichten oder die entsprechenden Abstimmungsvorgaben einzuhalten. Jedoch fehlen diesen Pflichten der vermögensrechtliche Bezug sowie die Erheblichkeit im Rahmen des Stiftungsgeschehens. Daher lassen sich aus diesen Regelungen regelmäßig keine Vermögensbetreuungspflichten folgern.

Als erstes Zwischenergebnis lässt sich festhalten, dass aus der Stiftungssatzung jedenfalls dann Vermögensbetreuungspflichten folgen können, sofern diese Bestimmungen wie zum Beispiel hinsichtlich der Mittelverwendung enthält, die vermögensbetreuenden Charakter aufweisen. Eine konkretisierende Darstellung hinsichtlich des vermögensbetreuenden Charakters einzelner Vorschriften und der Verletzung hieraus resultierender Vermögensbetreuungspflichten wird im Rahmen der Darstellung der tauglichen Täter sowie der Praxisbeispiele im weiteren Verlauf dieser Arbeit abgebildet.[52]

(2) Landesstiftungsgesetze und Steuergesetze

Weitere Pflichtenquellen können die gesetzlichen Regelungen sein. Als solche sind im Zusammenhang mit der Stiftung unter anderem die Landesstiftungsgesetze und die Steuergesetze zu nennen.

(aa) Landesstiftungsgesetze

In den Landesstiftungsgesetzen finden sich unter anderem Regelungen über die Vermögensverwaltung, das Gebot der Kapitalerhaltung, Art. 6 Abs. 2 BayStG, die Grundsätze der Wirtschaftlichkeit, wie etwa Art. 6 Abs. 1 S. 1 BayStG, und Sparsamkeit, beispielsweise Art. 7 S. 1 BayStG, sowie der zweckgerechten Mit-

---

[52] Hierzu unten: 2. Kapitel A) I) 3) Taugliche Täter und 2. Kapitel A) I) 4) Verletzung der Vermögensbetreuungspflicht im Rahmen der Stiftungstätigkeit anhand ausgewählter Beispielsfälle.

telverwendung, siehe exemplarisch Art. 6 Abs. 3 S. 1 BayStG. Des Weiteren finden sich regelmäßig Regelungen zu Rechnungslegungspflichten, wie in Art. 16 BayStG, aus denen gegebenenfalls Vermögensbetreuungspflichten abgeleitet werden könnten.

Für die erstgenannten Regelungen über die Vermögensverwaltung, also das Gebot der Kapitalerhaltung, die Grundsätze der Wirtschaftlichkeit und Sparsamkeit sowie der zweckgerechten Mittelverwendung, liegt die Annahme eines vermögensbetreuenden Charakters nahe. Dies ist darin begründet, dass diese Vorschriften auf die Verwendung, Erhaltung und allgemein den Umgang mit dem Vermögen abstellen. Gerade das Vermögen und dessen Verwendung spielt in der Stiftung eine zentrale Rolle. Insoweit kann auf die Ausführungen hinsichtlich des vermögensbetreuenden Charakters von Satzungsbestimmungen bezüglich der Verwendung des Stiftungsvermögens verwiesen werden.

Bei den Rechnungslegungspflichten ist die rechtliche Situation weniger eindeutig. Insbesondere in der Literatur wird kontrovers diskutiert, ob und wenn ja in welchem Umfang aus Rechnungslegungspflichten Vermögensbetreuungspflichten herzuleiten sind.[53] Hintergrund dieser Kontroverse sind verschiedene Urteile des Bundesgerichtshofes, in welchen sich dieser mit der Frage auseinandersetzte, inwiefern eine nicht ordnungsgemäße Rechnungslegung durch Organe von Gesellschaften geeignet ist, den Vorwurf der Untreue zu Lasten der Gesellschaft zu rechtfertigen.

In diesem Zusammenhang hat der BGH[54] 1965 zunächst entschieden, dass „eine untreuetaugliche Pflichtverletzung insbesondere dann vorliegt, wenn durch eine unordentliche Buchführung dem Treugeber die Geltendmachung berechtigter Ansprüche verwehrt wird".[55] Hieraus wird gefolgert, dass sich jedenfalls dann aus der Buchführungspflicht eine Vermögensbetreuungspflicht herleiten lässt, wenn ein Rechtsanspruch des Geschäftsherrn besteht, dessen Geltendmachung

---

[53] Siehe hierzu: *Saliger*, NPLY 2005, 209 (223); *Mosenheuer*, NStZ 2004, 179 (179) mit weiteren Nachweisen.
[54] BGH Urt. v. 07.12.1965 – 5 StR 312/65, BGHSt 20, 304 (304).
[55] *Satzger*, NStZ 2009, 297 (300); siehe hierzu auch: *Salditt*, NStZ 2001, 544 (544ff.); *Mosenheuer*, NStZ 2004, 179 (179ff.).

beabsichtigt ist, und dem Geschäftsherrn die Geltendmachung in Folge der manipulativen Buchführung unmöglich gemacht wird[56].

Erneut musste sich der BGH mit der Frage, inwieweit Buchführungspflichten Vermögensbetreuungspflichten begründen können, in seiner bekannten „Siemens Entscheidung" aus dem Jahr 2008[57] auseinandersetzen. Hintergrund dieser Entscheidung war, dass Gelder des Siemenskonzerns auf verdeckte Konten verschoben und später als Bestechungsgelder missbraucht wurden, um Aufträge zu erhalten. Hinsichtlich der Buchführungspflicht urteilte der BGH, dass es „zum Kernbereich der Vermögensbetreuungspflicht des Angeklagten [...] gehörte [...], seiner Arbeitgeberin bislang unbekannte, ihr zustehende Vermögenswerte in erheblicher Höhe zu offenbaren und diese ordnungsgemäß zu verbuchen". „Diese Pflicht habe der Angeklagte verletzt."[58] Auch aus diesem Urteil folgt, dass der BGH grundsätzlich bereit ist, Buchführungspflichten als Rechtsgrundlage einer Vermögensbetreuungspflicht anzuerkennen.[59]

In einem weiteren Urteil vom 27.08.2010 konstatierte der BGH zu dieser Frage, dass in der, „dem geschäftsführenden Organ einer Kapitalgesellschaft auferlegten handelsrechtlichen Buchführungspflicht" aus § 41 GmbHG beziehungsweise § 91 AktG eine Vermögensbetreuungspflicht liegt.[60] Dies gelte jedenfalls bei gravierenden Verstößen, wie sie „bewusste Nicht- und Falschbuchungen zur Verschleierung der Führung „schwarzer Kassen" durch Organe einer Kapitalgesellschaft darstellen", da hierdurch Vermögensinteressen der betroffenen Gesellschaft verletzt werden.[61] Diese Entscheidung macht deutlich, dass der Bundesgerichtshof zumindest dann geneigt ist, die Verletzung einer Buchführungspflicht zur Grundlage der Verletzung einer Vermögensbetreuungspflicht zu machen,

---

[56] Siehe: *Dierlamm*, in: Joecks/Miebach (Hrsg.), MüKo StGB, Bd. 4, § 266 Rn 168.
[57] BGH Urt. v. 29.08.2008 - 2 StR 587/07, BGHSt 52, 323 (338).
[58] BGH Urt. v. 29.08.2008 - 2 StR 587/07, BGHSt 52, 323 (338).
[59] Auf andere Aspekte dieses Urteils wird in den nachfolgenden Ausführungen an entsprechender Stelle näher eingegangen.
[60] So BGH Urt. v. 27.08.2010 - 2 StR 111/09, NJW 2010, 3458 (3460). Andere Ansicht: *Brammsen*, wistra 2009, 85 (87).
[61] BGH Urt. v. 27.08.2010 - 2 StR 111/09, NJW 2010, 3458 (3460). Siehe hierzu ausführlich: *Satzger*, NStZ 2009, 297 (298 ff.); siehe auch: *Reinhold*, HRRS 2009, 107 (107 ff.).

sofern ein solcher Verstoß zu einer Verletzung der „Vermögensinteressen der betroffenen Gesellschaft"[62] führt.

Wie bereits erwähnt, betrafen die vorstehenden Fälle Fehlverhalten von Organen von zum Beispiel Aktiengesellschaften oder Gesellschaften mit beschränkter Haftung. Insoweit stellt sich die Frage, ob diese Grundsätze auf die Situation der Stiftung übertragen werden können.

Berücksichtigt man, dass sich beispielsweise der Wortlaut von Art. 16 Abs. 1 Satz 1 BayStG („Die Stiftungen sind zu einer ordnungsgemäßen Buchführung verpflichtet.") nicht maßgeblich von dem des § 41 Abs. 1 GmbHG („Die Geschäftsführer sind verpflichtet, für die ordnungsgemäße Buchführung der Gesellschaft zu sorgen."), unterscheidet, so wird deutlich, dass es keinen sachlichen Grund gibt, wieso die vorstehend dargestellten Rechtsprechungs-grundsätze nicht gleichfalls auf den Bereich der Stiftung übertragen werden soll-ten, zumal, wie bereits mehrfach dargestellt wurde, die Stiftung im Vergleich zu anderen Gesellschaftsformen aufgrund ihrer fehlenden mitgliedschaftlichen Struktur eines besonderen Schutzes bedarf. Bei dieser Betrachtung darf jedoch nicht aus dem Blick verloren werden, dass es der BGH in vorstehend erwähnten Fällen abgelehnt hat, Buchführungspflichten per se zu Vermögensbetreuungs-pflichten zu erheben, sondern die Ausführungen des BGH stets auf den jeweili-gen Einzelfall und den konkreten Verstoß beschränkt waren. Insoweit wird man auch im Hinblick auf einen etwaigen Verstoß gegen Rechnungslegungspflichten durch Organe der Stiftung jeweils gesondert die Situation des Einzelfalls be-rücksichtigen müssen, um zu ermitteln, ob durch eine nicht ordnungsgemäße Buchführung tatsächlich Vermögensbetreuungspflichten gegenüber der Stiftung verletzt wurden.

An dieser Stelle soll jedoch nicht unerwähnt bleiben, dass die Rechtsprechung des Bundesgerichtshofes hinsichtlich der Ableitung von Vermögensbetreuungs-pflichten aus Rechnungslegungsvorschriften in der Literatur zum Teil auf Kritik stößt, wobei diese Kritik zumeist nicht am Kriterium der Vermögensbetreuungs-pflicht infolge unordentlicher Buchführung ansetzt, sondern bei der Frage, ob

---

[62] BGH Urt. v. 27.08.2010 - 2 StR 111/09, NJW 2010, 3458 (3460)

durch eine nicht ordnungsgemäße Buchführung überhaupt ein „Vermögensnachteil" entsteht, was eine weitere Voraussetzung für eine Untreue nach deutschem Recht darstellt. Insoweit wird argumentiert, dass eine unordentliche Buchführung noch keine schadensgleiche konkrete, sondern lediglich eine abstrakte Vermögensgefahr begründe.[63]

Bei der vorliegenden Betrachtung steht jedoch zunächst die Frage im Vordergrund, ob Vermögensbetreuungspflichten aus Buchführungspflichten abgeleitet werden können und nicht, ob durch die Verletzung einer Rechnungslegungspflicht auch bereits ein Schaden entsteht. In dieser Hinsicht überzeugt jedoch die Auffassung des Bundesgerichtshofes im Einzelfall Vermögensbetreuungspflichten aus Buchführungspflichten abzuleiten, wenn insoweit Vermögensinteressen der Gesellschaft nachteilig betroffen werden. Ob in einem nächsten Schritt eine Untreue mangels Vorliegen eines „Vermögensnachteils" abzulehnen ist, wird an entsprechender Stelle noch gesondert erörtert werden[64].

Zusammenfassend kann für die Vorschriften aus den Landesstiftungsgesetzen vor diesem Hintergrund festgehalten werden, dass aus den Regelungen über die Vermögensverwaltung grundsätzlich Vermögensbetreuungspflichten abzuleiten sind. Für den Fall von Rechnungslegungspflichten, zum Beispiel aus Art. 16 BayStG, muss bei der Beurteilung, ob hieraus Vermögensbetreuungspflichten abgeleitet werden können, auf den konkreten Einzelfall abgestellt werden. Erst bei Beleuchtung des jeweiligen Sachverhalts kann eine derartige Feststellung getroffen werden.

(bb) Steuergesetze

Insbesondere für die Stiftungsorgane gemeinnütziger Stiftungen finden sich diverse weitere Pflichten, die Quelle von Vermögensbetreuungspflichten sein könnten, in den Steuergesetzen. Dies gilt vor allem für gemeinnützige Stiftungen, da „sich die gemeinnützige Stiftung [auch] gemeinnützigkeitskonform zu

---

[63] So: *Saliger*, NPLY 2005, 209 (223); siehe auch: *Mosenheuer*, NStZ 2004, 179 (180.)
[64] Siehe hierzu näher unter: 2. Kapitel A) I) 6) Vermögensnachteil.

betätigen hat".[65] Insofern muss darauf geachtet werden, dass der ideelle Geschäftsbetrieb den wirtschaftlichen Geschäftsbetrieb überwiegt und damit die Gemeinnützigkeit der Stiftung sichergestellt wird.[66]

Aus der Vorgabe des § 55 AO, dem *Gebot der Selbstlosigkeit,* soll nach einer aktuellen Entscheidung des Oberlandesgerichts Celle[67] jedoch keine Treuepflicht auf Einhaltung dieser Vorgaben abgeleitet werden können, weil diese „Norm ihrerseits nicht dem Zweck diene, das Vermögen der als gemeinnützig anerkannten" Stiftung[68] zu schützen. „§ 266 StGB sei jedoch nur dann erfüllt, wenn die verletzte Rechtsnorm ihrerseits, wenigstens auch und sei es mittelbar, vermögensschützenden Charakter für das zu betreuende Vermögen habe".[69] Für § 55 AO lehnt dies das OLG Celle mit der Begründung ab, dass diese Norm „ausschließlich fiskalischen Interessen diene", in Form der Förderung privater Einrichtungen auf dem Gemeinwohlsektor.[70]

Dieser Auffassung ist zuzustimmen. § 55 AO bezweckt weder unmittelbar noch mittelbar den Schutz des Vermögens der Stiftung. Zwar ließe sich argumentieren, dass durch die Aberkennung der *Selbstlosigkeit* im Sinne des § 55 AO das Vermögen der Stiftung mittelbar beeinflusst wird, weil die Stiftung dadurch ihre Gemeinnützigkeit nach § 52 Abs. 1 AO sowie die Voraussetzungen der Steuervergünstigung gemäß § 59 AO verliert und es infolgedessen zu Steuernachzahlungen, das heißt zu einem finanziellen Nachteil bei der Stiftung kommen kann. Ferner können sich nachteilige Auswirkungen für das Stiftungsvermögen auch dann ergeben, wenn die finanziellen Mittel der Stiftung nicht entsprechend diesem Gebot ausgegeben werden, da in diesem Fall Destinatäre, die einen Rechts-

---

[65] *Lassmann*, Stiftungsuntreue, S. 81.

[66] Eine Körperschaft verfolgt gem. § 52 Abs. 1 AO dann „gemeinnützige Zwecke, wenn ihre Tätigkeit darauf gerichtet ist, die Allgemeinheit auf materiellem, geistigem oder sittlichem Gebiet selbstlos zu fördern".

[67] OLG Celle Beschl. v. 23.08.2012 - 1 Ws 248/12 (juris).

[68] Im Beschluss handelte es sich nicht um eine Stiftung, sondern um eine gemeinnützig anerkannte GmbH.

[69] Unter Verweis auf BGH Beschl. v. 13.09.2010 - 1 StR 220/09, BGHSt 55, 288 (300).

[70] OLG Celle Beschl. v. 23.08.2012 - 1 Ws 248/12 (juris).

anspruch auf die Mittel haben[71], gegenüber der Stiftung die Auszahlung dieser Mittel zuzüglich Zinsen verlangen könnten. Letztlich handelt es sich in beiden Fällen jedoch bloß um wirtschaftliche Folgen des Verlustes der *Selbstlosigkeit*. § 55 AO normiert nur deren Voraussetzungen und enthält weder unmittelbar noch mittelbar Regelungen betreffend das Vermögen der jeweils betroffenen Körperschaft. § 55 AO verfügt damit über keinerlei vermögensschützenden Charakter, sodass aus dieser Norm keine Vermögensbetreuungspflicht gefolgert werden kann.

(3) Arbeitsvertrag und Anstellungsvertrag

Ferner kann eine Vermögensbetreuungspflicht aus den Anstellungs- beziehungsweise Arbeitsverträgen der in der Stiftung tätigen Personen resultieren. In diesen können gegebenenfalls im Einzelfall weitgehende Pflichten geregelt sein, wobei im Regelfall einfachen Angestellten beziehungsweise Arbeitnehmern einer Stiftung, mangels Fehlen eines für die Annahme einer Vermögensbetreuungspflicht erforderlichen eigenverantwortlichen Handlungsspielraumes, keine weitreichenden Vermögensfürsorgepflichten zukommen werden.

Um insoweit ein abschließendes Urteil bilden zu können, ob Vermögensbetreuungspflichten bestehen, ist eine Analyse und gegebenenfalls eine Auslegung der Verträge erforderlich, die an dieser Stelle aufgrund der sehr vielfältigen Gestaltungsmöglichkeiten solcher Verträge nicht vorgenommen werden kann. Im Kern wird jedoch insbesondere darauf zu achten sein, welche arbeitsvertraglichen beziehungsweise anstellungsvertraglichen Pflichten festgelegt sind, die eine maßgebliche Auswirkung auf die Stiftung und deren Vermögen haben. Erst aus der Analyse des dort im Einzelnen festgelegten Pflichtenkatalogs lässt sich bestimmen, ob der entsprechenden Person eine Vermögensbetreuungspflicht zukommt und sie daher tauglicher Täter sein kann und inwiefern sie diese verletzt haben könnte.

---

[71] Ob den Destinatären ein klagbarer Rechtsanspruch auf die Leistung aus dem Stiftungsvermögen zusteht, muss im Einzelfall unter Auslegung des, in der Stiftungsurkunde / Stiftungssatzung zum Ausdruck gebrachten Stifterwillens bestimmt werden. Näher hierzu: BGH Urt. v. 16.1.1957 – IV ZR 221/56, NJW 1957, 708 (708).

Exemplarisch zur Herleitung von Vermögensbetreuungspflichten aus dem Vorstandvertrag des Vorstands einer Stiftung kann die nachfolgend skizierte Entscheidung des BGH herangezogen werden. In diesem Fall hat ein einzelvertretungsberechtigter Stiftungsvorstand in mehreren Fällen Archive, Gemälde, Druckgraphik und Bücher für insgesamt 1.689.000 € für die Stiftung gekauft, obwohl deren finanzielle Situation und insbesondere deren Barvermögen deutlich verringert war. Insofern stand in Frage, ob sich der Stiftungsvorstand dadurch einer Untreue strafbar machte, was insbesondere davon abhängt, ob ihm eine Vermögensbetreuungspflicht oblag. Der BGH sah eine dem Vorstand durch Rechtsgeschäft übertragene Vermögensbetreuungspflicht darin, dass jener nach dem Vorstandsvertrag verpflichtet war, „sich bei allen Entscheidungen allein vom Wohl der Stiftung leiten zu lassen und bei der Geschäftsführung für deren wirtschaftliche, finanzielle und organisatorische Belange in bester Weise zu sorgen".[72] Zwar nahm der BGH die Einschränkung vor, dass ein solcher Vertrag grundsätzlich nur eine prinzipielle Richtlinie für die Geschäftstätigkeit vorgibt und dem Stiftungsvorstand ferner ein Ermessensspielraum zuzubilligen ist.[73]

Anhand dieses Beispiels zeigt sich jedoch, dass Verträge von Mitgliedern des Stiftungsvorstandes Quelle von Vermögensbetreuungspflichten sein können, wenngleich aufgrund des Entscheidungsspielraumes, der einem Stiftungsvorstand im Einzelfall häufig zuzubilligen sein wird, nicht jegliche Fehlentscheidung eines Stiftungsvorstandes per se auch eine Verletzung der ihm gegebenenfalls obliegenden Vermögensbetreuungspflicht wird begründen können. Bei der endgültigen Beurteilung eines Verstoßes gegen diese Vermögensbetreuungspflicht sind letztlich die Umstände des jeweiligen Einzelfalles in die Betrachtung mit einzubeziehen.[74]

---

[72] BGH Urt. v. 24.06.2010 - 3 StR 90/10, StV 2011, 31 (31).
[73] BGH Urt. v. 24.06.2010 - 3 StR 90/10, StV 2011, 31 (32).
[74] Siehe hierzu näher die Darstellung dieses Urteils unter: 2. Kapitel A) I) 3) a) Mitglieder des Stiftungsvorstands.

(4) Stiftungsgeschäft

Als weitere Rechtsquelle für Vermögensbetreuungspflichten im Rahmen von Stiftungen kommt das Stiftungsgeschäft in Betracht, durch welches die Stiftung errichtet wird und das die Grundlage für die Vermögensübertragung durch den Stifter begründet. Hierbei ist zunächst zu klären, wie das Stiftungsgeschäft inhaltlich ausgestaltet ist, um zu beleuchten, ob sich hieraus Pflichten ergeben, die Vermögensbetreuungspflichten begründen können. Im Zentrum steht dabei die Frage, inwieweit sich aus dem Stiftungsgeschäft gegebenenfalls eine Vermögensbetreuungspflicht des Stifters bzw. der Organe der Stiftung hinsichtlich der Übertragung beziehungsweise der Einforderung der Stiftungsmittel ableiten lässt.

Das Stiftungsgeschäft stellt die zur Errichtung der Stiftung erforderliche Willenserklärung dar. Diese kann entweder unter Lebenden (§ 81 BGB) oder von Todes wegen (§ 83 BGB) vorgenommen werden. Das *Stiftungsgeschäft unter Lebenden* ist formgebunden und bedarf der Schriftform, § 81 Abs. 1 S. 1 BGB. Das *Stiftungsgeschäft von Todes wegen* muss im Rahmen eines Testaments im Sinne der §§ 1937, 2247 ff. BGB oder im Rahmen eines Erbvertrags gemäß §§ 1941, 2274 ff. BGB erfolgen.[75] Das Stiftungsgeschäft muss damit die strengen erbrechtlichen Formvorschriften einhalten.[76] Für die Stiftungserrichtung von Todes wegen gelten also nicht nur die erbrechtlichen Formvorschriften, sondern auch die persönlichen und sachlichen Voraussetzungen des Erbrechts.[77] Bereits diese Umstände lassen die besondere Bedeutung des Stiftungsgeschäftes offenbar werden, da im deutschen Recht die Schriftform regelmäßig nur für bedeutsame Rechtsgeschäfte vorgesehen ist.[78] Das *Stiftungsgeschäft* und die Anerken-

---

[75] Vergleiche BGH Urt. v. 09.02.1978 - III ZR 59/76, BGHZ 70, 313 (313 ff.); *Wochner*, MittRhNotK 1994, 89 (96); *Muscheler*, ZEV 2003, 41 (41 f.); *Schmidt*, ZEV 2003, 316 (316, 318); *Schlüter/Stolte*, Stiftungsrecht, 2. Kap. Rn 157; *Zimmermann*, NJW 2011, 2931 (2932); *Hüttemann/Rawert*, in: Staudinger BGB, § 83 Rn 2; *Reimann*, DNotZ 2012, 250 (253).
[76] *Kuchinke*, in: Barfuß u.a. (Hrsg.), FS Neumayer, S. 389 (390); *Ihle*, RNotZ 2009, 557 (560).
[77] *Schewe*, ZSt 2004, 270 (271).
[78] Siehe auch: *Conrad*, Verfahren und Protokolle für sicheren Rechtsverkehr, S. 42.

nung[79] durch die zuständige Behörde des Landes, in dem die Stiftung ihren Sitz hat, bilden letztlich die Grundlage für die Errichtung einer Stiftung

Beide Stiftungsgeschäfte müssen die verbindliche Erklärung des Stifters enthalten, ein Vermögen zur Erfüllung eines von ihm vorgegebenen Zweckes zu widmen (Ausstattungsversprechen). Nach herrschender Ansicht zerfällt das Stiftungsgeschäft dabei in zwei Bestandteile, „in einen vermögensrechtlichen, der die sachliche Ausstattung der Stiftung mit Mitteln des Stifters oder Dritten betrifft und einen organisationsrechtlichen, der auf die Schaffung einer juristischen Person gerichtet ist"[80].

Liegen diese Voraussetzungen vor und hat die zuständige Stiftungsaufsichtsbehörde die Stiftung anerkannt (Verwaltungsakt), so entsteht für die Stiftungsorgane die Verpflichtung, das im Stiftungsgeschäft für die Stiftung zugesagte Vermögen einzufordern[81] sowie die Verpflichtung des Stifters, das entsprechende Vermögen auf die Stiftung zu übertragen. Diese Pflicht im Rahmen der Stiftungserrichtung hat unmittelbaren vermögensrechtlichen Bezug. Schließlich ist eine Stiftung ohne entsprechendes Vermögen nicht in der Lage, ihre Tätigkeit

---

[79] *Andrick*, RNotZ 2002, 441 (443); BT-Drs. 14/8765, S. 8 f.; *Burgard*, NZG 2002, 697 (698); *Langenfeld*, ZEV 2002, 481 (481 f.); *Schauhoff*, in: Schauhoff (Hrsg.), Handbuch der Gemeinnützigkeit, § 3 Rn 20; *Ellenberger*, in: Palandt, § 80 Rn 4.

[80] *Hüttemann/Rawert*, in: Staudinger BGB, § 81 Rn 16; Diese Theorie der Zweiaktigkeit wurde mit der Argumentation angezweifelt, dass bei dem Stiftungsgeschäft „bestimmte Vermögensgegenstände für einen bestimmten Zweck unter gleichzeitiger Errichtung einer Zweckorganisation ausgesetzt werden und damit rechtlich verselbständigt werden". Somit ist nach dieser Auffassung von einem einaktigen Rechtsgeschäft auszugehen. Siehe hierzu: *Muscheler*, ZEV 2003, 41 (41 ff.), jedoch konnte sich diese Auffassung zu Recht nicht durchsetzen. Dagegen spricht, dass diese Theorie bei dem Stiftungsgeschäft von Todes wegen zu unnötigen Analogien führt, während anderenfalls die herrschende Meinung den vermögensrechtlichen Teil den erbrechtlichen Regelungen über letztwillige Verfügungen entnehmen kann. Siehe: *Hüttemann/Rawert*, in: Staudinger BGB, § 81 Rn 17; vergleiche auch: *Reuter*, in: Säcker/Rixecker (Hrsg.), MüKo BGB, § 81 Rn 3. Ferner wird die Unterscheidung zwischen dem vermögensrechtlichen und organisationsrechtlichen Element der Problematik des Stiftungsgeschäfts in verschiedener Hinsicht besser gerecht. Zu erwähnen ist hierbei beispielsweise die Auslegung des Stiftungsgeschäfts. Siehe: *Hüttemann/Rawert*, in: Staudinger BGB, § 81 Rn 17.

[81] *Ihle*, RNotZ 2009, 557 (560); Die Stiftung hat einen Anspruch auf Vermögensübertragung aus § 82 S. 1 BGB. Dieser Anspruch besteht nicht, wenn die Stiftung zuvor seitens der Stiftungsaufsichtsbehörde wieder aufgehoben wird. Die Aufhebung der Stiftung richtet sich grundsätzlich nach § 87 Abs. 1 BGB.

aufzunehmen und damit ihren Stiftungszweck zu erfüllen. Daher kommt dieser Ausstattungsverpflichtung eine zentrale Bedeutung zu, die es nahe legt, in der Einforderung der Stiftungsmittel eine Vermögensbetreuungspflicht der Stiftungsorgane hinsichtlich der Stiftung zu sehen.

Neben der Einforderungsverpflichtung der Stiftungsorgane könnte auch eine Vermögensbetreuungspflicht des Stifters erwogen werden, das gestiftete Vermögen anlässlich des Stiftungsgeschäftes an die Stiftung zu übertragen. Dies hat zum Beispiel dann Relevanz, wenn sich der Stifter nach Abschluss des Stiftungsgeschäfts gegen die Stiftung und die Vermögensübertragung entscheidet[82]. Alleine der Umstand, dass die Stiftung infolge des Stiftungsgeschäfts einen zivilrechtlichen Anspruch gegenüber dem Stifter auf Übertragung des Vermögens hat, begründet jedoch noch keine strafrechtliche Vermögensbetreuungspflicht für den Stifter gegenüber der Stiftung. Eine Vermögensbetreuungspflicht setzt grundsätzlich eine „fremdnützige Vermögenssorge" voraus, das heißt die Vermögenswerte müssen bereits im Eigentum der Stiftung stehen, um eine fremdnützige Vermögenssorge, also eine Vermögenssorge über das Vermögen der Stiftung, begründen zu können. Hierfür genügt allein der zivilrechtliche Anspruch auf Übertragung nicht.

3) Taugliche Täter

Vergegenwärtigt man sich die Kriterien anhand derer die Rechtsprechung die Beurteilung vornimmt, ob eine Vermögenbetreuungspflicht vorliegt oder nicht[83], so wird deutlich, dass das Vorliegen einer Vermögensbetreuungspflicht eng mit der Person des Handelnden und seiner Stellung verbunden ist.

---

[82]Dass eine solche Konstellation denkbar ist, zeigt der Fall Beisheim. Otto Beisheim errichtete eine Stiftung in Höhe von 10 Mio. Euro zugunsten eines Gymnasiums am Tegernsee. Es kam zu Unstimmigkeiten zwischen Beisheim und dem Gymnasium, woraufhin sich Beisheim weigerte das Vermögen zu übertragen und die Regierung von Oberbayern letztlich die Stiftung aufhob, obwohl ein Widerruf des Stiftungsgeschäfts zu diesem Zeitpunkt bereits ausgeschlossen war. Näher hierzu: *Muscheler/Arnhold/Gantenbrink* ZErb 2007, 211 (211 ff.).

[83] So muss es sich um eine fremdnützige Vermögenssorge handeln, die Pflicht zur Vermögenssorge muss die wesentliche Verpflichtung darstellen und die vermögensorgende Person muss über einen eigenverantwortlichen Handlungsspielraum verfügen; siehe hierzu bereits im Einzelnen unter: 2. Kapitel A) I) 2) a) Missbrauchs- und Treuebruchtatbestand.

Nachfolgend wird daher der mögliche Täterkreis im Rahmen einer Stiftungsuntreue dargestellt. Aus der Sphäre der Stiftung müssen dabei unterschiedliche Akteure auf ihre potentielle Tätereigenschaft hin untersucht werden. In Betracht zu ziehen sind dabei insbesondere die Mitglieder des Stiftungsvorstands, die Mitglieder des Kuratoriums, sofern ein solches eingerichtet ist, sowie die Mitglieder der staatlichen Stiftungsaufsichtsbehörde.

Vorab stellt sich hierbei die Frage, was die Täterqualität im Sinne des § 266 StGB ausmacht. Wie sich anhand obiger Ausführungen gezeigt hat, setzt die Tathandlung der Untreue für beide Tatbestandsalternativen, das heißt sowohl für den Missbrauchs- als auch für den Treubruchtatbestand, voraus, dass eine Vermögensbetreuungspflicht verletzt wurde.[84] Dementsprechend können nur die Personen taugliche Täter sein, denen eine solche Vermögensbetreuungspflicht obliegt. Die Untreue ist daher ein Sonderdelikt.[85]

Nach der Rechtsprechung des Bundesgerichtshofes obliegt eine Vermögensbetreuungspflicht jedoch nur solchen Personen, das heißt es kommen nur solche Personen als Täter einer Untreue in Betracht, denen aufgrund ihrer Stellung eine inhaltlich besonders herausgehobene Pflicht (Hauptpflicht[86]) hinsichtlich der Betreuung fremder Vermögensinteressen zukommt, die zu einer fremdnützigen Vermögensfürsorge verpflichtet sind und die im Rahmen ihrer Tätigkeit über einen eigenverantwortlichen Handlungsspielraum verfügen.[87]

Nachfolgend werden die potentiellen tauglichen Täter im Rahmen der Stiftung dargestellt, indem beleuchtet wird, welche Akteure in der Stiftung über eine Po-

---

[84] Dazu unten: 2. Kapitel A) I) 4) Verletzung der Vermögensbetreuungspflicht im Rahmen der Stiftungstätigkeit anhand ausgewählter Beispielsfälle.

[85] Siehe hierzu: *Zieschang*, in: Park (Hrsg.) Kapitalmarktstrafrecht, Teil 3, Rn 6.

[86] BGH Urt. v. 08.05.1951 - 1 StR 171/51, BGHSt 1, 186 (188); BGH Urt. v. 16.06.1953 - 1 StR 67/53, BGHSt 5, 61 (64); BGH Urt. v. 11.12.1957 - 2 StR 481/57, BGHSt 13, 315 (317); BGH Urt. v. 26.07.1972 - 2 StR 62/72, BGHSt 24, 386 (388); BGH Urt. v. 13.06.1985 - 4 StR 213/85, BGHSt 33, 244 (250); so auch: *Dierlamm,* in: Joecks/Miesbach (Hrsg.), MüKo StGB, Bd. 4, § 266 Rn 53; *Fischer*, § 266, Rn 36.

[87] BGH Urt. v. 25.05.2010 - VI ZR 205/09, BGHZ 185, 378 (378 ff.); BGH Beschl. v. 01.06.2010 - VI ZR 346/08 , BGH, NJW-RR 2010, 1683 (1683 ff.); *Kiethe*, BB 2005, 1801 (1804); *Fischer*, § 266 Rn 35; ähnlich bereits BGH Urt. v. 25.07.1984 - 3 StR 192/84, BGHSt 33, 21 (21 ff.); BGH Urt. v. 03.08.2005 - 2 StR 202/05, NStZ 2006, 38 (39). Siehe näher hierzu die Ausführungen unter: 2. Kapitel A) I) 2) a) Missbrauchs- und Treuebruchtatbestand.

sition beziehungsweise einen Aufgabenkreis verfügen, der es rechtfertigt, diesen eine Vermögensbetreuungspflicht zuzuweisen. Hierzu werden im Folgenden die einzelnen Akteure der Stiftung dargestellt, ihre gesetzliche Aufgabe beziehungsweise Stellung erläutert und daraufhin untersucht, ob ihnen aufgrund ihrer Stellung eine Vermögensbetreuungspflicht in vorgenanntem Sinne obliegt und sie vor diesem Hintergrund als Täter einer Untreue in Betracht kommen.

a) Mitglieder des Stiftungsvorstands

Der Stiftungsvorstand ist das handelnde Organ der Stiftung. Insoweit ist er das Organ in der Stiftung, bei dem sich zuvorderst die Frage stellt, ob diesem aufgrund seiner Stellung in der Stiftung Vermögensbetreuungspflichten zukommen und er somit als tauglicher Täter einer Untreue in Betracht kommt.

Der Stiftungsvorstand wird bei der Gründung durch den Stifter bestellt, wobei die Bestellung obligatorisch ist und der Stifter bereits im Rahmen des Stiftungsgeschäfts Regelungen über die Bildung des Vorstands der Stiftung vorsehen muss, § 81 Abs. 1 S. 3 Nr. 5 BGB. Nähere gesetzliche Regelungen über den Stiftungsvorstand ergeben sich aus der Verweisung des § 86 S. 1 BGB auf § 26 Abs. 1 BGB. Danach ist es verpflichtend, dass jede Stiftung einen Vorstand hat (§ 26 Abs. 1 S. 1 BGB entsprechend) und dieser aus einer oder mehreren natürlichen Personen besteht (§ 26 Abs. 1 S. 2 BGB entsprechend). Bereits hieran lässt sich erkennen, dass dem Stiftungsvorstand eine unverzichtbare Position in der Stiftung zukommt. Ein Rückschluss auf etwaige Vermögensbetreuungspflichten lässt sich jedoch erst nach Betrachtung der ihm obliegenden Aufgaben ziehen.

Aufgabe des Stiftungsvorstands ist es, den „Stiftungszweck nach Maßgabe der Stiftungsverfassung" zu verwirklichen.[88] Die Mitglieder des Stiftungsvorstandes sind organschaftliche Vertreter der Stiftung gemäß §§ 86 S.1, 26 Abs. 2 S. 1 BGB und vertreten die Stiftung gerichtlich und außergerichtlich.[89] Die Vertretungsmacht des Stiftungsvorstandes ist dabei regelmäßig

---

[88] *Säcker/Rixecker,* in: MüKo BGB, § 85, Rn 13; ähnlich *Wochner,* BB 1999, 1441 (1445 f.).
[89] *Hof,* in: Hopt/Reuter (Hrsg.), Stiftungsrecht in Europa, 301 (309).

umfassend. Zwar kann diese gegenüber Dritten beschränkt werden, §§ 86 S. 1, 26 Abs. 1 S. 3 BGB, Wirkung entfaltet diese Beschränkung jedoch nur, wenn der jeweilige Dritte diese Vertretungsbeschränkung kennt.[90] Mangels eines bundeseinheitlichen Stiftungsregisters wird eine Vertretungsbeschränkung für die Geschäftspartner der Stiftung jedoch in der Praxis unbekannt sein und vor diesem Hintergrund nur selten eine Wirkung im Außenverhältnis entfalten. Für die Geschäftsführungsbefugnis des Stiftungsvorstands im Innenverhältnis finden gemäß § 86 S. 1 BGB in Verbindung mit § 27 Abs. 3 BGB die §§ 664 bis 670 BGB entsprechende Anwendung. Der Stifter kann Abweichendes in der Stiftungsverfassung[91] festlegen, § 86 S. 1 2. Halbsatz BGB. In der Praxis werden die Aufgaben des Stiftungsvorstands in der Regel durch die Stiftungssatzung, den Stiftungszweck oder durch den Vorstandsvertrag individuell festgelegt, wobei die Geschäftsführungsbefugnis des Stiftungsvorstandes in den meisten Fällen eher weit ausgestaltet wird.

Aus der umfassenden Vertretungsmacht des Stiftungsvorstandes und der ihm im Innenverhältnis obliegenden Geschäftsführungsbefugnis sowie der Tatsache, dass nach der Genehmigung der Stiftung dem Stifter jegliche Einwirkungs- und Kontrollmöglichkeiten auf den Stiftungsvorstand abgeschnitten sind, wird deutlich, dass der Stiftungsvorstand im deutschen Stiftungsrecht eine sehr starke Stellung innehat. Im Rahmen der Vorgaben aus Stiftungssatzung und Stiftungszweck verfügt er über einen ungewöhnlich großen Handlungsspielraum.[92] Der Stiftungsvorstand bildet als das handelnde Organ den „Kopf" der Stiftung. Er muss sein Verhalten lediglich an den von dem Stifter festgelegten Maximen ausrichten, die beinahe die einzige Begrenzung seines Handels darstellen. Ihm kommt daher eine sehr weitgehende Kompetenz und demzufolge ein eigenverantwortlicher Handlungsspielraum zu, der nach der Rechtsprechung des Bun-

---

[90] *Zimmermann,* NJW 2011, 2931 (2934). Die in einigen Bundesländern geführten Stiftungsverzeichnisse sind nicht als Register im Rechtssinne anzusehen. Vorhandene Eintragungen genießen keinen Vertrauensschutz. Hierzu: OLG Zweibrücken, DNotZ 2011, 290 (290).
[91] Beziehungsweise in der Satzung, dem Anstellungsvertrag oder in der Geschäftsordnung Anderes regeln. Siehe hierzu: *Hennerkes/Schiffer,* Stiftungsrecht, S. 93f.
[92] *Hof,* in: Hopt/Reuter (Hrsg.), Stiftungsrecht in Europa, S. 301 (310); *Wernicke,* ZEV 2003, 301 (302); *Kiethe,* NZG 2007, 810 (810 ff.).

desgerichtshofes unverzichtbare Voraussetzung für die Annahme einer Vermögensbetreuungspflicht darstellt.

Aus der Aufgabe des Stiftungsvorstands, den Stiftungszweck mithilfe des Stiftungsvermögens zu erfüllen, lässt sich weiterhin ableiten, dass es Aufgabe des Stiftungsvorstands ist, für die Stiftung den *Grundsatz der Vermögenserhaltung* und den *Grundsatz der zeitnahen Mittelverwendung*[93] einzuhalten und das Vermögen der Stiftung ordnungsgemäß zu verwalten. Insofern obliegt es dem Vorstand, den wirtschaftlichen und ideellen Fortbestand der Stiftung zu sichern, was eine „besonders herausgehobene Pflicht"[94] „von einigem Umfang und gewisser Dauer"[95] darstellt. „Allein die [dem Stiftungsvorstand] […] kraft Satzung erteilte Position als Vermögensverwalter" legt die Annahme einer Vermögensbetreuungspflicht nach § 266 Abs. 1 StGB nahe.[96] Zudem nimmt der Stiftungsvorstand im Rahmen seiner Tätigkeit die Vermögensinteressen der Stiftung wahr, indem er für diese treuhänderisch[97] das Vermögen verwaltet. Dies ergibt sich aus der gesetzlichen Grundkonzeption, wonach auf das Verhältnis der Stiftungsvorstandsmitglieder zur Stiftung das Auftragsrecht Anwendung findet.[98] Da es jedoch einen Auftraggeber im Rahmen der Stiftung nicht gibt (§§ 27 Abs. 3, 665, 666 BGB), verfügt der Stiftungsvorstand nicht nur über einen größeren Handlungsspielraum als der Beauftragte[99], er muss zudem die zu erbringende Leistung mangels Auftraggeber persönlich verantworten.[100] Insoweit beinhaltet die

---

[93] Nähere Ausführungen hierzu erfolgen unter 2. Kapitel A) I) 4) a) (3) Vermögenserhaltung und Mittelverwendung.

[94] *Fischer*, § 266 Rn 35.

[95] RG Urt. v. 14.12.1934, 1 D 865/34, RGSt 69, 58 (58 ff.).

[96] *Gräwe/v. Maltzahn*, BB 2013, 329 (331).

[97] So auch: *Kiethe*, in: NZG 2007, 810 (812); *.Hof,* in: Seifart/von Campenhausen (Hrsg.), Stiftungsrechts-Handbuch, § 9 Rn 218.

[98] Siehe: § 86 S. 1 BGB i.V.m. § 27 Abs. 3 BGB.

[99] Ähnlich: *Hof,* in: Seifart/von Campenhausen (Hrsg.), Handbuch des Stiftungsrecht, § 9 Rn 44; *Reuter*, in: Säcker/Rixecker (Hrsg.), MüKo BGB, § 86 Rn 15.

[100] Siehe: *Ebersbach*, Handbuch des deutschen Stiftungsrecht, S. 103; *Hof,* in: Seifart/von Campenhausen (Hrsg.), Handbuch des Stiftungsrecht, § 9 Rn 28.

Stellung als Stiftungsvorstand ein mehr oder minder stark ausgeprägtes treuhänderisches Element.[101]

Aus der starken Stellung, die der Stiftungsvorstand im Rahmen der Stiftung einnimmt, sowie aus seiner Aufgabe, das Vermögen der Stiftung zu erhalten, folgt, dass jedem einzelnen Vorstandsmitglied bereits aufgrund seiner herausgehobenen Funktion in gewissem Umfang eine Vermögensbetreuungspflicht im Sinne des § 266 StGB obliegt. Wie weit diese Vermögensbetreuungspflicht reicht, ist jedoch letztlich abhängig vom Einzelfall und der Ausgestaltung des jeweiligen Pflichtenkatalogs, der einem Vorstandsmitglied nach den Stiftungsstatuten obliegt. Diese folgen vor allem aus dem Gesetz, der Stiftungssatzung, dem Stiftungszweck sowie dem Vorstandsvertrag.

Bestätigt wird diese Ansicht durch die Rechtsprechung. Einer jüngst ergangenen Entscheidung des BGH[102] lag folgender Sachverhalt zugrunde: Der Vorstand einer Stiftung, die den Zweck „Förderung von Kunst, Kultur, Wissenschaft, Forschung und Religion" verfolgte, kaufte für diese Stiftung trotz finanziell schlechter Situation diverse Gemälde, Druckgraphiken und Bücher.[103] Der BGH hatte zu entscheiden, ob sich der Stiftungsvorstand durch den Ankauf dieser Gegenstände einer Untreue gemäß § 266 StGB strafbar gemacht hat. Dabei musste geklärt werden, ob dem Stiftungsvorstand Vermögensbetreuungspflichten oblagen, die er durch den Ankauf dieser Gegenstände bei finanziell schlechter Situation der Stiftung verletzte.

Hinsichtlich des Innehabens von Vermögensbetreuungspflichten stellte der BGH fest, dass dem Stiftungsvorstand vorliegend „durch Rechtsgeschäft die Pflicht im Sinne des § 266 Abs. 1 StGB übertragen worden war [...] [die] Vermögensinteressen wahrzunehmen." Ferner wurde auf den Vorstandsvertrag abgestellt, wonach der Stiftungsvorstand verpflichtet war, sich „bei allen Entscheidungen

---

[101] Das rechtfertigt letztlich die unbeschränkte Haftung trotz Unentgeltlichkeit des Auftrags. Näher hierzu: *Ebersbach*, Handbuch des deutschen Stiftungsrechts, S. 103.

[102] BGH Urt. v. 24.06.2010 – 3 StR 90/10, wistra 2011, 20 (20ff.); siehe hierzu auch die Anmerkung von: *Büch*, wistra 2011, 20 (20ff.).

[103] Siehe hierzu näher auch bereits die Darstellung oben unter: 2. Kapitel A) I) 2) b) (3) Arbeitsvertrag und Anstellungsvertrag.

allein vom Wohl der Stiftung leiten zu lassen und bei der Geschäftsführung für deren wirtschaftliche, finanzielle und organisatorische Belange in bester Weise zu sorgen."[104] Der BGH folgerte hieraus grundsätzlich Vermögensbetreuungspflichten im Sinne des § 266 Abs. 1 StGB. Zur Annahme einer Strafbarkeit des Stiftungsvorstandes gelangte der BGH im konkreten Fall dennoch nicht.

Für die Annahme eines strafbaren Verhaltens ist es erforderlich, dass der Stiftungsvorstand nicht nur eine Vermögensbetreuungspflicht hat, sondern dass er diese auch verletzt haben muss. Im konkret in Frage stehenden Fall verneinte der BGH eine solche Verletzung der dem Stiftungsvorstand obliegenden Vermögensbetreuungspflicht mit der Argumentation, dass es sich sowohl bei den Reglungen in der Satzung, als auch bei denen des Vorstandsvertrags um solche mit Beurteilungs- und Ermessensspielraum zugunsten des Stiftungsvorstands handelte. Eine Verletzung der Vermögensbetreuungspflicht könne jedoch nur bejaht werden, wenn der Stiftungsvorstand „zum Zeitpunkt der Entscheidungen über die [...] Ankäufe die Grenzen, in denen sich ein von Verantwortungsbewusstsein getragenes, am Wohl der Stiftung orientiertes und auf sorgfältiger Ermittlung der Entscheidungsgrundlagen beruhendes Handeln bewegen muss, überschritt."[105] Dies sah der BGH vorliegend als nicht gegeben an.

b) Mitglieder des Kuratoriums

Abhängig von dem Stifterwillen, der Größe der Stiftung und deren finanzieller Lage, kann eine Stiftung über ein weiteres, fakultatives Organ, das meist unter dem Namen Beirat, Kuratorium oder Verwaltungsrat firmiert,[106] verfügen. Auch in dieser Hinsicht stellt sich die Frage, ob die Mitglieder des Kuratoriums taugliche Täter im Sinne einer Untreue sein können. Voraussetzung hierfür ist, dass den Mitgliedern eines solchen Kuratoriums Vermögensbetreuungspflichten obliegen. Im Folgenden wird anhand der Aufgaben des Kuratoriums untersucht, ob

---

[104] BGH Urt. v. 24.06.2010 – 3 StR 90/10, wistra 2011, 20 (21).
[105] BGH Urt. v. 24.06.2010 – 3 StR 90/10, wistra 2011, 20 (21).
[106] Nachfolgend wird für dieses fakultative Organ vereinheitlichend der Begriff „Kuratorium" verwendet.

sich daraus Indizien für das Vorliegen von Vermögensbetreuungspflichten ableiten lassen.

Im Rahmen dieser Bewertung ist zu beachten, dass ein solches Organ gesetzlich nicht vorgeschrieben ist, seine Errichtung aber vom Stifter in der Stiftungsverfassung festgelegt werden kann. Einem Kuratorium können daher seitens des Stifters unterschiedlichste Aufgaben übertragen werden, was, wie nachfolgend noch darzustellen sein wird, erhebliche Konsequenzen für die Frage hat, in welchem Umfang den Mitgliedern eines solchen Gremiums Vermögensbetreuungspflichten obliegen.

In der Praxis finden sich sehr unterschiedliche Motive für die Errichtung eines Kuratoriums. Zum Teil wird ein Kuratorium vom Stifter eingesetzt, um die Reputation der Stiftung durch Mitwirkung prominenter Persönlichkeiten zu erhöhen oder der Stiftung durch die Aufnahme besonders sachkundiger Kuratoriumsmitglieder fachlichen Sachverstand nutzbar zu machen. Zum Teil erfolgt die Einsetzung eines Kuratoriums zu Kontrollzwecken, insbesondere zur Überwachung der Tätigkeit der Mitglieder des Stiftungsvorstandes, wobei die Errichtung eines solchen unter Umständen kostenintensiven Organs generell dann besonders zweckmäßig erscheint, wenn die effektive Vorstandskontrolle im Zentrum des Aufgabenspektrums steht.[107]

Wird ein Kuratorium zu Kontrollzwecken eingesetzt, so umfasst die Kontrolle in den meisten Fällen abgeschlossene Geschäftshandlungen. Eine solche Kontrolle kann jedoch auch mit präventiver Wirkung derart ausgestaltet werden, dass eine Beratung des Vorstands hinsichtlich laufender Angelegenheiten stattfindet oder Entscheidungen des Vorstandes einer vorherigen Zustimmung durch das Kuratorium bedürfen.[108] Daher lassen sich im Kern zwei Aufgabenbereiche eines Kuratoriums unterscheiden. Zum einen kann das Kuratorium lediglich als „Beratungsgremium" seitens des Stifters vorgesehen werden oder aber der Stifter gibt

---

[107] *Fischer/Ihle*, DStR 2008, 1692 (1696); *Ihle,* RNotZ 2009, 557 (571).
[108] *Schwintek*, Vorstandskontrolle in rechtsfähigen Stiftungen bürgerlichen Rechts, S. 372.

im Rahmen der Stiftungssatzung dem Kuratorium die Funktion, den Vorstand zu kontrollieren.[109]

Über die Kontrolle der Geschäftsführung hinaus wird einem Kuratorium häufig die Prüfung des Wirtschaftsplans, der Haushalts- und Wirtschaftsführung sowie der Jahresrechnung der Stiftung und die Entscheidung über die Entlastung des Stiftungsvorstands überantwortet.[110]

Legt man ein Kuratorium in der vorstehend beschriebenen Ausgestaltung als echtes Kontrollorgan und nicht lediglich als beratendes Gremium der vorliegenden Betrachtung zugrunde, spricht vieles dafür, dass die Mitglieder des Kuratoriums Täterqualität im Sinne einer Untreue aufweisen können.

Dies liegt daran, dass eine Überwachungsaufgabe, wie sie den Kuratoriumsmitgliedern in diesem Falle zukommt, diesen eine hohe Verantwortung auferlegt. Diese Verantwortung des Kuratoriums als Kontrollorgan zeigt sich auch darin, dass das Kuratorium „bei bevorstehenden oder erfolgten Rechtsverletzungen durch den Vorstand" die Aufsichtsbehörde anrufen muss.[111] Da die Aufgabe des Vorstands darin besteht, die Vermögensinteressen der Stiftung zu wahren, ist auch die Kontrollaufgabe des Kuratoriums primär auf die Wahrung der Vermögensinteressen der Stiftung gerichtet. Daher obliegt jedem Mitglied des Kuratoriums eine weitgehende Kontrollpflicht innerhalb der Stiftung, die zugleich vermögensbetreuenden Charakter hat. Folglich ist neben den Mitgliedern des Vorstands auch für die Kuratoriumsmitglieder die Annahme einer Vermögensbetreuungspflicht aufgrund ihrer Stellung in der Stiftung naheliegend mit der Konsequenz, dass diese grundsätzlich taugliche Täter im Sinne des § 266 StGB sein können.

Unbeschadet dieser grundsätzlichen Aussage ist jedoch auch in diesem Kontext zu beachten, dass eine Bewertung, in welchem Umfang Kuratoriumsmitgliedern eine Vermögenbetreuungspflicht obliegt, nicht abstrakt, sondern immer nur be-

---

[109] Siehe zu diesen beiden Aufgabenbereichen auch: *Gräwe/v. Maltzahn*, BB 2013, 329 (334).

[110] *Wernicke*, ZEV 2003, 301 (302); *Fischer/Ihle*, DStR 2008, 1692 (1696); *Ihle*, RNotZ 2009, 557 (571).

[111] *Schwintek*, Vorstandskontrolle in rechtsfähigen Stiftungen bürgerlichen Rechts, S. 373.

zogen auf den konkreten Einzelfall getroffen werden kann, da auch insoweit Details der Ausgestaltung der Kompetenzen und Aufgaben eines solchen Gremiums sowie die Besonderheiten des Einzelfalls berücksichtigt werden müssen. Für dieses Ergebnis spricht auch, dass die Rechtsprechung eine Vermögensbetreuungspflicht annimmt, soweit es Aufsichtsratsmitgliedern einer Aktiengesellschaft anbelangt.[112] Dies sowie die Schwierigkeiten, die sich bei dieser Bewertung im Einzelfall ergeben können, sollen am Beispiel eines Beschlusses des OLG Braunschweig aus dem Jahre 2012[113] illustriert werden.

Der Entscheidung des OLG Braunschweigs lag der Sachverhalt zugrunde, dass Aufsichtsratsmitglieder einer Aktiengesellschaft laut Satzung eine feste Vergütung, eine variable Vergütung sowie ein Sitzungsgeld pro Sitzung in Höhe von 150 Euro und eine Aufwandspauschale erhielten. Bei der Auflistung der einzelnen Sitzungen zur Berechnung des Sitzungsgeldes gaben die Aufsichtsratsmitglieder jedoch nicht nur Aufsichtsratssitzungstermine an, sondern darüber hinaus eine Vielzahl weiterer Termine. Im Rahmen der Beantwortung der Frage, ob sich die Aufsichtsratsmitglieder durch ihr Verhalten einer Untreue im Sinne des § 266 StGB strafbar gemacht hatten, kam es in erster Linie darauf an, ob ihnen eine Vermögensbetreuungspflicht oblag.

Hierzu hatte das vorinstanzlich zuständige Landgericht zunächst noch ausgeführt, dass „Aufsichtsratsmitglieder […] im Allgemeinen Träger von Vermögensbetreuungspflichten gegenüber der Gesellschaft sind, da ihnen mit der Überwachung der Geschäftsführung gemäß §§ 76, 111 AktG organisationsinterne Leitungs- und Kontrollbefugnisse mit umfassender Entscheidungsfreiheit und Selbstständigkeit zugewiesen sind".[114] Die Reichweite der Vermögensbetreuungspflicht sei jedoch im vorliegenden Fall begrenzt, da „bei Entscheidungen, die die Vergütung des betreffenden Organs selbst betreffen, […] eine eigene

---

[112] Siehe hierzu: BGH Urt. v. 12.01.1956 - 3 StR 626/54, BGHSt 9, 203 (217 f.); BGH Urt. v. 06.12.2001 - 1 StR 215/01, BGHSt 47, 187 (201); LG Braunschweig Beschl. v. 28.12.2011 – 6 KLs 54/11 (juris) sowie nachgehend: OLG Braunschweig Beschl. v. 14.06.2012 – Ws 44/12, Ws 45/12, NJW 2012, 3798 (3798ff.).
[113] OLG Braunschweig Beschl. v. 14.06.2012 – Ws 44/12, Ws 45/12, NJW 2012, 3798 (3798ff.).
[114] LG Braunschweig Beschl. v. 28.12.2011 – 6 KLs 54/11 (juris).

Vermögensbetreuungspflicht des Organs ausscheide."[115] Das Landgericht begründete seine Einschätzung unter Hinweis darauf, dass die Vermögensinteressen von Gesellschaft und Aufsichtsratsmitgliedern insoweit typischerweise entgegengesetzt sind.[116] „Das Mitglied des Aufsichtsrates werde im Zusammenhang mit der Annahme solcher Leistungen nicht in seinem ihm übertragenen Aufgabenkreis als Treunehmer tätig, sondern trete der Gesellschaft als Vertragspartner gegenüber, der mit der Gesellschaft Rechtsgeschäfte abschließe."[117]

Diese Ansicht wurde vom Oberlandesgericht in der Folge nicht geteilt. Das Oberlandesgericht vertrat vielmehr die Auffassung, der dargestellte Interessenkonflikt bestehe in dieser Situation gerade nicht, „denn es gehe nicht um die beschriebene Konfliktsituation bei dem Aushandeln einer rechtswidrigen Vergütungsvereinbarung, sondern um die rechtswidrige Umsetzung einer in der Satzung (§ 113 AktG) festgesetzten Vergütung." Zwar wurde auch diskutiert, ob nicht gemäß einer Entscheidung des BGH[118] aus dem Jahr 2001 in einer solchen Situation nicht zusätzlich eine „gravierende Pflichtverletzung" zu fordern ist, um den Untreuetatbestand einzuschränken, jedoch hat der 3. Senat des BGH[119] später von diesem zusätzlichen Erfordernis in den Fällen Abstand genommen, „wenn die zu treffende Entscheidung keinen Handlungsspielraum zulässt". Hierauf Bezug nehmend führte des OLG Braunschweig aus, dass „die Satzung keinen Handlungsspielraum [zulässt], weil das Sitzungsgeld nach dem klaren Wortlaut [der Satzung] allein für die Teilnahme an Sitzungen des Aufsichtsrats oder seiner Ausschüsse gezahlt wird, nicht aber für die Wahrnehmung sonstiger Termine"[120], so dass es aus diesem Grunde die Voraussetzungen einer Vermögensbetreuungspflicht als gegeben erachtete.

---

[115] LG Braunschweig Beschl. v. 28.12.2011 – 6 KLs 54/11 (juris).
[116] So auch schon der BGH zu der Frage, ob dem Vorstand der AG Vermögensbetreuungspflichten zukommen, wenn es um seine eigene Vergütung geht. Siehe hierzu: BGH Urt. v. 21.12.2005 - 3 StR 470/04, BGHSt 50, 331 (331ff.) („Mannesmann-Verfahren").
[117] LG Braunschweig Beschl. v. 28.12.2011 – 6 KLs 54/11 (juris).
[118] BGH Urt. v. 06.12.2001 – 1 StR 215/01, BGHSt 47, 187 (187ff.).
[119] BGH Urt. v. 21.12.2005 - 3 StR 470/04, BGHSt 50, 331 (331ff.).
[120] OLG Braunschweig Beschl. v. 14.06.2012 – Ws 44/12, Ws 45/12, NJW 2012, 3798 (3798ff.).

Anhand dieser Entscheidung zeigt sich, dass dem Aufsichtsrat der Aktiengesellschaft nach Ansicht der Rechtsprechung grundsätzlich Vermögensbetreuungspflichten obliegen. Insoweit bleibt offen, ob die Gerichte diese Entscheidungen auch getroffen hätten, wenn es sich um eine Stiftung gehandelt hätte. Aufgrund der vergleichbaren Stellung des Aufsichtsrats mit dem Stiftungskuratorium[121], jedenfalls im Falle der Ausgestaltung des Kuratoriums als echtes Kontrollorgan, spricht jedoch vieles dafür, wie nachfolgend darzustellen sein wird, dass diese Rechtsprechung auf die Mitglieder des Kuratoriums übertragen werden kann.

Der Aufsichtsrat in der Aktiengesellschaft achtet darauf, dass „der Vorstand alles Erforderliche unternimmt, um das Vermögen der Gesellschaft zu mehren und Schaden von ihr abzuwenden". Dem Aufsichtsrat der Aktiengesellschaft obliegen umfassende Kompetenzen, wie beispielsweise die Bestellung und Abberufung der Vorstandsmitglieder, der Erlass einer Geschäftsordnung für den Vorstand (§ 77 Abs. 2 S. 1 AktG) sowie die Zustimmung zu bestimmten Geschäften des Vorstands (§ 111 Abs. 4 S. 2 AktG). Insoweit entsprechen die Kompetenzen des Aufsichtsrates einer AG den Kompetenzen eines Kuratoriums einer Stiftung, zumindest sofern dieses zu Kontroll- und nicht lediglich zu Beratungszwecken eingerichtet wurde.

Vergleicht man die Aktiengesellschaft mit der Stiftung, so fällt weiterhin auf, dass die Aktiengesellschaft neben dem Vorstand und dem Aufsichtsrat zusätzlich über ein weiteres Organ verfügt, dem Entscheidungskompetenzen zukommen, nämlich die Hauptversammlung. Den Aktionären stehen Mitgliedschaftsrechte zu, die sie in der Hauptversammlung ausüben. Die Tatsache, dass die Hauptversammlung in Grundangelegenheiten entscheidet und beispielsweise gemäß § 119 Abs. 1 AktG über die Wahl und Abberufung der Aufsichtsratsmitglieder abstimmt, zeigt, dass neben der Kontrolle durch den Aufsichtsrat die Hauptversammlung in grundlegenden Entscheidungen selbst entscheidet. Zudem kann diese durch ihr Recht, die Aufsichtsratmitglieder zu wählen und abzube-

---

[121] Hierzu wurde oben dargestellt, dass gerade das „Kontrollbedürfnis" in der Stiftung, mangels Anteilsinhaber, das in der Aktiengesellschaft übersteigt. Daher empfiehlt es sich, die Aufgaben des Aufsichtsrats der Aktiengesellschaft auch auf die des Kuratoriums in der Stiftung zu übertragen. Diese Vergleichbarkeit spricht auch für eine Übertragung der Rechtsprechung auf die Stiftung.

rufen, den Vorstand in gewisser Weise mittelbar selbst „kontrollieren", indem sie im Falle einer ungenügenden Kontrolle durch den Aufsichtsrat, dessen Mitglieder abberuft und neue Mitglieder wählt.

Insoweit wird deutlich, dass in der Aktiengesellschaft, obwohl eine gesetzliche Kontrolle des Vorstands durch den Aufsichtsrat besteht, zusätzlich noch weitere Kontroll- und Einwirkungsmöglichkeiten seitens der Aktionäre bestehen. In der Stiftung fehlt jedoch eine vergleichbare Kontrolle, da eine Stiftung weder über Gesellschafter noch Mitglieder verfügt. Daher ergibt sich für die Stiftung ein umfassenderes Schutzbedürfnis, als dies bei der Aktiengesellschaft der Fall ist. Es liegt daher nahe, dass in Fällen, in denen auf Ebene der Stiftung ein Kuratorium mit dem Aufsichtsrat einer Aktiengesellschaft vergleichbaren Kompetenzen eingerichtet wurde, diesem Gremium in zumindest gleichem Umfang Vermögensbetreuungspflichten obliegen, wie dem Aufsichtsrat einer Aktiengesellschaft.

Gleichzeitig machen der vorstehend dargestellte Fall sowie die eingangs dargestellten unterschiedlichen Ausgestaltungsformen und Kompetenzen eines Kuratoriums jedoch auch deutlich, dass auch bei der Beurteilung, inwieweit Mitgliedern eines Stiftungskuratorium Vermögensbetreuungspflichten im Rahmen ihrer Tätigkeit zukommen, stets die Umstände des konkreten Einzelfalls mit in die Betrachtung einbezogen werden müssen und eine sorgfältige Prüfung angestellt werden muss, ob nicht doch Gründe vorliegen, die zur Ablehnung einer Vermögensbetreuungspflicht im Einzelfall führen.

c)   Mitglieder der Stiftungsaufsichtsbehörde

Die deutschen Stiftungen unterliegen der staatlichen Stiftungsaufsicht, die in Deutschland landesrechtlich[122] geregelt ist. Dies wirft die Frage auf, ob die Mitglieder der staatlichen Stiftungsaufsichtsbehörde eine Untreue begehen können, wenn sie ihren Aufsichtspflichten nicht oder nur unzureichend nachkommen.

---

[122] Vergleiche: Art. 10 – 19 BayStG, §§ 8 – 14, 20, 21, 25 StiftGBW, §§ 6 – 11 StiftGNRW.

Auch dies ist letztlich davon abhängig, ob den Mitgliedern der Stiftungsaufsichtsbehörde eine Vermögensbetreuungspflicht im Rahmen ihrer Tätigkeit zukommt. Für diese Beurteilung muss wiederum auf die Pflichten und Aufgaben
der Mitglieder der Stiftungsaufsichtsbehörde abgestellt werden.

Die Aufgaben der Stiftungsaufsicht umfassen unter anderem die Anerkennung
und Aufhebung der Stiftung sowie die Aufsicht über die laufende Tätigkeit der
Stiftung.[123] Den Beamten der Stiftungsaufsichtsbehörde kommt kraft Gesetzes
die Aufgabe zu, die Stiftung zu kontrollieren. Ähnlich dem Kuratorium haben
auch sie eine Überwachungspflicht gegenüber der Stiftung, vergleiche zum Beispiel Art. 12 Abs. 1 S. 1 BayStG. Ferner sind die Beamten der Stiftungsaufsichtsbehörde befugt, sich über alle Angelegenheiten der Stiftung zu unterrich-
ten, Art. 12 Abs. 3 S. 1 BayStG, sowie ein dabei festgestelltes rechtswidriges
Verhalten der Stiftungsorgane zu beanstanden und deren Unterlassen zu fordern,
vergleiche zum Beispiel Art. 12 Abs. 4 BayStG. Überdies können die Beamten
der Stiftungsaufsichtsbehörde Organe, die sich einer groben Pflichtverletzung
schuldig gemacht haben, abberufen und die Bestellung eines neuen Organs fordern, Art. 13 BayStG.

Bei der Aufsicht handelt es sich aber um eine reine Rechtsaufsicht[124] und keine
Fachaufsicht, das heißt der Stiftungsaufsicht ist es nicht gestattet, ihr Ermessen
an die Stelle des Ermessens der Stiftungsorgane zu setzen beziehungsweise eigene Zweckmäßigkeitserwägungen im Rahmen ihrer Überwachungstätigkeit
anzustellen.[125] Darüber hinaus ist die Stiftungsaufsicht an den Grundsätzen der
Subsidiarität und der Verhältnismäßigkeit auszurichten.[126] Die Stiftungsaufsichtsbehörde wird erst dann tätig, wenn das Handeln der Stiftungsorgane „mit
einer vernünftigen wirtschaftlichen Betrachtungsweise unvereinbar" ist oder of-

---

[123] *Zimmermann*, NJW 2011, 2931 (2934); *Reuter*, in: Säcker/Rixecker (Hrsg.), MüKo BGB,
Vor § 80 Rn 78. Ferner *Wochner*, MittRhNotK 1994, 89 (99, 101).
[124] Vergleiche: Art. 10 Abs. 1 S. 1 BayStG; siehe hierzu: BVerwG, BayVBl 1973, 132 (132);
vergleiche ferner §§ 8 Abs. 1 S. 1, 20 Abs. 1 S .1 StiftGBW, § 6 Abs. 1 StiftGNRW.
[125] *Hof*, in: Seifart/von Campenhausen (Hrsg.), Handbuch des Stiftungsrecht, § 10 Rn 8, Rn
74; *Hüttemann/Rawert,* in: Staudinger BGB, Vorbem. §§ 80 ff Rn 88; *Wernicke*, ZEV 2003,
301 (304).
[126] *Seyfarth*, ZSt 2008, 145 (145); *Hüttemann/Rawert*, in: Staudinger BGB, Vorbem. §§ 80 ff
Rn 90; *Jakob*, ZSt 2006, 63 (66); ähnlich: *Wernicke*, ZEV 2003, 301 (304).

fensichtlich dem Stiftungszweck zuwidergehandelt wird.[127] Dabei umfasst die Prüfung der Stiftungsaufsichtsbehörde auch die Prüfung der Jahresabschlüsse und Tätigkeitsberichte der Stiftung. Zur Geltendmachung von Schadensersatzansprüchen gegenüber Mitgliedern der Stiftungsorgane ist die Stiftungsaufsicht hingegen nicht befugt.[128]

Durch die im deutschen Recht vorgesehene Stiftungsaufsicht soll das „privatrechtliche Kontrolldefizit" kompensiert werden, das aus dem Fehlen korporations- und vermögensrechtlich beteiligter Personen, das heißt von Mitgliedern, oder von Aufsichtsorganen in der Stiftung resultiert.[129] Durch eine solche, „außerhalb der Stiftungsgremien stehenden Aufsicht", soll letztlich die „dauerhafte Verfolgung des Stifterwillens und die Verkehrsfähigkeit der Stiftung" garantiert werden[130] und „der stiftungstypischen Gefährdungslage" entgegengewirkt und die fehlende bzw. unzureichende Eigenkontrolle der Stiftung ausgeglichen werden.[131]

Aus den vorstehend dargestellten Befugnissen folgt grundsätzlich, dass die Stiftungsaufsichtsbehörde aufgrund ihrer durch Gesetz verliehenen Überwachungsbefugnisse und Überwachungsinstrumente eine weitgehende Einwirkungsmöglichkeit auf die Stiftung mit Wirkung für deren Vermögensinteressen hat. Dieser Umstand sowie die Funktion der Stiftungsaufsicht als Kontrollorgan legen es nahe, dass den Beamten der Stiftungsaufsicht eine Vermögensbetreuungspflicht im Rahmen ihrer Tätigkeit obliegen kann.

Zweifel an dieser Beurteilung könnten lediglich aufkommen, wenn man sich vergegenwärtigt, dass die Mitglieder der Stiftungsaufsichtsbehörde letztlich für ihr Handeln nicht persönlich eizustehen haben, sondern sie durch die eingreifen-

---

[127] BVerwG, BayVBl 1973, 132 (132); Ausführlich hierzu: *Wernicke*, ZEV 2003, 301 (303f.).
[128] *Otto/Kuhli*, Handbuch der Stiftungspraxis, S. 82; siehe hierzu auch: *Tischer*, S. 82 ff.
[129] *Zimmermann*, NJW 2011, 2931 (2934); so auch: *Hüttemann/Rawert*, in: Staudinger BGB, Vorbem. §§ 80 ff. Rn 89.
[130] *Hüttemann/Rawert*, in: Staudinger BGB, Vorbem. §§ 80 ff. Rn 89; dies kann jedoch durchaus kritisch hinterfragt werden und hängt eng mit der Frage der Tauglichkeit staatlicher Kontrollen zusammen.
[131] *Tischer*, S. 58.

de Staatshaftung[132] geschützt sind. Dieser Umstand könnte zum Anlass genommen werden, die Frage aufzuwerfen, ob Mitgliedern der Stiftungsaufsicht das Merkmal der Selbstständigkeit abzusprechen ist, das eine Grundlage für die Zubilligung einer Vermögensbetreuungspflicht nach der Rechtsprechung des Bundesgerichtshofes begründet. Gleiches gilt vor dem Hintergrund des auf die Rechtsaufsicht beschränkten Aufgabenfeldes der Stiftungsaufsicht.

Im Ergebnis erscheint eine solche Begrenzung der Verantwortlichkeit der Mitglieder der Stiftungsaufsichtsbehörde jedoch nicht angezeigt. Vielmehr zeigt sich die Selbstständigkeit der Mitglieder der Stiftungsaufsicht darin, „dass [den Mitgliedern der Stiftungsaufsichtsbehörde] die Kompetenz übertragen wurde, anstelle des Vermögensinhabers dessen Vermögensinteressen wahrzunehmen".[133] Die Behörde nimmt durch ihre Aufsicht unter anderem das Vermögensinteresse der juristischen Person Stiftung wahr, indem sie die Stiftungtätigkeit, die von den Stiftungsorganen ausgeführt wird überprüft. Insoweit gleicht die Tätigkeit der Stiftungsaufsicht der des Kuratoriums einer Stiftung. An dieser Betrachtung ändert sich auch nichts durch die Tatsache, dass die Stiftungsaufsicht sich von einem Kuratorium dadurch unterscheidet, dass der Stiftungsaufsichtsbehörde per Gesetz die Kompetenz übertragen wurde, die Stiftung zu beaufsichtigen, während das Kuratorium vom Stifter eingesetzt wurde. So sieht der Tatbestand der Untreue ausdrücklich vor, dass Vermögensbetreuungspflichten nicht nur durch Rechtsgeschäft, sondern auch durch Gesetz begründet werden können. Weder durch die eingreifende Staatshaftung noch die Beschränkung auf eine Rechtsaufsicht wird der Handlungsspielraum der Stiftungsaufsichtsbehörde in einem für die Annahme einer Vermögensbetreuungspflicht schädlichen Umfang beschränkt. Vielmehr ist es im Rahmen der Vermögensbetreuungspflicht ausreichend, „dass dem Täter die ihm übertragene Tätigkeit nicht durch ins Einzelne gehende Weisungen vorgezeichnet ist, sondern ihm Raum für eigenverantwortliche Entscheidungen [...] belassen wird".[134] Die Stiftungsaufsichtsbehörde nimmt jedoch eine unabhängige Kontrolle wahr, indem sie eigenständig

---

[132] BGH Urt. v. 03.03.1977 – III ZR 10/74, BGHZ 68, 142 (142ff.).
[133] *Kindhäuser*, in: Kindhäuser/Neumann/Paeffgen (Hrsg.), StGB, § 266 Rn 34.
[134] Siehe hierzu: BGH Beschl. v. 01.04.2008 – 3 StR 493/07, wistra 2008, 427 (428f.); siehe auch: BGH Urt. v. 22.05.1991 - 3 StR 87/91, NJW 1991, 2574 (2574).

die Tätigkeit der Stiftung kontrolliert. Sie stellt daher keine „bloßen Dienste der Handreichung"[135] dar. Weder die Amtshaftung noch die Beschränkung auf die Rechtsaufsicht ändern an diesem Handlungsfreiraum der Aufsichtsbehörde etwas. Daher nimmt die Stiftungsaufsicht im Rahmen ihrer Kontrolltätigkeit grundsätzlich eine selbstständige Funktion wahr. Auch die Mitglieder der Stiftungsaufsichtsbehörde kommen daher grundsätzlich als taugliche Täter einer Untreue in Betracht.

Wie bereits im Rahmen der Mitglieder des Vorstandes sowie der Mitglieder des Kuratoriums dargestellt, gilt jedoch auch für die Mitglieder der Stiftungsaufsicht der Grundsatz, dass maßgeblich für die Frage, ob diese tatsächlich Vermögensbetreuungspflichten verletzt haben, stets die Umstände des Einzelfalls sind, so dass auch in diesem Kontext verallgemeinernde Aussagen nur schwer getroffen werden können.

4) Verletzung der Vermögensbetreuungspflicht im Rahmen der Stiftungstätigkeit anhand ausgewählter Beispielsfälle

Wie bereits dargestellt setzt die Untreue voraus, dass der Täter eine ihm eingeräumte Befugnis missbraucht, das heißt sein rechtliches Dürfen (Innenverhältnis) im Rahmen des rechtlichen Könnens (Außenverhältnis) überschreitet[136], beziehungsweise eine ihm aus einem Treueverhältnis obliegende Pflicht, fremde Vermögensinteressen wahrzunehmen, verletzt. Letzteres ist zum Beispiel der Fall, wenn „der Treunehmer die ihm übertragene Geschäftsbesorgung in vermögensrelevanter Weise nicht oder nicht ordnungsgemäß ausführt".[137] Beide Untreuevarianten setzen mithin die Pflichtwidrigkeit des Handelns voraus. Diese

---

[135] BGH Beschl. v. 01.04.2008 – 3 StR 493/07, (juris).
[136] Vergleiche nur: BGH Urt. v. 16.12.2010 - 4 StR 492/10, NStZ 2011, 280 (281) mit weiteren Nachweisen; *Dierlamm*, in: Joecks/Miebach (Hrsg.), MüKo StGB, Bd. 4, § 266 Rn 22; *Kindhäuser*, in: Kindhäuser/Neumann/Paeffgen (Hrsg.), StGB, § 266 Rn 86; *Saliger*, in: SSW-StGB, § 266 Rn 21; *Kühl*, in: Lackner/Kühl (Hrsg.), § 266 Rn 6; ähnlich: *Schmid*, in: Müller-Gugenberger/Bieneck (Hrsg.), Wirtschaftsstrafrecht, § 31 Rn 9 ff.
[137] *Saliger*, in: SSW-StGB, § 266 Rn 31; vergleiche auch: *Fischer*, § 266 Rn 51.

Pflichtwidrigkeit muss sich gerade „auf den Teil der Pflichtenstellung des Täters beziehen, welcher die Vermögensbetreuungspflicht zum Gegenstand hat".[138]

Wurden eingangs dieses Abschnittes die Grundlagen und Rechtsquellen von Vermögensbetreuungspflichten im Rahmen einer Stiftung dargestellt, so soll nachfolgend an Hand einiger ausgewählter Konstellation, die im Laufe der Tätigkeit einer Stiftung auftreten können, erörtert werden, ab welcher Schwelle Handlungen von Stiftungsorganen, die zu einer Beeinträchtigung des Vermögens der Stiftung führen beziehungsweise führen können, die Grenze der Pflichtwidrigkeit überschreiten. Dabei wird ein Schwerpunkt der Betrachtung vor allem die Frage bilden, welcher Handlungs- beziehungsweise Entscheidungsspielraum den Stiftungsorganen, vor allem dem Stiftungsvorstand, im Rahmen seiner Tätigkeit für die Stiftung zuzubilligen ist und ab welchem Punkt die Schwelle zur Untreuestrafbarkeit überschritten wird.

a)   Anlagegeschäfte

Zunächst soll untersucht werden, inwieweit eine die Untreue begründende Pflichtverletzung bei Anlageschäften begangen werden kann. Im Fokus stehen dabei solche Rechtsgeschäfte, mittels welcher das Stiftungsvermögen angelegt wird, um daraus Erträge für die weitere Stiftungstätigkeit zu generieren. Dies ist deshalb von besonderer Relevanz, da die Durchführung von Kapitalanlangen auf Ebene einer Stiftung eine zentrale Rolle einnimmt. Schließlich ist die Stiftung auf Erträge aus dem Stiftungsvermögen angewiesen, um langfristig den Stiftungszweck erfüllen zu können.

Dem zur Vornahme der Anlagegeschäfte bevollmächtigten Organ[139] kommt bei der Führung der finanziellen Geschäfte der Stiftung grundsätzlich ein Handlungsspielraum zu, der jedoch, wie noch darzustellen sein wird, gewissen Schranken unterliegt. Welchen Umfang dieser Handlungsspielraum hat und

---

[138] *Fischer*, § 266 Rn 60.

[139] Hierbei wird es sich meist um den Stiftungsvorstand handeln, der, wie oben gezeigt, die Geschäfte der Stiftung führt und damit auch für die finanziellen Abwicklungen der Stiftung verantwortlich ist.

durch welche Grundsätze er begrenzt ist, zeigen die nachfolgenden Ausführungen.

Da die Grundsätze hinsichtlich der Anlage des Stiftungsvermögens in Abhängigkeit von der betroffenen Vermögenssphäre unterschiedlich ausgestaltet sind, müssen zunächst die unterschiedlichen Vermögenssphären des Stiftungsvermögens herausgebildet werden, um aufzuzeigen, welche Vermögensbestandteile des Stiftungsvermögens in welche Vermögenssphäre einzuordnen sind. Sodann werden die stiftungsrechtlichen Vorgaben für den Umgang mit der jeweiligen Vermögenssphäre dargestellt. In diesem Kontext soll gezeigt werden, welche unterschiedlichen Vorgaben bei der Vermögensverwaltung zu berücksichtigen sind und insbesondere welche Vorgaben die Kapitalanlageentscheidung beeinflussen. Abschließend wird aufgezeigt, wann bei Anlagegeschäften des Stiftungsvermögens die Grenzen zur untreuerelevanten Pflichtverletzung im Sinne des § 266 StGB überschritten ist und welcher Ermessensspielraum den Stiftungsorganen bei Anlageentscheidungen zuzubilligen ist.

(1) Das Stiftungsvermögen im deutschen Recht

Die Stiftung kann ihr Ziel, den Stiftungszweck zu fördern, nur mit einer ausreichenden Vermögensausstattung erzielen. Dies zeigt sich daran, dass die „Institutionalisierung eines Zwecks", wie es bei der Stiftung der Fall ist, notwendigerweise auf „geeignete Mittel angewiesen" ist.[140] Ferner wird das Erfordernis sachlicher, insbesondere finanzieller Mittel, dadurch verstärkt, dass es der Stiftung – anders als zum Beispiel einem Verein – an personellen Mitteln in Form von Mitgliedern fehlt.[141]

Dementsprechend ist einer der wesentlichen Aspekte, wenn nicht sogar der Wesentlichste[142], die Vermögensausstattung der Stiftung. Ohne dieses unverzichtba-

---

[140] *Reuter,* in: Säcker/Rixecker (Hrsg.), MüKo BGB, Vor § 80 Rn 63.

[141] Vergleiche *Reuter,* in: Säcker/Rixecker (Hrsg.), MüKo BGB, Vor § 80 Rn 63; *Zimmermann,* NJW 2011, 2931 (2933).

[142] So auch: *Fritz,* S. 25; *Stingl,* S. 32; andere Ansicht: *Rawert,* in: Hopt/Reuter (Hrsg.), Stiftungsrecht in Europa, 109 (125), wonach das Stiftungsvermögen gegenüber dem die Stiftung prägenden Zweck nur eine „dienende Rolle" einnimmt.

re Element kann weder der Stiftungszweck erfüllt, noch die Stiftungstätigkeit sinnvoll aufrechterhalten werden. Daher kommt der Frage, wie eine ordnungsgemäße Kapitalanlageentscheidung in der Stiftung aussehen muss, das heißt welche Vermögenswerte mit welcher Art von Kapitalanlagen angelegt werden dürfen, respektive nicht angelegt werden dürfen und stattdessen zur Zweckerfüllung eingesetzt werden müssen, im Recht der Stiftung eine besondere Bedeutung zu. Aus Sicht der Stiftungsorgane ist dabei von besonderer Relevanz, wann eine getätigte Kapitalanlage die Grenze zur Untreuestrafbarkeit überschreiten kann.

(2) Die Vermögenssphären in der Stiftung

Der Begriff des „Stiftungsvermögens" ist gesetzlich nicht definiert. Obwohl in den meisten Fällen nur generell vom „Stiftungsvermögen" als solchem gesprochen wird, muss für den Gang der nachfolgenden Untersuchung eine differenzierte Betrachtung gewählt werden. Dem Begriff kommt nämlich eine kontextabhängige Bedeutung zu, da zwischen zwei Vermögenssphären in der Stiftung unterschieden werden muss.[143] Diese Unterscheidung ist insofern für die Bestimmung der Vermögensbetreuungspflichten relevant, da abhängig von der jeweiligen Vermögenssphäre andere Grundsätze für die Verwaltung des Stiftungsvermögens gelten. Nachfolgend wird zunächst das Stiftungsvermögen beschrieben, um sodann daran anknüpfend die einzelnen Vermögensbestandteile den unterschiedlichen Vermögenssphären der Stiftung zuzuordnen.

Im weiteren Sinne werden unter den Begriff des Stiftungsvermögens sämtliche für die Stiftung verfügbaren Mittel gefasst.[144] Dazu zählen neben den bei der Errichtung der Stiftung zugewendeten Werte Rücklagen, Erträge sowie Spenden und Zuschüsse. Damit sind alle Vermögenswerte der Stiftung von dem Begriff

---

[143] Es handelt sich dabei zum einen um das Grundstockvermögen und zum anderen um die aus dem Grundstockvermögen resultierenden Erträge. Dazu sogleich.
[144] *Hüttemann/Rawert,* in: Staudinger BGB, Vorbem. § 80 Rn 10; *Hüttemann/Rawert,* in: Staudinger BGB, § 81 Rn 53. In diesem Sinne auch *Winnefeld,* Bilanz-Handbuch, Kap. L Rn 1430.

des „Stiftungsvermögens" umfasst. Diese Vermögenswerte gliedern sich in zwei Gruppen auf.

Eine Vermögenssphäre umfasst das sogenannte „*Grundstockvermögen*", also dasjenige Vermögen, das der Stiftung zugewendet wurde, um aus seiner Nutzung den Stiftungszweck dauernd und nachhaltig zu erfüllen, vergleiche zum Beispiel Art. 6 Abs. 2 BayStG. Dieses Grundstockvermögen besteht aus dem Anfangsvermögen, zuzüglich der nach dem Willen des Stifters, des Zustifters oder der Stiftungsorgane hinzuzurechnenden Vermögenswerte.[145] Wie hoch das Grundstockvermögen zu Beginn der Stiftung sein muss, ist gesetzlich nicht geregelt. Das deutsche Stiftungsrecht sieht bisher[146] kein beziffertes Mindestkapital vor. Für die Anerkennungserteilung der Stiftung prüft die Stiftungsaufsichtsbehörde aber, ob das Grundstockvermögen sowie gegebenenfalls zu erwartende Zustiftungen[147] genügend Ertrag generieren, um den konkreten Stiftungszweck zu erfüllen.[148] Nur Stiftungen mit einem Grundstockvermögen, das die Zweckverfolgung sicherstellt, wird die Genehmigung erteilt. Dies hat zur Konsequenz, dass de facto doch eine Mindestkapitalausstattung für die Stiftungsanerkennung erforderlich ist.[149] Das sogenannte Grundstockvermögen umfasst das vom Stifter gewidmete Vermögen in einem Umfang, dass durch dessen Erträge der Stiftungszweck dauerhaft verfolgt werden kann. Der Stifter legt verbindlich fest, wie hoch das Grundstockvermögen ist und somit auch, mit welchen Mitteln sei-

---

[145] *Fritz*, S. 32 mit weiteren Nachweisen; *Hof*, DStR 1992, 1587 (1587 ff.); *Schwarz*, DStR 2002, 1718 (1723); *Schiffer*, NJW 2004, 2497 (2500). Vergleiche auch *Winnefeld*, Bilanz-Handbuch, Kap. L, Rn 1431 f.

[146] Die Festsetzung eines bestimmten Mindestkapitals für die Stiftung ist derzeit eine zentrale Frage in der deutschen Reformdebatte. Siehe: *Rawert,* in: Hopt/Reuter (Hrsg.), Stiftungsrecht in Europa, 109 (125).

[147] Nachträgliche Zuwendungen des Stifters oder Dritter, die den Grundstock erhöhen werden als Zustiftungen bezeichnet, wohingegen Spenden zum zeitnahen Verbrauch bestimmt sind und nicht den Grundstock erhöhen, sondern direkt in die Erfüllung der Stiftungszwecke fließen. Siehe hierzu: *Fischer/Sander*, in: Graf Strachwitz/Mercker (Hrsg.), Stiftungen in Theorie, Recht und Praxis, 493 (496).

[148] *Zimmermann*, NJW 2011, 2931 (2933); Derzeit haben Stiftungen mit einem Grundstockvermögen von weniger als 50 000 Euro keine Aussicht auf Anerkennung. Siehe: *Hüttemann/Rawert*, in: Staudinger BGB, § 80 Rn 24.

[149] Diese behördliche Praxis, die die Genehmigung de facto doch von einer Mindestkapitalausstattung abhängig macht wird zum Teil kritisiert. Siehe hierzu: *Rawert*, in: Hopt/Reuter (Hrsg.), Stiftungsrecht in Europa, 109 (125) mit weiteren Nachweisen; *Reuter,* in: Säcker/Rixecker (Hrsg.), MüKo BGB, Vorbem. § 80 Rn 20.

ne Stiftung die satzungsmäßigen Zwecke verwirklichen soll.[150] Diese Festlegung kann auch die rechtsgeschäftliche Gestattung der Annahme von Zustiftungen und Zuwendungen umfassen[151] oder aber diese ausschließen, „um den privaten Charakter der Einrichtung und ihre Unabhängigkeit dauerhaft zu sichern"[152]. Sind Zustiftungen vorgesehen und werden sie nachträglich geleistet, so zählen diese Vermögenswerte ebenfalls zum Grundstockvermögen.

Die zweite Vermögenssphäre der Stiftung bilden die *Erträge* des Grundstock-vermögens[153], siehe hierzu beispielsweise Art. 6 Abs. 3 BayStG. Wird das Grundstockvermögen angelegt, sei es indem finanzielle Mittel der Stiftung auf Sparkonten „geparkt", in Immobilien investiert oder in Aktien oder Fonds angelegt werden, so wird die hieraus generierte Rendite nicht dem Grundstockver-mögen zugerechnet, sondern bildet eine weitere Vermögenssphäre. Ferner zäh-len zu dieser Vermögenssphäre auch *zum Verbrauch bestimmte Zuwendungen und Spenden.*[154]

Daher ist hinsichtlich des Stiftungsvermögens zwischen dem Grundstockvermö-gen einerseits und den daraus erwachsenden Erträgen andererseits zu unter-scheiden.

Dem Stifter geht es bei der Vermögensausstattung der Stiftung nicht nur um die bloße Erhaltung der Vermögenssubstanz oder des Vermögenswertes, sondern auch um die Bindung der Stiftungsorgane an die wirtschaftliche Bestimmung des Stiftungsvermögens und damit um die Stiftungszweckerfüllung.[155] Diese Aspekte der Vermögenserhaltung einerseits und der Zweckförderung anderer-seits rücken daher sowohl den Umgang mit dem Grundstockvermögen als auch mit den daraus erwachsenden Erträgen in das Zentrum der Betrachtung. Der un-

---

[150] Vergleiche hierzu: *Turner/Doppstadt,* DStR 1996, 1448 (1450); *Hüttemann/Rawert,* in: Staudinger BGB, § 81 Rn 20; ähnlich: *Wochner,* MittRhNotK 1994, 89 (90).
[151] *Hüttemann/Rawert,* in: Staudinger BGB, Vorbem. §§ 80 ff. Rn 268 ff.
[152] *Hüttemann/Rawert,* in: Staudinger BGB, § 81 Rn 20.
[153] Vergleiche hierzu ausführlich: *Hüttemann,* in: Jakobs/Picker/Wilhelm (Hrsg.), FG Flume, 59 (78).
[154] Siehe hierzu: *Zimmermann,* NJW 2011, 2931 (2933).
[155] *Hüttemann,* in: Jakobs/Picker/Wilhelm (Hrsg.), FG Flume, 59 (68). Ferner *Schlüter/Stolte,* Stiftungsrecht, 2. Kap. Rn 2; *Reuter,* in: Säcker/Rixecker (Hrsg.), MüKo BGB, § 85 Rn 2.

terschiedliche Umgang mit diesen beiden Vermögenssphären wird nachfolgend dargestellt.

(3)   Vermögenserhaltung und Mittelverwendung

Der Umgang mit dem Stiftungsvermögen richtet sich danach, welcher Sphäre das Stiftungsvermögen entstammt.

Für das Grundstockvermögen gilt der *Grundsatz der Vermögenserhaltungspflicht*.[156] Dieser folgt daraus, dass der „Zweck einer Stiftung mit dem bereitgestellten Vermögen erfüllbar sein muss und sei es auch nur schrittweise".[157] Eine solche gesicherte Zweckerfüllung ist wiederum nur dann möglich, wenn die Stiftung ihr Grundstockvermögen erhält und mit den daraus gewonnenen Erträgen die Zweckerreichung sicherstellt. Folglich geht das Stiftungsrecht davon aus, dass das Grundstockvermögen auf Dauer erhalten werden muss, also zum Beispiel nicht veräußert werden darf, wenn der Stiftungszweck nachhaltig und dauerhaft aus den Erträgen des Grundstockvermögens erfüllt werden soll.[158] Die Stiftungsgesetze der Länder schreiben hierzu vor, dass „das Vermögen, das der Stiftung zugewendet wurde, um aus seiner Nutzung den Stiftungszweck dauernd und nachhaltig zu erfüllen (Grundstockvermögen), [...] ungeschmälert zu erhalten" ist, vergleiche Art. 6 Abs. 2 BayStiftG.[159]

Wenngleich die Beachtung des Grundsatzes der Vermögenserhaltung ein grundlegendes Prinzip des Stiftungsrechts darstellt, so ist fraglich, was unter Vermögenserhaltung konkret zu verstehen ist. Eine reale Werterhaltung oder eine nominale Werterhaltung.[160] Für eine reale Werterhaltungspflicht, das heißt Erhalt

---

[156] Siehe hierzu: *Hüttemann/Rawert,* in: Staudinger BGB, Vorbem. § 80 Rn 10. Ferner *Fischer/Ihle*, DStR 2008, 1692 (1694); *Rawert*, DNotZ 2008, 5 (7); *Ihle*, RNotZ 2009, 621 (624); *Schauhoff*, in: Schauhoff (Hrsg.), Handbuch der Gemeinnützigkeit, § 3 Rn 62.

[157] *Rawert,* in: Hopt/Reuter (Hrsg.), Stiftungsrecht in Europa, 109 (125).

[158] *Turner/Doppstadt*, DStR 1996, 1448 (1450). Ausnahme hierzu bildet die mit Gesetz vom 21.03.13 eingeführte Verbrauchsstiftung aus § 80 Abs. 2 Satz 2 BGB.

[159] Ähnliche Vorgaben finden sich u.a. in § 6 Abs. 1 S. 1 HessStiftG, § 4 Abs. 2 S. 1 StiftGNRW und § 7 Abs. 2 S. 1 StiftGBW.

[160] Für eine nominale Werterhaltungspflicht plädieren u.a.: *Schindler*, DB 2003, 297 (300); *Rödel*, NZG 2004, 754 (755); *Hüttemann*, in: Jakobs/Picker/Wilhelm (Hrsg.), FG Flume, 59 (94); *Fischer/Sander*, in: Graf Strachwitz/Mercker (Hrsg.), Stiftungen in Theorie, Recht und

des Vermögens zuzüglich des Ausgleichs der Inflation, spricht, dass das Gebot der Bestandserhaltung des Vermögens langfristig gefährdet ist, wenn zwar der nominale Wert des Vermögens erhalten wird, die Kaufkraft des Vermögens aber infolge hoher Inflation sukzessive sinkt.[161] Sinkt die Kaufkraft des Vermögens, so verringert sich de facto das Stiftungsvermögen, was die Bestandserhaltungspflicht konterkariert. Einer solchen Schmälerung des Vermögens kann nur vorgebeugt werden, wenn das Stiftungsvermögen so bewirtschaftet wird, dass allen Wertminderungen entgegengewirkt wird und der allgemeine Geldwert- / Kaufkraftschwund ausgeglichen wird.[162] Bei einer realen Werterhaltung käme es zu keiner tatsächlichen Vermögensschmälerung, was den Idealfall der Vermögenserhaltung darstellt. Es ist jedoch unschwer zu erkennen, dass sich dieser Ansatz in praxi nicht einfach umsetzen lässt, insbesondere wenn man sich die derzeitige wirtschaftliche Situation Deutschlands vergegenwärtigt. Diese ist geprägt durch eine hohe Unsicherheit an den Finanzmärkten, wirtschaftlich schlechte Prognosen und ein geringes Zinsniveau. Die Inflationsrate beträgt rund 2% (Stand: Sept. 2012)[163] und das Zinsniveau des EZB Leitzinses liegt bei rund 0,75% (Stand: Nov. 2012)[164]. Unter diesen Voraussetzungen ist es schwierig, eine reale Werterhaltung zu erreichen. Gerade in solchen Zeiten sollte auch den Stiftungsvorständen die Möglichkeit offen stehen, Gelder des Grundstockvermögens auf Girokonten zu „parken", um nicht gezwungener Weise risikobehaftetere Anlagen zu tätigen, um einer nominalen Werterhaltungspflicht gerecht zu werden. Zudem könnten bei einer solchen konservativen Anlage Gelder für den Fall der Besserung des Zinsniveaus sowie der wirtschaftlichen Lage für lukrativere Anlagen sofort verfügbar gehalten werden. Vor diesem Hintergrund spricht vieles dafür, lediglich von einer nominalen Werterhaltungspflicht hinsichtlich des

---

Praxis, S. 493 (496); wohingegen eine reale Werterhaltungspflicht u.a.: *Carstensen*, Vermögensverwaltung, Vermögenserhaltung und Rechnungslegung gemeinnütziger Stiftungen, S. 43ff.; *Walter/Golpayegani*, DStR 2000, 701 (704); *Fläming*, Die Erhaltung der Leistungskraft von gemeinnützigen Stiftungen, S. 20; *Zimmermann*, NJW 2011, 2931 (2933); *Hof*, in: Seifart/von Campenhausen (Hrsg.), Stiftungsrechts-Handbuch, § 9 Rn 62 bevorzugen.

[161] Siehe hierzu ausführlich: *Fischer/Sander*, in: Graf Strachwitz/Mercker (Hrsg.), Stiftungen in Theorie, Recht und Praxis, 493 (497).

[162] *Fischer/Sander*, in: Graf Strachwitz/Mercker (Hrsg.), Stiftungen in Theorie, Recht und Praxis, 493 (497).

[163] Statistisches Bundesamt (Hrsg.), Wirtschaft und Statistik: Oktober 2012, S. 901.

[164] Deutsche Bundesbank (Hrsg.), Monatsbericht: November 2012, 64. Jg Nr. 11, S. 30.

Grundstockvermögens auszugehen.[165] Aus der Perspektive der von Vermögenszuwendungen der Stiftung profitierenden Personen ist es zwar zu begrüßen, wenn sich die Stiftungsorgane grundsätzlich an einer realen Vermögenserhaltung[166] orientieren. Gegen eine solche Pflicht zur realen Vermögenserhaltung spricht jedoch, dass diese in wirtschaftlich schlechten Zeiten nur schwer erfüllt werden kann und es nicht sachgerecht wäre, von Stiftungsvorständen etwas zu verlangen, das je nach Situation gegebenenfalls nicht oder nur sehr schwer umgesetzt werden kann. Aus diesen Gründen überzeugt eine Pflicht der Stiftungsvorstände lediglich zur nominalen Erhaltung des Vermögens, das heißt sie müssen das Grundstockvermögen in seinem Wert erhalten, nicht jedoch eine etwaige Schmälerung infolge von Inflation ausgleichen.

Selbst wenn man wie vorstehend dargestellt davon ausgeht, dass die Organe der Stiftung nicht zwangsläufig verpflichtet sind, den realen Wert des Stiftungsvermögens zu erhalten, wird auch die Pflicht zur bloß nominalen Werterhaltung nicht immer leicht zu erfüllen sein. Insbesondere da auch Kapitalanlagen an Wert verlieren können und in diesem Fall auch das Grundstockvermögen sinkt und dieses damit auch nominal nicht mehr (vollständig) erhalten werden kann. Dies erweist sich für die Stiftung als besonders problematisch, da Wertverluste hinsichtlich des Grundstockvermögens von Stiftungen aufgrund des sogenannten „Admassierungsverbots"[167] nicht ohne weiteres ausgeglichen werden können. Nach dem Admassierungsverbot ist es untersagt, die Erträge des Grundstockvermögens zu thesaurieren, um das Grundstockvermögen wieder aufzubauen. Fallen Erträge jedoch aus, um finanzielle Einbußen im Rahmen des Grundstockvermögens auszugleichen, so ist es schwer, bei Wertverlusten das

---

[165] So auch: *Rödel*, NZG 2004, 754 (755); *Hüttemann*, in: Jakobs/Picker/Wilhelm (Hrsg.), FG Flume, 59 (94); *Fischer/Sander*, in: Graf Strachwitz/Mercker (Hrsg.), Stiftungen in Theorie, Recht und Praxis, S. 493 (496); *Schindler*, DB 2003, 297 (300).

[166] Dies fordern unter anderem: *Carstensen*, Vermögensverwaltung, Vermögenserhaltung und Rechnungslegung gemeinnütziger Stiftungen, S. 43ff.; *Walter/Golpayegani*, DStR 2000, 701 (704); *Fläming*, Die Erhaltung der Leistungskraft von gemeinnützigen Stiftungen, S. 20; *Zimmermann*, NJW 2011, 2931 (2933); *Hof*, in: Seifart/von Campenhausen (Hrsg.), Stiftungsrechts-Handbuch, § 9 Rn 62.

[167] Zum Admassierungsverbot *Rödel*, NZG 2004, 754 (757 f.); *Reuter*, NZG 2005, 649 (653 f.); *Winnefeld*, Bilanz-Handbuch, Kap. L, Rn 1453; *Sauer*, StiftungsBrief 5/2010, 95 (98 f.); *Reuter*, in: Säcker/Rixecker (Hrsg.), MüKo BGB, § 85 Rn 18.

Grundstockvermögen wieder auf das ursprüngliche Maß zu erhöhen. Dies gilt insbesondere für den Fall, dass Zustiftungen in der entsprechenden Stiftung nicht vorgesehen sind oder mit solchen vorübergehend nicht zu rechnen ist. Landesgesetzlich werden zum Teil zwar Ausnahmen vom Admassierungsverbot zugelassen, beispielsweise nach Art. 6 Abs. 3 S. 2 BayStG, wonach „die Zuführung der Erträge zum Grundstockvermögen, um dieses in seinem Wert zu erhalten", zulässig ist. Fehlt jedoch in dem jeweils einschlägigen Landesgesetz eine solche Vorschrift und ist eine solche Befugnis auch in der Stiftungssatzung nicht vorgesehen, entsteht für die Stiftung eine sehr missliche Situation, da die Reduzierung des Grundstockvermögens zur Einleitung aufsichtsrechtlicher Maßnahmen führen kann.[168]

Vorstehend beschriebene Problematik wirft die Frage auf, wie die Zusammenstellung des Vermögensportfolios tatsächlich aussehen muss, um eine nachhaltige Kapitalerhaltung zu gewährleisten. Hierfür ist grundsätzlich eine ausführliche Bewertung einer jeden Kapitalanlage erforderlich, wobei diese daraufhin zu untersuchen ist, ob sie geeignet ist, das Kapital langfristig zu erhalten. Eine solche Beurteilung lässt sich meist anhand einer Betrachtung des jeweiligen Risikos der Anlage fällen. In praxi geschieht dies dergestalt, dass der Stiftungsvorstand häufig externen Sachverstand von Banken oder anderen Beratern mit in seine Entscheidung einbezieht und sich insoweit Vorschläge über die Zusammensetzung des Anlageportfolios mit risikogestreuten Anlagemöglichkeiten vorlegen lässt, um zu entscheiden, in welcher Zusammensetzung dieses letztlich aufgestellt wird, um dem Grundsatz der Kapitalerhaltung zu genügen. Er verteilt die Stiftungsgelder entsprechend auf die Vermögensanlagen. Wesentliche Entscheidungsfaktoren sind dabei Risiko und Rendite jeder Anlagemöglichkeit im Einzelnen sowie der gesamten Zusammensetzung des Portfolios, jeweils vor dem Hintergrund der gegebenen wirtschaftlichen Lage und Situation sowie dem Grundsatz der Vermögenserhaltung. Insoweit wird bereits an dieser Stelle deutlich, dass es eines gewissen Entscheidungsspielraumes des Stiftungsvorstandes bedarf, auf dessen Grenzen später noch näher einzugehen sein wird.

---

[168] So auch schon: *Zimmermann*, NJW 2011, 2931 (2933).

Im Gegensatz zum Grundstockvermögen fehlen hinsichtlich der Erträge, der zweiten der dargestellten Vermögenssphären der Stiftung, klare Vorgaben, wie mit den Erträgen aus dem Stiftungsvermögen zu verfahren ist.

Eine Ausnahme gilt insoweit nur für die Erträge einer gemeinnützigen Stiftung. Für diese findet der *Grundsatz der zeitnahen Mittelverwendung* Anwendung. Der Stiftungszweck wird nämlich nur dann nachhaltig und dauerhaft erfüllt, wenn die Erträge dafür vollumfänglich und dauerhaft eingesetzt werden. Dieser Grundsatz für Stiftungen mit gemeinnütziger Zweckverfolgung folgt aus dem Gebot der Selbstlosigkeit gemäß § 55 Abs. 1 AO, wonach die steuerbegünstigte Körperschaft, Personenvereinigung oder Vermögensmasse ihre Mittel nur für steuerbegünstigte Zwecke verwenden darf. Da das Verwalten des Vermögens die gemeinnützigen Zwecke nicht unmittelbar fördert, sind die gemeinnützigen Stiftungen verpflichtet, ihre Mittel gemäß § 55 Abs. 1 Nr. 5 AO zeitnah für ihre Satzungszwecke auszugeben.[169] Von einer solchen zeitnahen Verwendung ist noch auszugehen, wenn die in einem Geschäftsjahr erzielten Mittel bis zum Ende des folgenden Jahres für die steuerbegünstigten Zwecke verwendet werden.[170] Dieser Grundsatz wird durch § 58 AO eingeschränkt, der in beschränktem Umfang die zweckgebundene Rücklagenbildung zulässt. Gemäß § 58 Nr. 6 AO ist dies insbesondere dann möglich, soweit es zur nachhaltigen Erfüllung der steuerbegünstigten satzungsmäßigen Zwecke erforderlich ist.

Zum Teil finden sich Regelungen hinsichtlich der Verwendung von Erträgen aus der Stiftung auch in den jeweiligen Landesstiftungsgesetzen. Erwähnenswert ist in diesem Zusammenhang zum Beispiel eine Bestimmung des bayerischen Landesstiftungsgesetzes, wonach die Erträge ausschließlich zur Erfüllung des Stiftungszwecks verwendet werden dürfen, vergleiche Art. 6 Abs. 3 Satz 1 BayStG. Dabei ist jedoch zu beachten, dass diese Regelung kein zeitliches Element beinhaltet, wie dies im Rahmen der Vorgaben durch das Steuerrecht der Fall ist, so-

---

[169] Siehe hierzu auch: *Hüttemann/Schön*, Vermögensverwaltung und Vermögenserhaltung im Stiftungs- und Gemeinnützigkeitsrecht, S. 66; siehe auch: OFD Frankfurt a. Main v. 20.02.2012 – S 0177 A – 1 – St 53, *DStR 2012*, 1229 (1229).
[170] Vergleiche BMF, Schreiben v. 15.02.2002 – IV C 4 - S 0174 - 2/01, *BStBl. I S. 267*; *Binz/Sorg*, ZEV 2005, 520 (522); *Arnold*, NZG 2007, 805 (808); *Koenig*, in: Pahlke/Koenig, Abgabenordnung, § 55, Rn 31; *Becker*, DStR 2010, 953 (957).

dass letztlich ungeregelt bleibt, wie mit den Erträgen umzugehen ist, bis diese dem Stiftungszweck zugeführt werden.

Neben den zuvor dargestellten Grundsätzen zur Vermögenserhaltung und (zeitnahen) Mittelverwendung können sich selbstverständlich weitere Vorgaben zum Umgang mit dem Grundstockvermögen und den Erträgen in der Stiftungssatzung finden.

Zusammenfassend lässt sich festhalten, dass die unterschiedlichen Vermögenssphären in der Stiftung unterschiedlichen Maximen folgen müssen; zum einen, um den Bestand der Stiftung nicht zu gefährden und zum zweiten, um die Zweckverfolgung zu gewährleisten. Daher ist eine Differenzierung zwischen Grundstockvermögen und Erträgen sowie der Vermögenserhaltungspflicht und der Vermögensverwendungspflicht unabdingbar für den Fortbestand der Stiftung und der dauerhaften Erfüllung der Stiftungstätigkeit.

(4) Strafrechtliche Grenzen der Stiftungsvermögensanlagepolitik

Abschließend soll ermittelt werden, wie sich die vorstehend dargestellten Grundsätze auf die Anlagepolitik des Stiftungsvermögens auswirken und wann die Grenzen einer pflichtgemäßen Anlagepolitik überschritten sind und damit gegebenenfalls eine Strafbarkeit wegen Untreue einsetzt. Zunächst wird dargestellt, wie sich die Grundsätze der Vermögenserhaltung auf die strafrechtliche Beurteilung der Anlage des Grundstockvermögens auswirken. Im Anschluss daran wird auf die Verwendung der Erträge sowie den Ermessenspielraum eingegangen werden, der dem Stiftungsvorstand im Rahmen von Anlageentscheidungen zugebilligt wird.

Die Maxime der Vermögenserhaltung beziehungsweise Mittelverwendung stellen, wie sich oben gezeigt hat, zivilrechtliche Leitlinien für das Handeln der Organe hinsichtlich des Umgangs mit dem Stiftungsvermögen auf, aus denen Vermögensbetreuungspflichten im Sinne der Untreue gefolgert werden.

Der *Grundsatz der Vermögenserhaltungspflicht* beinhaltet eine Vermögensbetreuungspflicht für das handelnde Organ und bestimmt damit die Grenze für die zulässige Kapitalanlage.[171] Demnach muss das handelnde Organ bei einem Verstoß gegen diese Maxime mit dem Vorwurf der Untreue rechnen. Bereits im Rahmen der Diskussion über die Art der Kapitalerhaltung, nominal oder real, hat sich jedoch gezeigt, dass die inhaltliche Ausgestaltung dieses Grundsatzes in der Praxis gegebenenfalls schwer umzusetzen ist, da sich bei jeder Kapitalanlage letztlich Chancen wie Risiken bieten. Im Kern stellt sich vor diesem Hintergrund die Frage, welche Vermögensanlagen der Stiftungsvorstand bei seiner Anlageentscheidung wählen darf und welches Risiko er dabei eingehen darf. Aus den Wirtschaftswissenschaften ist bekannt, dass ein höheres Risiko höhere Renditechancen eröffnet[172], also im Falle des Stiftungsvermögens das Vermögen auf Kosten eines Verlustrisikos mehren kann. Realisiert sich jedoch dieses Verlustrisiko, so führt dies zu einer Schmälerung des Stiftungsvermögens, was wiederum dem Grundsatz der Vermögenserhaltung entgegenläuft.

Wenngleich sich die Rechtsprechung bis dato nicht mit der Frage beschäftigen musste, welche Anlagegrenzen für den Umgang mit dem Grundstockvermögen gelten, können aus einer Entscheidung des BGH vom 24.06.2010 erste Anhaltspunkte in dieser Hinsicht gewonnen werden.[173] Bei dieser Entscheidung stand die Frage im Fokus, ob sich der Stiftungsvorstand einer Untreue gemäß § 266 StGB strafbar gemacht hat, indem er Barvermögen der Stiftung in Archive, Gemälde, Druckgraphik und Bücher für insgesamt 1.689.000 € anlegte. Insofern führte das erstinstanzlich zuständige Landgericht noch aus, der Stiftungsvorstand „habe gegen seine Pflicht verstoßen, das Barvermögen der Stiftung, aus dessen Erträgen deren laufender Betrieb zu finanzieren gewesen sei, ungeschmälert zu erhalten. Zwar seien der Stiftung Sachwerte in Höhe des jeweils gezahlten Kaufpreises zugeflossen, so dass das Stiftungsvermögen insgesamt in seinem

---

[171] Siehe hierzu die Ausführungen zu den Rechtsquellen im Rahmen der Stiftungen, aus denen Vermögensbetreuungspflichten abgeleitet werden können: 2. Kapitel A) I) 2) b) (2) Landesstiftungsgesetz und Steuergesetz.

[172] Siehe hierzu: *Ossadnik/Dorenkamp/Wilsmann*, DB 2004, 1165 (1166) mit weiteren Nachweisen.

[173] Siehe: BGH Urt. v. 24.06.2010 – 3 StR 90/10, wistra 2011, 20 (20ff); vergleiche hierzu auch die Ausführungen oben unter: 2. Kapitel A) I) 3) b) Mitglieder des Stiftungsvorstands.

Bestand nicht nachteilig verändert worden sei. Jedoch habe der Angeklagte der Stiftung Liquidität in Höhe der Kaufpreise entzogen und damit deren laufenden Betrieb durch den Ausfall von Zinserträgen erheblich gefährdet."[174] Diese Auffassung des Landgerichts wurde in der Folge vom BGH nicht geteilt. Der BGH stellte vielmehr fest, dass sich aus der Verpflichtung, die Stiftung ordnungsgemäß zu verwalten und das Stiftungsvermögen in seinem Bestand ungeschmälert bestehen zu lassen, nicht ableiten lasse, dass „das Stiftungsvermögen in seiner jeweiligen Zusammensetzung zu bewahren" sei. Die Pflicht stelle „lediglich ein - in Einzelheiten umstrittenes – Werterhaltungsgebot" dar. Eine „Umschichtung eines Teils des Geldvermögens in wertgleiche Sachmittel" erfülle daher nicht die Tathandlung der Untreue.[175]

Diese Argumentation überrascht, da Kunstgegenstände als sehr volatile Anlagemöglichkeiten bekannt sind und daher fraglich erscheint, warum der BGH eine solche Anlage als noch mit dem Grundsatz der Kapitalerhaltung konform ansieht. Vergleicht man eine Anlage in Kunstgegenständen zum Beispiel mit einer Kapitalanlage in Form eines Guthabens auf einem Sparkonto bei einem sicheren Kreditinstitut, so zeigt sich, dass das Barguthaben jedenfalls eine nominale, wenn nicht sogar reale Werterhaltung sicherstellt, wohingegen Kunstgegenstände abhängig von Angebot und Nachfrage Wertschwankungen unterliegen und damit ein gewisses Risiko beinhalten. Sollte sich dieses Risiko realisieren, wäre eine Werterhaltung nicht gewährleistet. Hinzu kommt, dass Kunstgegenstände, sofern sie nicht entgeltlich an Kunstausstellungen verliehen werden, keine Rendite erwirtschaften und damit keine Erträge aus diesem „Grundstockvermögen" resultieren, das die Stiftung zur Zweckerfüllung einsetzen kann. Anders als das Sparguthaben, das in seinem Bestand, wenn auch im Falle eines niedrigen Zinsniveaus nicht real sondern nur nominal, erhalten bleibt und zudem gegebenenfalls eine geringe Rendite erwirtschaftet.

Der BGH beschäftigte sich in dieser Entscheidung weiterhin mit der Frage, ob eine Untreue dadurch verwirklicht wurde, dass der Stiftungsvorstand durch Anlage von Teilen des Stiftungsvermögens in Sachwerte, die keine laufende Rendi-

---

[174] BGH Urt. v. 24.06.2010 – 3 StR 90/10 (juris).
[175] BGH Urt. v. 24.06.2010 – 3 StR 90/10 (juris).

te erwirtschaften und damit keinen ausreichenden Ertrag generieren, den laufenden Betrieb der Stiftung gefährdete. Aber auch diese Argumentation wurde vom BGH zurückgewiesen. Nach Ansicht des BGH kommt eine Untreue erst dann in Betracht, wenn feststeht, „dass die Zinserträge aus dem gesamten ungeschmälerten Geldvermögen für [die] Funktionsfähigkeit [der Stiftung] unabdingbar waren und der Angeklagte deshalb ausnahmsweise die Ankäufe aus diesem vorrangigen Gesichtspunkt zwingend unterlassen musste".[176] Dadurch hebt der BGH hervor, dass in diesem Kontext nur dann an eine Untreue zu denken ist, wenn der laufende Betrieb der Stiftung insgesamt gefährdet ist.

Anhand dieses Urteils zeigt sich, dass der BGH sehr hohe Anforderungen an die Erfüllung des Tatbestands der Untreue stellt, wenn es um die Beurteilung geht, ob durch die Anlage des Stiftungsvermögens der Grundsatz der Vermögenserhaltung verletzt wird. Nicht jedwede risikobehaftete Anlage verletzt diesen Grundsatz. Auch das Erwirtschaften kontinuierlicher Erträge aus der Kapitalanlage ist nach Auffassung des BGH jedenfalls dann verzichtbar, wenn aufgrund der fehlenden Erträge nicht der gesamte laufende Betrieb der Stiftung eingestellt werden muss.

Diese Auffassung des BGH erscheint sowohl im Hinblick auf den Sinn und Zweck des auf das Grundstockvermögen bezogenen Grundsatzes der Vermögenserhaltung sowie hinsichtlich der dauerhaften Zweckerfüllung der Stiftung zunächst fragwürdig. Durch den Grundsatz der Vermögenserhaltung wird gerade das Grundstockvermögen besonders geschützt, weil dieses notwendig ist, um Erträge zu generieren, die zu der Zweckerfüllung eingesetzt werden. Wird das Grundstockvermögen nicht erhalten, so ist eine dauerhafte Zweckerfüllung nicht möglich. Wird das Grundstockvermögen zwar erhalten, aber eine Anlagestrategie gewählt, die keine Rendite abwirft, so wird infolge ausbleibender Erträge die Möglichkeit, den Stiftungszweck zu erfüllen, reduziert. Dennoch ist der Ansicht des BGH zugute zu halten, dass sie eine Anlage nicht isoliert betrachtet, sondern das gesamte Anlageportfolio in die strafrechtliche Beurteilung miteinfließen lässt. Diese Gesamtschau zeigt sich dadurch, dass der BGH zu dem Ergebnis

---

[176] BGH Urt. v. 24.06.2010 – 3 StR 90/10 (juris).

gelangte, dass die fehlenden kontinuierlichen Renditen etwaiger Anlageobjekte nicht bereits den Vorwurf der Untreue rechtfertigen können, sondern erst dann, wenn durch fehlende Erträge der Betrieb der Stiftung insgesamt gefährdet ist. Dies ist jedoch zum Beispiel dann nicht der Fall, wenn das Grundstockvermögen nicht komplett in Kunstgegenstände angelegt wurde, sondern auch in Anlageformen, die eine regelmäßige Rendite erwirtschaften, wie zum Beispiel Wohn- oder Gewerbeimmobilien sowie Aktien oder Fonds. Als Bestandteil eines mit unterschiedlichen Vermögensanlagen gemischten Portfolios spricht wenig gegen die Anlageform der Kunstgegenstände. Zwar muss das Risiko einer solchen Anlage bei der Portfoliozusammenstellung berücksichtigt werden, jedoch ist als Kehrseite des Risikos einer solchen Anlage auch zugute zu halten, dass sie im Falle gleichbleibender Marktsituationen sogar eine reale Werterhaltung bietet, was im Falle eines geringen Zinsniveaus und hoher Inflation bei einem Sparguthaben nicht der Fall ist. Ferner besteht die Chance auf einen Veräußerungserlös, der dann wiederrum der Zweckerfüllung dient. Aus diesen Gründen wäre es unbillig, dem Stiftungsvorstand, der das Grundstockvermögen der Stiftung auf ein breit gefächertes Anlagenportfolio aufteilt, den Vorwurf der Untreue zu machen. Daher ist mit der Auffassung des BGH gerade in den Konstellationen, in denen der Betrieb der Stiftung nicht insgesamt beeinträchtigt ist, dem Vorstand ein breiter Ermessensspielraum bei der Frage einzuräumen, welche Vermögensanlagen für das Grundstockvermögen in Betracht kommen.

Betrachtet man die zweite Vermögenssphäre in der Stiftung, die Erträge, ist hervorzuheben, dass diese grundsätzlich für die Zweckerfüllung einzusetzen sind. Bei gemeinnützigen Stiftungen ist zudem § 55 AO zu berücksichtigen, der das Postulat einer zeitnahen Mittelverwendung beinhaltet. Aus dieser Vorschrift lässt sich, wie bereits oben festgestellt[177], jedoch keine Vermögensbetreuungspflicht folgern, so dass ein Verstoß gegen dieses Gebot zwar eine Schadensersatzpflicht der Stiftungsorgane auslösen, jedoch keine Untreuestrafbarkeit nach sich zu ziehen vermag. Weitere Vorgaben für den Umgang mit den Erträgen können sich aus der Stiftungssatzung oder aus den Landesstiftungsgesetzen ergeben. Finden sich konkrete Vorgaben über die zulässige Kapitalanlage in der

---

[177] Siehe hierzu oben unter: 2. Kapitel A) I) 2) b) (2) (aa) Steuergesetze.

Stiftungssatzung und werden diese Vorgabe missachtet, liegt ein Verstoß gegen Vermögensbetreuungspflichten und damit eine Untreuestrafbarkeit nahe. Findet sich beispielsweise in der Stiftungssatzung eine Bestimmung in der Form, dass das Vermögen ausschließlich in Vermögenanlagen zu investieren ist, die keinerlei Risiken für das Stiftungsvermögen beinhalten, so begründet ein Verstoß hiergegen eine Untreuestrafbarkeit.[178]

Fehlen entsprechende Vorgaben, stellt sich die Frage, welche Grenzen die Stiftungsorgane bei der Anlage des Grundstockvermögens sowie der Erträge zu beachten haben. Dabei ist im Kern anerkannt, dass das Eingehen riskanter Geschäfte noch nicht per se als Untreue zu werten ist. Dies gilt jedenfalls, sofern das Stiftungsrecht sowie die Stiftungssatzung beziehungsweise andere verbindliche Regelungen keine Vorgaben darüber enthalten, dass Kapitalanlagen bestimmter Risikoklassen nicht getätigt werden dürfen.[179] Daraus lässt sich aber nicht zugleich folgern, dass die Stiftungsorgane befugt sind, in diesem Fall jegliches Risiko einzugehen.

Wie sich das Anlageportfolio einer Stiftung im Einzelnen zusammensetzt und wie die Risikostreuung bestenfalls aussehen sollte, ist vor allem eine wirtschaftswissenschaftliche Frage[180]. Für das Strafrecht ist aber relevant, wann das Risiko derart überschritten ist, dass eine Untreue angenommen werden muss.

Hierzu hat der BGH in Bezug auf Risikogeschäfte die sogenannte *Spielerformel* entwickelt. Danach überschreitet grundsätzlich derjenige die Grenzen der Straflosigkeit, der „nach Art eines Spielers bewusst und entgegen den Regeln kaufmännischer Sorgfalt eine äußerst gesteigerte Verlustgefahr auf sich nimmt, nur

---

[178] Ähnlich hierzu: *Gräwe/v. Maltzahn*, BB 2013, 329 (331).

[179] So auch: *Köhler,* in: Wabnitz/Janovsky, Handbuch Wirtschafs- und Steuerstrafrecht, Kap. 7 Rn 220. Vergleiche zu dieser Thematik auch: *Becker/Walla/Endert*, WM 2010, 875 (875 ff.).

[180] Das Portfolio einer Stiftung kann sich grundsätzlich aus unterschiedlichsten Anlageformen zusammensetzen, wie etwa Immobilien, Wertpapieren, Renten, Fonds und Derivaten. In sehr begrenztem Umfang können auch spekulative Investments zulässig sein. Zum Ganzen ausführlich *Schlüter/Stolte*, Stiftungsrecht, 5. Kap. Rn 17 ff.; *Reuter,* in: Säcker/Rixecker (Hrsg.), MüKo BGB, Vor § 86 Rn 16 ff.

um eine höchst zweifelhafte Gewinnaussicht zu erhalten".[181] Der Bereich der Straflosigkeit wird mithin verlassen, wenn „die Kapitalanlage insgesamt die Grenzen des überschaubaren Risikos überschreitet und die Gefahr des Verlustes eines erheblichen Teils des Stiftungsvermögens nicht mehr auszuschließen ist".[182]

Diese Ansätze überzeugen. Eine vorschnell eingreifende Strafbarkeit würde dazu führen, dass die Geschäftstätigkeit des Stiftungsvorstands sehr stark begrenzt würde mit der Konsequenz, dass Anlageportfolien unter Außerachtlassung von Renditeaspekten vor allem mit Blick auf Risikominimierung ausgestaltet würden. Stattdessen erscheint es sinnvoll mit dem BGH den Stiftungsvorständen einen gewissen Handlungsspielraum zuzubilligen, bevor die Sanktion durch das Strafrecht einsetzt. Dies kommt letztlich der Stiftung zugute, indem die Stiftungsvorstände mangels ständig präsentem Untreuevorwurf ihre Anlageentscheidungen für die Stiftung an wirtschaftlichen Kennziffern ausrichten können und nicht an etwaiger Furcht, sich strafbar zu machen. Nichtsdestotrotz werden die Stiftungsvorstände dann vom Untreuevorwurf erfasst, wenn sie Anlageentscheidungen unsorgfältig mit Hang zu extrem hohen Risiken ausüben. Nach *Hüttemann/Schön* sind die wesentlichen Grenzen der Anlagepolitik des Stiftungsvorstands jedenfalls bei einer bewussten Führung von Verlustbetrieben oder anderen dauerhaft ertraglosen oder sogar wirtschaftlich nachteiligen Anlagen überschritten.[183] Will ein Stifter, dass Stiftungsorgane keine Risiken eingehen,

---

[181] BVerfG Beschl. v. 23.06.2010 - 2 BvR 2559/08, 2 BvR 105/09, 2 BvR 491/09, BVerfGE 126, 170 (227); BGH Urt. v. 27.02.1975 - 4 StR 571/74, NJW 1975, 1234 (1236); BGH Urt. v. 12.06.1990 - 5 StR 268/89, NJW 1990, 3219 (3220).

[182] *Lassmann*, NStZ 2009, 473 (475); *Saliger*, NPLY 2005, 209 (214); unter Verweis auf BGH Urt. v. 11.10.2000 - 3 StR 336/00, NStZ 2001, 155 (155f.), wonach der hauptamtliche Verwaltungsleiter einer kirchlichen Stiftung Rücklagen nur in risikobehaftete Anlagen investierte. Durch die Geschäfte hat er gegen den Grundsatz der Kapitalerhaltung verstoßen und war daher zum Abschluss dieser Geschäfte nicht befugt, da dies nicht zu den „laufenden Geschäften" der Stiftung zählte. Der BGH sah damit den Missbrauchstatbestand des § 266 StGB als erfüllt an. Siehe hierzu auch ausführlich: *Bräuning*, Untreue in der Wirtschaft, S. 186, der im Grunde diese Auffassung teilt und darüber hinaus darauf hinweist, dass derjenige nach „Art eines Spielers" handelt, der eine Risikoentscheidung trifft, welcher kein taugliches Risikomanagement zugrunde liegt.

[183] *Hüttemann/Schön*, Vermögensverwaltung und Vermögenserhaltung im Stiftungs- und Gemeinnützigkeitsrecht, S. 67.

lässt sich dem durch Gestaltung der Stiftungssatzung und Aufnahme von Anlagekriterien Rechnung tragen. In diesem Falle kann dann auch die strafrechtliche Sanktion deutlich früher zu Tragen kommen, wenn durch Anlageentscheidungen, die sich im Nachhinein als fehlerhaft erweisen, Vermögenswerte der Stiftung vermindert werden.

Zusammenfassend lässt sich festhalten, dass die Untreuestrafbarkeit im Rahmen von Anlagegeschäften des Stiftungsvermögens davon abhängt, welche Vermögenssphäre betrachtet wird. In jedem Fall ist die Strafbarkeitsgrenze aber dann überschritten, wenn das Vermögen bewusst unter Eingehung einer äußerst gesteigerten Verlustgefahr zugunsten zweifelhafter Gewinnaussichten angelegt wird.[184] Abhängig von den Vorgaben für den Umgang mit der jeweiligen Vermögenssphäre kann eine derartige Strafbarkeit jedoch auch schon deutlich früher einsetzen, wie dies beispielsweise betreffend das Grundstockvermögen unter Einhaltung des Grundsatzes der Vermögenserhaltungspflicht der Fall sein kann oder wenn Vorgaben aus der Stiftungssatzung dies vorsehen. Maßgeblich sind vor diesem Hintergrund auch insoweit die Umstände des jeweiligen Einzelfalles.

Den Stiftungsvorständen ist vor diesem Hintergrund eine Anlagepolitik zu empfehlen, die zum einen die besonderen Vorgaben für das Stiftungsvermögen berücksichtigt und zugleich den obig genannten Vorgaben entsprechend mit Risikogeschäften umgeht.[185]

b)   Zweckwidrige Verwendung der Stiftungserträge

Als weitere Fallgruppe der Untreue wird nachfolgend die zweckwidrige Mittelverwendung betrachtet. Im Zentrum der Betrachtung steht dabei die Frage, inwiefern sich Stiftungsorgane durch den zweckwidrigen Einsatz der Stiftungserträge einer Untreue strafbar machen können.

---

[184] Siehe: BVerfG Beschl. v. 23.06.2010 - 2 BvR 2559/08, 2 BvR 105/09, 2 BvR 491/09, BVerfGE 126, 170 (227); BGH Urt. v. 27.02.1975 - 4 StR 571/74, NJW 1975, 1234 (1236); BGH Urt. v. 12.06.1990 - 5 StR 268/89, NJW 1990, 3219 (3220).
[185] Eine Ausführliche Erörterung des Zielkonflikts Rendite – Risiko – Erhaltung der Leistungskraft in Stiftungen findet sich bei: *Schindler*, DB 2003, 297 (302).

Für die Erfüllung des Tatbestands der Untreue infolge zweckwidriger Verwendung von Stiftungsvermögen ist erforderlich, dass die Einhaltung des Stiftungszwecks durch die Stiftungsorgane zu dem Pflichtenkreis zählt, der dem Bereich der Vermögensbetreuungspflichten zuzuordnen ist. Hierfür müssen Inhalt und Umfang der Pflicht zur Betreuung des Vermögens aus dem Stiftungszweck untersucht werden.[186]

Wie bereits dargestellt wurde, können Vermögensbetreuungspflichten aus einer Vielzahl von Rechtsgrundlagen, insbesondere auch aus der Stiftungssatzung abgeleitet werden. Der Stiftungszweck ist grundsätzlich ein wesentliches Element einer jeden Stiftungssatzung, so dass ein Verstoß gegen Vorgaben des Stiftungszwecks jedenfalls dann eine Untreue zu begründen vermag, wenn der Beachtung des in der Satzung verankerten Stiftungszwecks vermögensbetreuenden Charakter beizumessen ist, was nachfolgend anhand einiger ausgewählter Beispiele aus der Rechtsprechung untersucht werden soll.

Aus dem Stiftungszweck können wichtige Vorgaben für die Stiftungstätigkeit abgeleitet werden. Im Grunde bildet der Stiftungszweck das „identitätsbildende Merkmal"[187] der Stiftung, was sich unter anderem dadurch zeigt, dass je nach Zweckverfolgung von einer „Familienstiftung", einer „Unternehmensstiftung" oder einer „gemeinnützigen Stiftung" gesprochen wird. Der Stiftungszweck ist die Leitlinie für die Stiftungstätigkeit.[188] Das bedeutet, der Stiftungszweck ist Handlungsrichtschnur[189] für die Stiftungsorgane, vor allem wenn es um die Verwendung des Stiftungsvermögens geht, das nur zur Förderung des Stiftungszwecks ausgegeben werden darf.[190] Betrachtet man diese Pflicht der Stiftungsorgane, die Stiftungstätigkeit dem Stiftungszweck entsprechend auszurichten, sei es in Form der zweckkonformen Verwendung des Stiftungsvermögens oder in Form der Erhaltung des Stiftungsvermögens im Sinne einer dauerhaften Zweckerfüllung, so zeigt sich, dass diese Pflichten aufgrund ihres inhaltlichen Be-

---

[186] Vergleiche hierzu: BGH Urt. v. 22.11.1955, 5 StR 705/54, BGHSt 8, 271 (272).

[187] *Rawert,* in: Hopt/Reuter (Hrsg.), Stiftungsrecht in Europa, S. 109 (115).

[188] Ähnlich: *Rawert,* in: Hopt/Reuter (Hrsg.), Stiftungsrecht in Europa, S. 109 (115).

[189] *Maier,* in: Werner/Saenger (Hrsg.), Stiftungsrecht, Rn 858.

[190] In welchen Grenzen dies der Fall ist und ab wann eine untreuerelevanten Tathandlung vorliegt wird nachfolgend dargestellt.

zugs zum Vermögen und ihrer besonderen Bedeutung für den Fortbestand einer Stiftung nicht bloß eine vernachlässigende Bedeutung für die Stiftung und deren Organe haben. Vielmehr steht im Rahmen deren Einhaltung der Kern einer jeden Stiftung, nämlich der Stifterwille, der sich unmittelbar aus dem Zweck ableiteten lässt, in Frage. Somit kommt diesen Verpflichtungen eine für die Stiftung grundlegende Funktion zu, was dazu führt, dass es sich bei den Pflichten um „Hauptpflichten" der Organe im Rahmen ihrer Stiftungstätigkeit handelt.

Ob tatsächlich eine Verletzung des Stiftungszwecks vorliegt, ist dabei jeweils abhängig vom Einzelfall, zumal Stiftungszwecke sehr unterschiedlich gestaltet sein können. So ist zum Beispiel Hauptzweck einer Familienstiftung „im Grunde die Versorgung von Familienmitgliedern und kommender Generationen aus den Erträgen des der Stiftung zuvor übertragenen Vermögens in der satzungsmäßig näher bestimmten Form."[191] Aus dem Stiftungszweck „Familie" ergibt sich daher die besondere Pflicht, das Handeln im Namen der Stiftung an dieser Prämisse auszurichten. Insbesondere ist das Stiftungsvermögen einer Familienstiftung unter den in der Satzung näher bestimmten Voraussetzungen der Familie zuzuführen. Demgegenüber ist bei einer Unternehmensstiftung danach zu differenzieren, „ob der Betrieb des Unternehmens unmittelbar die Zweckerfüllung des Stiftungszwecks darstellt" oder der Betrieb „lediglich zur Erzielung der Gewinne dient, die zur Erfüllung des Stiftungszwecks verwendet werden sollen".[192] Bei der gemeinnützigen Stiftung obliegt den Stiftungsorganen sowohl die Pflicht den bestimmten Zweck dauerhaft zu erfüllen, als auch die Aufgabe, die Gemeinnützigkeit sicherzustellen. Letzterer Aspekt ist insbesondere aufgrund der besonderen Regelungen des Steuerrechts evident, da es bei der Erfüllung der zusätzlichen Voraussetzungen der §§ 51 ff. AO[193] zu der Gewährung

---

[191] *Mercker*, in: Graf Strachwitz/Mercker (Hrsg.), Stiftungen in Theorie, Recht und Praxis, S. 328 (330).

[192] *Froning*, in: Sudhoff (Hrsg.), Unternehmensnachfolge, § 50, Rn 6.

[193] Gemäß § 59 AO wird die Steuervergünstigung nur dann gewährt, „wenn sich aus der Satzung, dem Stiftungsgeschäft oder der sonstigen Verfassung [...] ergibt, welchen Zweck die Körperschaft verfolgt, dass dieser Zweck den Anforderungen der §§ 52 bis 55 entspricht und dass er ausschließlich und unmittelbar verfolgt wird; die tatsächliche Geschäftsführung muss diesen Satzungsbestimmungen entsprechen". Siehe hierzu auch: *Hüttemann/Rawert*, in: Staudinger BGB, Vorbem. §§ 80 ff. Rn 320.

bestimmter steuerlicher Vorteile, sowohl beim Stifter[194], als auch bei der Stiftung selbst kommt, siehe §§ 51 Abs. 1 S. 1, 52 Abs. 1 S. 1 AO.[195]

Für die Einordnung der Verpflichtung zur zweckgerechten Mittelverwendung als Verpflichtung mit vermögensbetreuendem Charakter spricht auch, dass die Rechtsprechung dem Gebot der zweckgerechten Mittelverwendung in anderen Rechtsbereichen, zum Beispiel im Rahmen der „Haushaltsuntreue" oder im Vereinsrecht, wie nachfolgend dargestellt werden soll, einen vermögensbetreuenden Charakter zuweist.

Unter Haushaltsuntreue wird gemeinhin die pflichtwidrige Verwendung öffentlicher Mittel verstanden. Dabei wird von der Rechtsprechung bei materiell zweckwidriger Verwendung von zweckgebundenen Mitteln, selbst bei Gleichwertigkeit von Leistung und Gegenleistung und Uneigennützigkeit, eine strafbare Untreue angenommen. So wurde beispielsweise eine Untreue in einem Fall angenommen, in welchem Mitglieder des allgemeinen studentischen Ausschusses „ASTA" zweckgebundene Gelder der Studentenschaft für den Druck von Zeitschriften verwendeten, die weder Angelegenheiten der Universität noch der Studenten in ihrer Eigenschaft als Angehörige der öffentlich-rechtlichen Körperschaft betrafen. Eine andere Konstellation betraf den Fall, dass sich ein Landtagsabgeordneter seine Theaterbesuche aus Mitteln für die „Einführung der Parlamentsarbeit" erstatten lies. Die Situation der zweckwidrigen Verwendung von Haushaltsmitteln unterscheidet sich jedoch nicht wesentlich von der Situation, dass Stiftungsorgane Stiftungsmittel nicht entsprechend des Stiftungszweckes einsetzen, so dass es nahe liegt, die Grundsätze der Haushaltsuntreue auch auf die Stiftung zu übertragen.

Ein anderer Bereich, in dem sich die Rechtsprechung mit einer nicht zweckentsprechenden Mittelverwendung beschäftigen musste, betrifft das Vereinsrecht.

---

[194] Dazu gehören z.B. der Spendenabzug beim Stifter gemäß § 10b Abs. 1, Abs. 1a EStG, die Steuerbefreiung der Vermögensausstattung bei der Erbschaft- und Schenkungsteuer gemäß § 13 Nr. 16b ErbStG, sowie die Steuerbefreiung von Einkünften aus der Vermögensverwaltung bei der Stiftung selbst § 5 Abs. 1 Nr. 9 KStG. Näher hierzu auch: *Hüttemann/Rawert*, in: Staudinger BGB, Vorbem. §§ 80 ff. Rn 320.
[195] Hieraus allein lässt sich noch keine Vermögensbetreuungspflicht folgern. Siehe hierzu näher die Darstellung oben unter: 2. Kapitel A) I) 2) b) (2) (bb) Steuergesetze.

Dies soll an Hand zweier Beispielsfälle aus der Rechtsprechung illustriert werden, die auch deutlich machen, dass es gegebenenfalls im Einzelfall nicht einfach ist zu beurteilen, ob sich ein bestimmtes Verhalten noch im Rahmen der Zweckverfolgung bewegt oder diese bereits überschreitet. Anschließend wird dann die Übertragbarkeit dieser Urteile auf die Situation in der Stiftung diskutiert.

Die erste darzustellende Entscheidung des OLG Hamm betrifft einen rechtsfähigen Verein, dessen Satzung vorsah, dass dieser „ausschließlich gemeinnützigen und mildtätigen Zwecken zu dienen hat und einzelne Personen nicht begünstigen darf."[196]

Konkret in Frage stand in diesem Fall die Strafbarkeit der Vorstandsmitglieder gem. § 266 StGB infolge zweckwidriger Verwendung des Vereinsvermögens durch den gezielten Ankauf eines Grundstücks im Namen des Vereins mit dem Ziel, mit einem ihrer Vorstände einen Erbbaurechtsvertrag zu schließen, um ihm die Errichtung eines Wohnhauses (noch kurz vor dessen Pensionierung) zu ermöglichen.[197] In diesem Kontext stellt das OLG Hamm fest, dass den Organen des Vereins grundsätzlich die aus dem Vereinszweck resultierende Pflicht obliegt, bei der Ausübung ihrer Befugnisse „die satzungsmäßigen Zwecke des Vereins zu beachten".[198] Ist dies nicht der Fall, handelten sie pflichtwidrig und verletzen die ihnen obliegende Vermögensbetreuungspflicht. Im Hinblick auf den konkret zur Entscheidung stehenden Sachverhalt führte das OLG Hamm mit Blick auf das getätigte Rechtsgeschäft aus, dass der Ankauf des Grundstücks weder erforderlich noch geeignet war, die gemeinnützigen Zwecke des Vereins zu erfüllen. „Der Abschluss dieser Verträge stellte eine [...] Leistung dar, die dem in der Satzung verankerten Gebot der Gemeinnützigkeit und dem Verbot der Begünstigung einer einzelnen Person widersprach".[199] Ferner argumentierte das Gericht, dass der Ankauf des Grundstücks und die Bestellung des Erbbaurechts zudem der Zielsetzung der Satzung widersprechen, da Anlass und Grund

---

[196] OLG Hamm Urt. v. 29.04.1999, Az: 2 Ws71/99, (juris).
[197] Siehe: OLG Hamm Urt. v. 29.04.1999, Az: 2 Ws71/99, (juris).
[198] OLG Hamm Urt. v. 29.04.1999, Az: 2 Ws71/99, (juris).
[199] OLG Hamm Urt. v. 29.04.1999, Az: 2 Ws71/99, (juris).

der Vertragsabschlüsse allein die persönlichen Wünsche und Bedürfnisse des Geschäftsführers waren.[200]

Dieses Urteil macht deutlich, wie eine zweckwidrige Verwendung von Geldern die Untreuestrafbarkeit auslösen kann. Im konkreten Fall wurde unter anderem gegen den Vereinszweck „Gemeinnützigkeit" verstoßen, indem die Vorstände zugunsten des Wohls eines Vorstandsmitglieds handelten. Zudem widersprach der Abschluss des Rechtsgeschäftes der Zielsetzung der Satzung.

Mit einem etwas komplizierteren Fall, was die Beurteilung der Untreuestrafbarkeit anbelangt, hatte sich der BGH in einem Urteil aus dem Jahr 1991 auseinanderzusetzen[201]. Gegenstand dieser Entscheidung war das Handeln des Vorsitzenden eines Tierschutzvereins beim Bau einer Reitsportanlage. Die Reitsportanlage wurde mit finanziellen Mitteln des Vereins gefördert, wobei als Gegenleistung in der Anlage sechs Boxen für vernachlässigte Großtiere sowie ein Schulungs- und Tagungsraum für Jugendgruppen des Vereins zur Verfügung gestellt werden sollen. Der Vereinszweck des Tierschutzvereins war darauf gerichtet, „bedrängten Tieren zu helfen und den Tierschutzgedanken zu verbreiten".[202] Während das erstinstanzlich zuständige Landgericht noch annahm, dass die Förderung der Reitsportanlage in Verbindung mit dem zur Verfügung stellen dieser Boxen und Räumlichkeiten dem Stiftungszweck genüge, wurde diese Ansicht vom BGH in der Folge zurückgewiesen. Stattdessen argumentierte der BGH, dass sich die von einem Verein aufgewendeten Mittel auch im Rahmen dessen halten müssen, was der Verein nach seinen Satzungszwecken zu leisten in der Lage ist. „Dem entspricht es nicht, wenn durch Beteiligung am Bau einer Reitsportanlage mit weit über den Finanzverhältnissen des Vereins liegenden Mitteln ein fremdes Vorhaben finanziert wird, das nur zum kleineren Teil auch Vereinszwecken dienen soll" oder aber wenn die Gefahr entsteht, „dass der Verein durch ein solches Engagement seine sonstigen satzungsmäßigen Zwecke" einstellen muss.[203] Anhand dieses Urteils zeigt sich, dass selbst bei an sich noch

---

[200] OLG Hamm Urt. v. 29.04.1999, Az: 2 Ws71/99, (juris).

[201] BGH Urt. v. 05.02.1991 - 1 StR 623/90, (juris).

[202] BGH Urt. v. 05.02.1991 - 1 StR 623/90, (juris).

[203] BGH Urt. v. 05.02.1991 - 1 StR 623/90, (juris).

zweckgemäßer Mittelverwendung eine Untreue auch dann vorliegen kann, wenn die eingesetzten Mittel nur zu einem untergeordneten Teil dem Vereinszweck zugutekommen oder wenn die Mittelverwendung dazu führt, dass die übrigen Vereinszwecke nicht mehr erfüllt werden können.

Es spricht vieles dafür, dass die vorstehend dargestellten Urteile entsprechend auf die Stiftung und die Förderung des Stiftungszweckes durch die Stiftungsorgane übertragen werden können. So fällt bei vergleichender Würdigung einer Stiftungssatzung und einer Vereinssatzung in Hinblick auf den Stiftungs- beziehungsweise Vereinszweck auf, dass der einzige Unterschied zwischen beiden juristischen Personen darin besteht, dass der Stiftungszweck bei der Stiftung vom Stifter festgelegt wurde und auf Dauer angelegt ist, wohingegen die Vereinssatzung und damit auch der Vereinszweck durch die Mitglieder festgelegt und jederzeit durch die Mitgliederversammlung geändert werden kann, § 33 Abs. 1 BGB. Dies zeigt, dass im Rahmen der Stiftung, dem Zweck eine noch gewichtigere Bedeutung und insbesondere auf Dauer angelegte Bindungswirkung für die gesamte Stiftungstätigkeit zukommt, als dies bei einem Verein der Fall ist der mit der Mitgliederversammlung ein weiteres Organ hat, das die Zweckverfolgung jederzeit ändern und damit, jedenfalls in gewissem Umfang, kontrollierend auf das Verhalten des Vorstandes einwirken kann. Diese besondere Bedeutung des Stiftungszwecks zeigt sich auch darin, dass im Falle der Unmöglichkeit der Erreichung des Stiftungszwecks die zuständige Behörde, unterstellt die Satzung sieht keine Regelung für diesen Fall vor, den Zweck ändern beziehungsweise die Stiftung nach § 87 Abs. 1 BGB aufheben kann. Dadurch dass im Verein die Mitgliederversammlung den Zweck ändern kann, kommt diesem zwar ebenfalls eine Bindungswirkung zu, jedoch ist diese nicht derart einschneidend, dass sie im Falle der Unmöglichkeit unmittelbar zur Auflösung des Vereins führen kann. Ausgehend von den vorstehenden Erwägungen lässt sich festhalten, dass den aus dem Stiftungszweck resultierenden Pflichten jedenfalls keine geringere Bedeutung zukommt, als den Pflichten, die aus dem Vereinszweck folgen, die Stiftung vielmehr in noch größerem Maße durch den Stiftungszweck determiniert wird, als dies bei einem Verein der Fall ist. Vor diesem Hintergrund und der sonst im Übrigen vergleichbaren Ausgangssituation spricht alles dafür, dass die in den vorstehend dargestellten Urteilen ermittelten Grundsätze entsprechend auf die Stiftung übertragen werden können.

Zusammenfassend lässt sich vor diesem Hintergrund festhalten, dass die Tathandlung der Untreue auch aufgrund eines Verstoßes gegen die Stiftungszweckvorgaben seitens Mitglieder der Stiftungsorgane begangen werden kann. Für das handelnde Stiftungsorgan hat dies zur Konsequenz, dass es trotz eines im Einzelfall bestehenden Ermessensspielraumes in Bezug auf Auslegung und vor allem Art und Weise der Erfüllung von Stiftungszweckvorgaben „in objektiv geeigneter Weise ernsthaft auf die Erfüllung der Satzungszwecke" achten muss und „keinen anderen als den satzungsmäßigen Zweck – auch keinen anderen gemeinnützigen Zweck – oder einen zusätzlichen satzungsfremden Zweck" verfolgen darf.[204] Die Grenze der Untreuestrafbarkeit dürfte jedenfalls immer dann überschritten sein wenn wie in erstem Fall ersichtlich gegen den Stiftungszweck verstoßen wird oder wie in zweitem Fall, wenn zwar teilweise der Stiftungszweck erfüllt wird, jedoch aufgrund der untergeordneten Bedeutung die hohen Ausgaben letztlich zu Lasten weiterer Zweckerfüllungen gehen.

c)   Unangemessene Entgelte

Neben den oben dargestellten Fallgruppen der Anlagegeschäfte sowie der zweckwidrigen Verwendung von Stiftungserträgen ist auch in der Konstellation von unangemessenen Entgelten an den Tatbestand der Untreue zu denken. Dabei ist, wie nachfolgend im Einzelnen noch darzustellen sein wird, zwischen der Situation zu differenzieren, in der es um die Vergütung eines Organmitglieder selbst geht, und der Situation, in der Organmitglieder über die Vergütung von anderen Organen/Organmitgliedern beziehungsweise Dritten befinden.

Das Handeln der Stiftungsorgane muss sich grundsätzlich an den Prämissen der ordnungsgemäßen Vermögensverwaltung respektive Vermögenserhaltung orientieren[205]. Dies gilt auch für den Bereich der Festsetzung von Vergütungen. Ins-

---

[204] *Lassmann*, NStZ 2009, 473 (475).

[205] Siehe hierzu näher unter: 2. Kapitel A) I) 4) a) (3) Vermögenserhaltung und Mittelverwendung.

besondere aus dem Grundsatz der Vermögenserhaltungspflicht lassen sich dabei weitere Ausprägungen ableiten. So ist allgemein anerkannt und etwa in Art. 7 Satz 1 BayStG ausdrücklich geregelt, dass die gesamte Stiftungstätigkeit einer *sparsamen und wirtschaftlichen Vermögensverwaltung* entsprechen muss.[206]

Legt man den Grundsatz der sparsamen und wirtschaftlichen Vermögensverwaltung zugrunde, so liegt es nahe, dass Vorstandsmitglieder beziehungsweise Aufsichtsorgane, soweit sie sich unangemessene Entgelte gewähren, die ihnen obliegende Verpflichtung verletzen, die Vermögensinteressen der Stiftung wahrzunehmen und sich mithin einer Untreue strafbar machen können.

Der Bundesgerichtshof vertritt jedoch im Hinblick auf Vorstandsmitglieder sowie Aufsichtsratsmitglieder einer Aktiengesellschaft die Auffassung, dass Vorstandsmitglieder beziehungsweise Aufsichtsratsmitglieder einer Aktiengesellschaft jedenfalls dann vom Vorwurf der Untreue freizusprechen sind, wenn die Entscheidung, die ihnen zum Vorwurf gemacht wird, ihre eigenen Bezüge betrifft. Der BGH stützt seine Ansicht dabei vor allem darauf, dass die Interessen von Gesellschaft und Vorstand beim Aushandeln einer angemessenen Vergütung nicht gleichgerichtet sind, sondern insoweit ein Interessenkonflikt besteht[207]. Gleiches soll nach Auffassung des Bundesgerichtshofes für Mitglieder des Aufsichtsrates gelten, wenn diese für ihre Tätigkeit eine überhöhte Vergütung aushandeln[208].

Es spricht Vieles dafür, dass diese von der Rechtsprechung zum Aktiengesetz entwickelten Grundsätze auf die Stiftung und deren Organe, das heißt Vorstand und Kuratorium, entsprechend übertragen werden können, da sich für diese eine vergleichbare Konfliktsituation ergibt, wenn diese über ihre eigene Vergütung befinden, wie dies für den Vorstand einer Aktiengesellschaft oder dessen Aufsichtsrat gilt, und es kaum zumutbar erscheint, wenn Personen, die berechtig-

---

[206] Vergleiche hierzu auch: *Maier*, in: Werner/Saenger (Hrsg.), Stiftungsrecht, Rn 863; *Gräwe/v. Maltzahn*, BB 2013, 329 (332).

[207] BGH Urt. v. 21.12.2005 – 3 StR 470/04, BGHSt 50, 331 (332 ff.) (*Mannesmann-Entscheidung*).

[208] BGH Urt. v. 17.09.2009 - 5 StR 521/08, BGHSt 54, 148 (148 ff.).

terweise eigene Interessen wahrnehmen, in einem solchen Falle mit dem Vorwurf der Untreue konfrontiert werden können.

Diese Einschränkung gilt jedoch nur in dem Bereich, in dem Organe als Vertragspartner ihre eigene Vergütung aushandeln. Grundlegend anders ist die Situation zu beurteilen, in der Organe sich Mittel auszahlen lassen, auf die sie keinen Anspruch haben. Dies wurde bereits am Beispiel der Entscheidung des OLG Braunschweig hinsichtlich der Frage dargestellt, ob den Mitgliedern des Kuratoriums einer Stiftung Vermögensbetreuungspflichten zukommen können[209]. Gegenstand dieser Entscheidung waren zu Unrecht und im Widerspruch zur Satzung vergütete Sitzungsgelder. Das OLG Braunschweig kam dabei zu dem Ergebnis, dass die Situation, in der Organe ihre Vergütung aushandeln, nicht mit der Situation vergleichbar sei, in der es um eine in der Satzung festgesetzte Vergütung geht. Soweit Vergütungen entgegen klarer Satzungsbestimmungen gewährt werden, könne dies grundsätzlich den Vorwurf der Untreue rechtfertigen.

Soweit Organe über Vergütungen an Dritte befinden sind sie an die Grundsätze der Sparsamkeit und Wirtschaftlichkeit gebunden. Inwieweit dem Grundsatz der Wirtschaftlichkeit und Sparsamkeit vermögensbetreuendem Charakter zukommt, war bereits Gegentand einer Entscheidung des Landgerichts Kassel zum Sozialrecht, in welchem dieser Grundsatz ebenfalls Geltung beansprucht, und einer daraufhin eingelegten Verfassungsbeschwerde.[210]

Gegenstand des Urteils des Landgerichts war die Untreuestrafbarkeit eines Vorstands einer Betriebskrankenkasse, der über mehrere Jahre hinweg bestimmten Bediensteten Prämien bewilligte, die praktisch zu einer Verdopplung von deren Gehältern geführt hatte. Das Landgericht würdigte diese Bewilligung als groben Verstoß gegen den Grundsatz der Sparsamkeit und Wirtschaftlichkeit nach § 4 Abs. 4 SGB V und auf dieser Grundlage als Untreue. Die hiergegen erhobene Verfassungsbeschwerde beim Bundesverfassungsgericht wurde zurückgewie-

---

[209] OLG Braunschweig Beschl. v. 14.06.2012 – Ws 44/12, Ws 45/12, NJW 2012, 3798 (3798ff.).
[210] Siehe hierzu die Ausführungen: BVerfG Beschl. v. 23.06.2010 - 2 BvR 2559/08, 2 BvR 105/09, 2 BvR 491/09, BVerfGE 126, 170 (170 ff.).

sen.[211] Stattdessen wurde die Auslegung des Pflichtwidrigkeitsmerkmals durch das Landgericht vom Bundesverfassungsgericht im konkreten Fall ausdrücklich gebilligt. Die Auslegung des Tatbestandes der Untreue hielt sich nach Auffassung des Bundesverfassungsgerichts innerhalb des Wortlauts der Norm und genügte auch den Anforderungen an eine restriktive Auslegung dieses sehr weit gefassten Tatbestandes. In diesem Kontext führte das Bundesverfassungsgericht auch aus, dass „die Einhaltung des Grundsatzes der Wirtschaftlichkeit und Sparsamkeit nach § 4 Abs. 4 SGB V zu den vermögensrelevanten Pflichten des Beschwerdeführers im Verhältnis zu der von ihm vertretenen Krankenkasse gehört". Auch „habe das Landgericht das Eingrenzungsgebot gewahrt, indem es die Untreuestrafbarkeit ersichtlich auf evidente und schwerwiegende Verstöße gegen diesen Grundsatz jenseits der bestehenden Entscheidungsspielräume des Beschwerdeführers beschränkt hat."[212]

Da keine Umstände ersichtlich sind, wieso die zum Sozialrecht getroffenen Feststellungen nicht auch auf das Recht der Stiftung übertragen werden können, zumal es in beiden Fällen letztlich um die Verwendung anvertrauter Vermögenswerte geht, spricht Vieles dafür, auch dem Grundsatz der Sparsamkeit und Wirtschaftlichkeit im Rahmen der Stiftung vermögensbetreuenden Charakter zuzuschreiben. Konsequenz hieraus ist, dass sich Organmitglieder, soweit sie unangemessene Entgelte mit Dritten oder anderen Organmitgliedern vereinbaren, gegebenenfalls wegen Untreue verantworten müssen.

Vergleichbar der Situation bei Anlagegeschäften wird man den Stiftungsorganen jedoch einen gewissen Ermessensspielraum zubilligen müssen, selbst nach pflichtgemäßen Ermessen über die angemessene Höhe einer Vergütung für eine bestimmte Leistung befinden zu können, bevor der Vorwurf der Pflichtwidrigkeit und damit eine Strafbarkeit wegen Untreue in Betracht kommt. Wie schwer es gegebenenfalls sein kann, die Grenzen eines solchen Ermessenspielraumes zu

---

[211] Siehe: BVerfG Beschl. v. 23.06.2010 - 2 BvR 2559/08, 2 BvR 105/09, 2 BvR 491/09, BVerfGE 126, 170 (170ff.).
[212] BVerfG Beschl. v. 23.06.2010 - 2 BvR 2559/08, 2 BvR 105/09, 2 BvR 491/09, BVerfGE 126, 170 (170ff.).

definieren, soll anhand einer Entscheidung des Bundesgerichtshofes zum Aktienrecht dargestellt werden.

In diesem Kontext hatte der BGH[213] zu entscheiden, ob das Bewilligen einer Anerkennungsprämie für die dienstvertraglich geschuldete Leistung eines Vorstandsmitglieds eine strafbare Untreue darstellt. Dabei führte der Bundesgerichtshof aus, dass nicht jede überhöhte Vergütungsentscheidung eine Pflichtverletzung darstellt, da es sich hierbei um eine unternehmerische Führungs- und Gestaltungsaufgabe handelt, für die ein weiter Beurteilungsspielraum gilt. Eine Pflichtverletzung sei solange „nicht gegeben, solange die Grenzen, in denen sich ein von Verantwortungsbewusstsein getragenes, ausschließlich am Unternehmenswohl orientiertes, auf sorgfältiger Ermittlung der Entscheidungsgrundlagen beruhendes unternehmerisches Handeln bewegen muss, nicht überschritten ist".[214] Dieser Ermessensspielraum war nach Auffassung des Bundesgerichtshofes im konkreten Fall jedoch überschritten, da es insoweit um die Bewilligung nachträglicher Sonderzahlungen an ein Vorstandsmitglied ging, die ausschließlich belohnenden Charakter hatten und dem Unternehmen keinen zukunftsbezogenen Nutzen brachten (kompensationslose Anerkennungsprämie). Darin liege eine treupflichtwidrige Schädigung des anvertrauten Gesellschaftsvermögens.

Anhand dieses Urteils zeigt sich, dass den Organen einer Aktiengesellschaft hinsichtlich der Beurteilung, ob die einem Dritten zugesagte beziehungsweise gewährte Vergütung angemessen ist oder nicht, grundsätzlich ein Ermessensspielraum zukommt und erst bei dessen Überschreitung eine Strafbarkeit wegen Untreue in Betracht zu ziehen ist. Diese für die Aktiengesellschaft entwickelten Grundsätze können aufgrund vergleichbarer Situation auch auf das Recht der Stiftung übertragen werden. Hierfür spricht insbesondere, dass der Stiftungsvorstand letztlich in einem vergleichbaren Verhältnis zur Stiftung steht, wie der Vorstand der Aktiengesellschaft und auch sonst kein Grund ersichtlich ist, wieso die Vermögensinteressen der Stiftung einem geringeren Schutz unterliegen sollen, als die Vermögensinteressen der Aktiengesellschaft. Eine Besonderheit zwi-

---

[213] BGH Urt. v. 21.12.2005 – 3 StR 470/04, BGHSt 50, 331 (331ff.) (*Mannesmann-Entscheidung*).
[214] BGH Urt. v. 21.12.2005 – 3 StR 470/04, BGHSt 50, 331 (336).

schen Stiftung und Aktiengesellschaft kann im Einzelfall lediglich darin begründet liegen, dass Organmitglieder einer Aktiengesellschaft regelmäßig vergütet werden, während im Rahmen der Stiftung auch die Situation zu beachten ist, dass die Stiftungsorgane ehrenamtlich oder unentgeltlich tätig sind. Dieser Unterschied rechtfertigt jedoch keine grundlegend andere Bewertung. Er macht es lediglich hinsichtlich der Stiftung im Einzelfall schwerer, zu ermitteln, welche Vergütung einem Stiftungsorgan in diesem Falle gewährt werden kann. Selbst wenn die Stiftungssatzung keine explizite Vergütungsregelung beinhaltet, steht den Stiftungsorganen nämlich gemäß §§ 670, 86, 27 Abs. 3 BGB ein Aufwendungsersatzanspruch zu[215], der betragsmäßig jedoch nicht fixiert ist und vor diesem Hintergrund zusätzlichen Auslegungsspielraum eröffnet.

Zusammenfassend lässt sich vor diesem Hintergrund feststellen, dass Tätigkeitsvergütungen für Stiftungsorgane, unabhängig davon, ob diese in der Stiftungssatzung vorgesehen sind oder sich die Rechtsgrundlage für die Zahlungen aus §§ 670, 86, 27 Abs. 3 BGB ergibt, sich grundsätzlich im Rahmen der von der Stiftung verfolgten Grundsätze halten und damit insbesondere der sparsamen Stiftungsverwaltung[216] gerecht werden müssen. Werden diese Vorgaben missachtet, besteht das Risiko, dass sich Organmitglieder, die überhöhte Vergütungen billigen, dem Vorwurf der Untreue ausgesetzt sehen. Dies gilt auch, wenn an Organmitglieder Vergütungen in Abweichung von Vorgaben der Stiftungssatzung oder anstellungsvertraglicher Vorgaben geleistet werden. Im Übrigen ist den Mitgliedern der Stiftungsorgane, vergleichbar der Situation bei Anlagegeschäften, ein Ermessensspielraum hinsichtlich der Frage einzuräumen, ab wann Dritten beziehungsweise Organmitgliedern gewährte Vergütungen den Grundsatz der Sparsamkeit respektive Wirtschaftlichkeit verletzen. Eine Strafbarkeit wegen Untreue greift in diesen Konstellationen erst dann ein, wenn dieser Ermessenspielraum überschritten wird.

---

[215] Siehe hierzu auch: *Lassmann*, NStZ 2009, 473 (476).
[216] Vergleiche: § 55 Abs. 1 Nr. 3 AO; Art. 7 S. 1 BayStG.

d) Zwischenergebnis

Aus den vorstehenden Beispielen ergibt sich, dass den Organen der Stiftung in vielen ihrer Tätigkeitsbereiche Vermögensbetreuungspflichten zukommen. Zum Teil folgen diese aus Gesetz, aus der Stiftungssatzung oder im Zusammenspiel von Gesetz und Satzung. Als taugliche Täter im Rahmen der Stiftung kommen vornehmlich die Mitglieder des Stiftungsvorstandes, die Mitglieder des Kuratoriums sowie gegebenenfalls auch die Mitglieder der Stiftungsaufsichtsbehörde in Betracht.

Unbeschadet der Existenz von weitreichenden Vermögensbetreuungspflichten hat sich jedoch auch gezeigt, dass den Organen der Stiftung, jedenfalls dann, wenn es sich um „unternehmerische" Entscheidungen handelt, ein Einschätzungsspielraum zugebilligt wird, so dass die Untreuestrafbarkeit in diesem Bereich erst dann zu Tragen kommt, wenn dieser Einschätzungsspielraum überschritten wird. Dies wurde vor allem an Beispielen aus der Anlage des Stiftungsvermögens sowie bei Festlegung beziehungsweise Verhandlung von Vergütungen für Organmitglieder beziehungsweise Dritten illustriert.

5)   Tatbestandsausschließendes Einverständnis

Allein der Umstand, dass ein Verhalten den objektiven Anschein der Missachtung von Vermögensbetreuungspflichten weckt, führt jedoch noch nicht zwangsläufig auch dazu, dass eine Bestrafung wegen Untreue angezeigt ist. Der Tatbestand der Untreue gemäß § 266 StGB kann vielmehr im Einzelfall infolge eines tatbestandsausschließenden Einverständnisses ausgeschlossen sein. Das Einverständnis eines Vermögensinhabers erweitert grundsätzlich die Handlungsbefugnis des Treunehmers und schließt daher die Pflichtwidrigkeit und damit die Tatbestandsmäßigkeit des Treunehmerhandelns aus.[217] Bei juristischen Personen tritt „an die Stelle des Vermögensinhabers dessen oberstes Willensorgan für die

---

[217] BGH Urt. v. 21.12.2005 - 3 StR 470/04, BGHSt 50, 331 (342); BGH Beschl. v. 31.07.2009 - 2 StR 95/09, BGHSt 54, 52 (57); BGH Urt. v. 27.08.2010 - 2 StR 111/09, BGHSt 55, 266 (278); BGH Beschl. v. 30.08.2011 - 3 StR 228/11, NStZ-RR 2012, 80 (80 f.); *Dierlamm*, in: Joecks/Miebach (Hrsg.), MüKo StGB, Bd. 4, § 266 Rn 129; *Saliger*, in: SSW-StGB, § 266 Rn 45; *Fischer*, § 266 Rn 90; *Perron*, in: Sch/Sch StGB, § 266 Rn 38.

Regelung der inneren Angelegenheiten".[218] Bei einer GmbH ist dies zum Beispiel die Gesamtheit ihrer Gesellschafter,[219] womit ein Einverständnis sämtlicher Gesellschafter oder ein (Mehrheits-)Beschluss der Gesellschafterversammlung erforderlich ist.[220] Für ein entsprechendes Einverständnis im Rahmen einer Aktiengesellschaft fordert der BGH, dass dieses „entweder von dem Alleinaktionär oder von der Gesamtheit der Aktionäre durch einen Beschluss der Hauptversammlung" erteilt worden ist.[221] Erforderlich ist damit bei beiden Gesellschaftsformen, dass das Einverständnis entweder durch sämtliche Vermögensinhaber der Gesellschaft erteilt wird oder aber durch ein Organ, das die Gesamtheit der Vermögensinhaber repräsentiert und dessen Entscheidung deren Zustimmung wiederspiegelt.

Im Gegensatz zur GmbH und Aktiengesellschaft fehlt es jedoch der Stiftung an Gesellschaftern. Da die Stiftung ein rechtlich verselbständigtes Vermögen darstellt, das gerade über keinen „Vermögensinhaber" verfügt, ist die Erklärung eines Einverständnisses, wie es in einer Aktiengesellschaft oder GmbH möglich ist, bei der Stiftung undenkbar.[222] Als originärer Vermögensinhaber kann lediglich der Stifter angesehen werden, da das Stiftungsvermögen seiner Vermögenssphäre entstammt. Allerdings verfügt der Stifter nach Errichtung der Stiftung über keinerlei Einflussmöglichkeiten mehr.[223]

In diesem Kontext stellt sich daher die Frage, ob in einer Stiftung ein Organ existiert, welches den Willen des Stifters derart repräsentiert, dass es auch zur

---

[218] BGH Urt. v. 24.06.2010 - 3 StR 90/10, StV 2011, 31 (31); BGH Urt. v. 27.08.2010 - 2 StR 111/09, BGHSt 55, 266 (278); BGH Beschl. v. 30.08.2011 - 3 StR 228/11, NStZ-RR 2012, 80 (80 f.); siehe auch: *Saliger*, in: SSW-StGB, § 266 Rn 46.

[219] BGH Urt. v. 12.01.1956 - 3 StR 626/54, BGHSt 9, 203 (216); BGH Urt. v. 27.08.2010 - 2 StR 111/09, NJW 2010, 3458 (3461).

[220] BGH Urt. v. 27.08.2010 - 2 StR 111/09, NJW 2010, 3458 (3461). Andere Ansicht: *Dierlamm*, in: Joecks/Miebach (Hrsg.), MüKo StGB, Bd. 4, § 266 Rn 136, wonach eine einfache Beschlussmehrheit genügen soll, wenn auf Gesellschafterebene grundsätzlich mit einer solchen Mehrheit entschieden wird.

[221] BGH Urt. v. 21.12.2005 - 3 StR 470/04, BGHSt 50, 331 (342); in diesem Sinne auch *Dierlamm*, in: Joecks/Miebach (Hrsg.), MüKo StGB, Bd. 4, § 266 Rn 140; *Perron*, in: Sch/Sch StGB, § 266 Rn 21; kritisch: *Ransiek*, NJW 2006, 814 (815 f.).

[222] *Maier*, in: Werner/Saenger (Hrsg.), Stiftungsrecht, S. 543.

[223] Siehe näher hierzu auch unter: 2. Kapitel A) II) 1) Umfang des strafrechtlichen Vermögensschutzes.

Erteilung eines Einverständnisses zur Verfügung über das Stiftungsvermögen ermächtigt ist.

Das Organ, dem man am ehesten eine solche Kompetenz zubilligen könnte, stellt das Kuratorium dar. Eine solche Kompetenz zur Repräsentation des Stifterwillens wird man dem Kuratorium sicherlich dann zubilligen müssen, wenn in der Satzung etwa statuiert ist, dass der Vorstand mit Zustimmung des Kuratoriums bestimmte (gegebenenfalls auch risikoreiche) Anlagegeschäfte tätigen oder seine Bezüge erhöhen kann. In diesem Fall ergibt sich aus der Satzung der Wille des Stifters, also des ursprünglichen Vermögensinhabers, dass er mit bestimmten Arten von Vermögensverfügungen einverstanden ist und die entsprechende Dispositionsbefugnis dem Kuratorium beziehungsweise dessen Mitgliedern zukommen soll.

Es stellt sich jedoch die Frage, ob ein Kuratorium auch dann berechtigt ist, den Willen des Stifters respektive der Stiftung zu repräsentieren, wenn konkrete Kompetenzzuweisungen fehlen. In diese Richtung scheint die Entscheidung des Bundesgerichtshofes vom 24.06.2010 zu weisen. Bei dieser Entscheidung ging es darum, dass der Stiftungsvorstand Ausgaben für die Stiftung bei finanziell schlechter Situation der Stiftung tätigte und vom Kuratorium, das jeweils vom Stiftungsvorstand informiert worden war, gegen die Ankäufe und deren Bezahlung aus dem Stiftungskapital keine Einwände erhoben wurde, obwohl die Mitglieder des Kuratoriums gleichzeitig über die Schwierigkeiten klagten, die laufende Arbeit der Stiftung wegen deren geringer finanzieller Ausstattung zu finanzieren.[224] Der Bundesgerichtshof geht in dem Urteil ohne nähere Differenzierung von der Möglichkeit eines tatbestandsausschließenden Einverständnisses seitens des Kuratoriums aus. Der BGH stellt in seiner Entscheidung dar, dass „das Kuratorium [...] grundsätzlich sein Einverständnis zu vermögensrelevanten Entscheidungen [...] erteilen" konnte, da es in der Satzung als „oberstes Organ der Stiftung [...], das die Geschäftsführung des Vorstands überwacht und ihm

---

[224] Siehe hierzu: BGH Urt. v. 24.06.2010 - 3 StR 90/10 (juris). Zur näheren Darstellung des Sachverhalts in dieser Arbeit siehe bereits oben unter: 2. Kapitel A) I) 2) b) (3) Arbeitsvertrag und Anstellungsvertrag sowie unter 2. Kapitel A) I) 3) a) Mitglieder des Stiftungsvorstands.

gegebenenfalls Weisungen erteilt", bestimmt worden war.[225] Die Entscheidung des Bundesgerichtshofs erscheint jedoch unter Zugrundelegung dieses Sachverhalts in einem Punkt unvollständig. So wurde vom BGH nicht diskutiert, ob das Einverständnis nicht seinerseits pflichtwidrig war und aus diesem Grunde nicht wirksam erteilt werden konnte. Vorliegend stimmte das Kuratorium nämlich einem Rechtsgeschäft in dem Wissen zu, dass sich daraus Schwierigkeiten für die Finanzierung der laufenden Stiftungstätigkeit ergeben können.[226] Gerade eine solche Zustimmung verstößt jedoch in aller Regel gegen den Stifterwillen, der auf die dauerhafte Funktionsfähigkeit der Stiftung gerichtet ist, was nur mit einer finanziell starken Stiftung erreicht werden kann.

Es erscheint allerdings naheliegend, dass ein Kuratorium nur dann ein wirksames Einverständnis erteilen kann, wenn das Einverständnis seinerseits nicht pflichtwidrig ist, das heißt nicht gegen gesetzliche oder satzungsrechtliche Vorgaben verstößt.[227] Häufig wird es jedoch so sein, dass bei Vorliegen einer rechtswidrigen Handlung des Stiftungsvorstands auch das Einverständnis des Kuratoriums in den meisten Fällen pflichtwidrig sein wird, da sich die Verpflichtungen von Vorstand und Kuratorium regelmäßig decken werden. Es kommt daher zu einem „Gleichlauf der Pflichtwidrigkeit und der darauf bezogenen (dann ebenfalls pflichtwidriger und folglich unerheblicher) Zustimmung".[228] Ein tatbestandsausschließendes Einverständnis kann jedoch nicht wirksam sein, wenn es seinerseits pflichtwidrig erteilt wurde. Zwar mag man die Frage aufwerfen, ob der Stifter, indem er das Kuratorium als „oberstes Organ" bestimmt diesem auch die Möglichkeit an die Hand geben wollte, gegebenenfalls vorzunehmende Verstöße des Stiftungsvorstands gegen die Stiftungssatzung legitimieren zu können. Diese Auffassung ist jedoch abzulehnen, mit der Begründung, dass der Stifter in der Stiftungssatzung seinen originären Willen vor allem in Form

---

[225] BGH Urt. v. 24.06.2010 - 3 StR 90/10 (juris).

[226] BGH Urt. v. 24.06.2010 - 3 StR 90/10 (juris).

[227] Siehe: BGH Urt. v. 24.06.2010 - 3 StR 90/10, StV 1, 20131 (31); So auch: *Lassmann*, Stiftungsuntreue, S. 176 f., der zudem ausführt, dass ein Verstoß des Einverständnisses gegen satzungsrechtliche Vorgaben entweder zu einer eigenen Pflichtverletzung der Kuratoriumsmitglieder führt, oder aber dazu, dass der Tatbestand durch kollusives Zusammenwirken erfüllt ist.

[228] *Lassmann*, Stiftungsuntreue, S. 177.

der Bestimmung des Stiftungszwecks konstatiert hat und nicht nur den Stiftungsvorstand, sondern alle Stiftungsorgane daran binden möchte. Dies zeigt sich insbesondere darin, dass, anders als bei der Aktiengesellschaft oder der GmbH, bei denen die Aktionäre und Gesellschafter die „Satzung" ändern können, dies im Rahmen der Stiftung nicht vorgesehen ist. Anders zu beurteilen wäre dieser Fall nur, wenn in der Stiftungssatzung ausdrücklich bestimmt ist, dass von der entsprechenden Regelung mit der Zustimmung des Kuratoriums abgewichen werden kann.

Die Auffassung des BGH, der seine Entscheidung ausschließlich auf die Tatsache stützte, dass das Kuratorium vom Stifter als „oberstes Willensorgan" der Stiftung bestimmt worden war, überzeugt daher nicht. Dies mag jedoch auch darin begründet liegen, da es in der konkreten BGH Entscheidung auf diese Frage nicht grundlegend ankam, da der BGH bereits die Annahme des objektiven Tatbestandes bei der Tathandlung zurückwies, so dass es auf das tatbestandliche Einverständnis nicht entscheidend ankam. Insoweit wird man die zukünftige Rechtsprechung verfolgen müssen, wie diese mit der Frage des Einverständnisses des Aufsichtsorgans umgehen wird.

Neben dem Kuratorium könnte dann auch die Stiftungsaufsichtsbehörde als Gremium in Betracht kommen, das im Einzelfall befugt sein könnte, ein Einverständnis zu erteilen. Jedoch erscheint auch dies aufgrund der vorangegangenen Überlegungen ausgeschlossen, da keine Anhaltspunkte vorliegen, dass die staatliche Stiftungsaufsichtsbehörde ermächtigt ist, den Willen des Stifters repräsentieren. Eine solche Kompetenz ist insbesondere nicht aus der Überwachungsaufgabe, die der Stiftungsaufsichtsbehörde obliegt, abzuleiten, da diese aufgrund Gesetzes greift und nicht auf dem Willen des Stifters beruht und ferner nicht durch den Stifter modifiziert werden kann. Überdies scheitern solche Überlegungen auch daran, dass in der bloßen Billigung des Handelns beziehungsweise einem unterlassenen Einschreiten kein Einverständnis gesehen werden kann.[229]

---

[229] Dies wirft vielmehr die Frage auf, ob die Stiftungsaufsichtsbehörde dadurch ihre Aufsichtspflichten verletzt, was letztlich zu einem Anspruch aus § 839 BGB i.V.m. Art. 34 GG gegenüber der Stiftungsaufsichtsbehörde führt.

Zusammenfassend lässt sich vor diesem Hintergrund feststellen, dass dem tatbestandsausschließenden Einverständnis bei der Stiftung eine lediglich untergeordnete Bedeutung zukommt, da es regelmäßig an einem Organ fehlt, das befugt ist, pflichtwidriges Verhalten des Stiftungsvorstandes ausnahmsweise zu billigen.

6) Vermögensnachteil

Zur Verwirklichung der Untreue ist nach deutschem Recht weiterhin erforderlich, dass ein „Nachteil" durch die Tathandlung zugefügt worden sein muss. Damit ist, unter Berücksichtigung des geschützten Rechtsguts Vermögen, ein Vermögensnachteil gemeint.[230] Ein solcher liegt regelmäßig dann vor, wenn es durch die Handlung einer vermögensbetreuungspflichtigen Person zu einer Minderung fremden Vermögens kommt, ohne dass dieser Nachteil durch erlangte Vorteile kompensiert wird.[231] Dabei finden im Bereich der Untreue in der Regel die allgemeinen Grundsätze zur Schadensermittlung Anwendung, die sich im Grundsatz nach der Differenzhypothese richten. Das heißt es erfolgt ein Vergleich der Vermögenslage vor und nach der schädigenden Handlung, um sodann festzustellen, ob ein Schaden eingetreten ist.[232]

Im Rahmen der Stiftung sind jedoch einige Besonderheiten hinsichtlich der Schadensermittlung zu berücksichtigen, die nachfolgend näher dargestellt werden sollen. Dabei geht es zunächst um die Frage, ob nicht bereits jede zweck-

---

[230] Vergleiche nur: *Dierlamm,* in: Joecks/Miebach (Hrsg.), MüKo StGB, Bd. 4, § 266 Rn 177; *Kindhäuser,* in: Kindhäuser/Neumann/Paeffgen (Hrsg.), StGB, § 266 Rn 94; *Kühl,* in: Lackner/Kühl (Hrsg.), § 266 Rn 17; *Perron,* in: Sch/Sch StGB, § 266 Rn 39; *Bittmann,* NStZ 2012, 57 (57 f.).

[231] Vergleiche *Dierlamm,* in: Joecks/Miebach (Hrsg.), MüKo StGB, Bd. 4, § 266 Rn 178; *Kindhäuser,* in: Kindhäuser/Neumann/Paeffgen (Hrsg.), StGB, § 266 Rn 96; *Perron,* in: Sch/Sch StGB, § 266 Rn 40 f.

[232] Siehe zu den Besonderheiten im Rahmen der Schadensermittlung: *Schünemann,* in: Laufhütte/Rissing-van Saan/Tiedemann (Hrsg.), Leipziger Kommentar StGB, § 266 Rn 168 ff.; *Dierlamm,* in: Joecks/Miebach (Hrsg.), MüKo StGB, Bd. 4 § 266 Rn 177 ff. mit weiteren Nachweisen; siehe hierzu auch: *Hefendehl,* in: MüKo StGB, § 263 Rn 442 ff.; *Cramer/Perron,* in: Sch/Sch, StGB, § 263 Rn 78 ff.; *Kindhäuser,* in: Kindhäuser/Neumann/Paeffgen (Hrsg.), StGB, § 263 Rn 248 ff.; *Kühl,* in: Lackner/Kühl (Hrsg.), § 263 Rn 23 ff.

konforme Stiftungsleistung einen Vermögensnachteil begründet, da keine Gegenleistung den Vermögensabfluss kompensiert und daran anknüpfend, wenn
dem nicht so sein sollte, wie es sich sodann bei der zweckwidrigen Stiftungsleistung oder einer solchen, die den Stiftungszweck verfehlt, verhält. In diesem Zusammenhang soll auch dargestellt werden, inwieweit in der Aberkennung der
Gemeinnützigkeit, vor dem Hintergrund der hiermit für eine Stiftung verbundenen negativen Folgewirkungen, gegebenenfalls ein Schaden gesehen werden
kann.

Des Weiteren soll untersucht werden, ab welchem Zeitpunkt bei für die Stiftung
nachteiligen, respektive riskanten Geschäften ein Vermögensschaden anzunehmen ist, beziehungsweise ob eine Vermögensgefährdung nicht bereits für die
Verwirklichung der Untreue ausreicht. Diese Frage entfaltet vor allem im Bereich der Anlagegeschäfte einer Stiftung erhebliche Bedeutung.

Abschließend soll kurz untersucht werden, ob bereits der Umstand, dass Gelder
dem direkten Zugriff des Berechtigten entzogen werden, einen Vermögensschaden begründen kann. Dies soll aus Anlass jüngerer Entscheidungen zur Thematik „schwarze Kassen" dargestellt werden.

Zunächst ist zu thematisieren, ob nicht die typische Stiftungsleistung, nämlich
die Verwendung der Stiftungserträge entsprechend des Stiftungszwecks, regelmäßig einen Vermögensnachteil begründet. Hierfür könnte sprechen, dass die
Stiftung für die von ihr verwendeten Mittel letztlich keine adäquate Gegenleistung erhält. Eine solche Auslegung würde jedoch letztlich dazu führen, dass das
an sich für den Untreuetatbestand konstitutive Merkmal des Vermögensnachteils
aufgrund des Umstandes, dass die Stiftung Geld regelmäßig ohne Gegenleistung, nämlich zur Förderzwecken, ausgibt, im Rahmen der Stiftung zur Bedeu-
tungslosigkeit verkommen würde. So kommt es im Rahmen einer zweckkonformen Stiftungsleistung zwar zu einem Vermögensabfluss ohne Kompensation
bei der Stiftung, dennoch kann in einem solchen Fall nicht von einem tatsächlichen Vermögensnachteil für die Stiftung gesprochen werden. Schließlich erscheint es nicht sachgerecht, davon auszugehen, dass der Stiftung ein Vermögensnachteil zugefügt wird, wenn Stiftungsgelder entsprechend der Intention des

Stifters, und zwar gewollt ohne Gegenleistung, verwendet werden. Überzeugend lässt sich ein solcher Schaden ablehnen, indem man, wie *Lassmann*, die vom BGH ermittelten Grundsätze zur Haushaltsuntreue[233] auf die Stiftung anwendet.[234] Demnach begründet ein Vermögensabfluss dann keinen Schaden, wenn die Körperschaft von Rechts wegen zu dieser Ausgabe berechtigt oder verpflichtet war.[235] Es liegt nahe, diesen Gedanken auf die Stiftung zu übertragen, da sich diese, was das Thema uneigennützige Mittelverwendung anbelangt, in einer vergleichbaren Situation befindet. Eine solche Berechtigung beziehungsweise Verpflichtung kann dabei im Rahmen der Stiftung zum Beispiel aus dem Satzungszweck und § 55 Abs. 1 AO abgeleitet werden, sodass davon auszugehen ist, dass bei ordnungsgemäßer Verwendung von Stiftungsmitteln regelmäßig die Annahme eines Vermögensnachteils ausscheiden wird.

Grundlegend anders ist die Situation zu beurteilen, wenn Ausgaben entgegen dem Stiftungszweck eingesetzt werden. Bezugnehmend auf das zuvor gesagte, zeigt sich, dass im Rahmen der Stiftung die Berechtigung für die Mittelverwendung aus dem Stifterwillen in Form der Vorgaben des Stiftungszwecks folgt. Werden daher die Stiftungserträge entgegen den Vorgaben des Stiftungszwecks verwendet, so fehlt eine Berechtigung für die Ausgabe der finanziellen Mittel und demzufolge das rechtfertigende Element, welches eine einschränkende Interpretation des Begriffs des Vermögensnachteils, wie im Falle zweckgemäßer Verwendung von Stiftungserträgen, gebietet. Es kommt insofern zu einem Vermögensnachteil zulasten der Stiftung. So ist zum Beispiel ein Vermögensnachteil gegeben, wenn die vermögensbetreuungspflichtige Person das zu betreuende

---

[233] Danach stellt die Fehlleitung öffentlicher Mittel keinen Vermögensnachteil dar, wenn die Mittel für Zwecke verwendet werden, die ebenfalls zu erfüllen gewesen sind und daher Mittel gespart wurden, die für diese Zwecke im Haushaltsplan vorgesehen waren. Siehe: BGH Urt. v. 28.09.1954, Az. 5 StR 203/54; BGH Urt. v. 27.11.1956 - 5 StR 310/56, BGHSt 10, 6; BGH Urt. v. 21.10.1994 - 2 StR 328/94, BGHSt 40, 287 (294 f.); BGH Urt. v. 04.11.1997 - 1 StR 273/97, NJW 1998, 913 (914); vergleiche auch: *Perron*, in: Sch/Sch, StGB, § 266 Rn 44.

[234] Siehe hierzu ausführlich: *Lassmann*, Stiftungsuntreue, S. 186 ff. mit weiteren Nachweisen, sowie: *Lassmann*, NStZ 2009, 473 (477). In der Literatur werden unterschiedliche Auffassungen vertreten, wie sich ein solcher Vermögensnachteil ablehnen lässt. So wird einerseits ein solcher Schaden unter Heranziehung der Lehre von der Zweckverfehlung abgelehnt oder andererseits infolge der Übertragung der Ansätze der Subventionserschleichung. Siehe hierzu die Diskussion in: *Lassmann*, Stiftungsuntreue, S. 186 ff.

[235] *Perron*, in: Sch/Sch, StGB, § 266 Rn 44.

Vermögen für private Zwecke verwendet[236], sonst Gelder außerhalb des Stiftungszweckes verwendet werden oder die Grenzen pflichtgemäßen Ermessens von Organen bei Vermögensdispositionen überschritten werden und es insoweit zu einem Abfluss von Stiftungsvermögen kommt.

Auch eine durch Zweckverfehlung sinnlose Leistung kann einen Nachteil im Sinne des § 266 StGB begründen.[237] Dies ist zum Beispiel dann der Fall, wenn eine „ohne (vollwertige) Gegenleistung erbrachte Leistung durch Verfehlung ihres Zwecks in ihrem sozialen Sinn entwertet wird".[238] Der Vermögensnachteil ist hierbei darin zu sehen, dass zwar dem Grunde nach eine zulässige Vermögenszuwendung vorliegt, die insoweit keine (kompensierende) Gegenleistung erfordert. Allerdings erfüllt die Zuwendung nicht den intendierten Zweck, weil sie beispielsweise einem anderen Empfänger zukommt. Übertragen auf die Stiftung ist ein Vermögensnachteil wegen Zweckverfehlung etwa dann zu bejahen, wenn aus dem Stiftungsvermögen Zahlungen zur Erfüllung eines gemeinnützigen Zwecks geleistet werden, der in der Satzung normiert ist, diese Leistungen jedoch fehlgeleitet werden.

Im Rahmen der gemeinnützigen Stiftung besteht die Besonderheit, dass es im Falle der zweckwidrigen Verwendung von Stiftungsgeldern beziehungsweise bei Verstößen gegen die steuerlichen Vorgaben zu einer Aberkennung der „Gemeinnützigkeit" kommen kann[239]. Vor diesem Hintergrund stellt sich im Hinblick auf die Ermittlung der Höhe des bei zweckwidriger Mittelverwendung entstanden Vermögensnachteils die Frage, ob auch die Aberkennung der Gemeinnützigkeit als Vermögensnachteil in diesem Zusammenhang zu qualifizieren ist. Hintergrund dieser Überlegung ist, dass die Aberkennung der Gemeinnützigkeit

---

[236] BGH Urt. v. 27.07.1982 - 1 StR 209/82, NJW 1982, 2881 (2881); *Dierlamm,* in: Joecks/Miebach (Hrsg.), MüKo StGB, Bd. 4 § 266 Rn 220; *Kindhäuser,* in: Kindhäuser/Neumann/Paeffgen (Hrsg.), StGB, § 266 Rn 109.

[237] BGH Urt. v. 14. 12.2000 - 5 StR 123/00, NJW 2001, 2411 (2414); *Kindhäuser,* in: Kindhäuser/Neumann/Paeffgen (Hrsg.), StGB, § 263 Rn 104 ff.; *Perron,* in: Sch/Sch, StGB, § 266 Rn 43.

[238] *Perron,* in: Sch/Sch, StGB, § 266 Rn 43; ähnlich: *Kindhäuser,* in: Kindhäuser/Neumann/Paeffgen (Hrsg.), StGB, § 263 Rn 104, 109.

[239] Diese Frage ist streng von der Frage zu differenzieren, ob der Verstoß gegen das Gebot der Gemeinnützigkeit aus der Abgabenordnung eine Verletzung der Vermögensbetreuungspflicht begründet. Siehe hierzu bereits unter 2. Kapitel A) I) 2) b) (2) (bb) Steuergesetze.

zu finanziellen Nachteilen aufgrund einer erheblichen bei der Stiftung anfallenden Steuerlast führen kann. In der Literatur wird die Annahme eines Vermögensnachteils zum Teil mit der Argumentation verneint, dass zwar durch den Verstoß gegen die §§ 51 ff. AO eine Vermögensgefährdung in Form der Aberkennung der Gemeinnützigkeit vorliege, diese jedoch mangels Unmittelbarkeit nicht automatisch in einen Schaden münde, da das Finanzamt noch eine eigene Entscheidung (unter Berücksichtigung des Verhältnismäßigkeitsgrundsatzes) fällen müsse.[240]

Diese Argumentation überzeugt jedoch nicht, da sie der tatsächlichen Praxis in der Finanzverwaltung nicht ausreichend Rechnung trägt. So ist nicht zu erwarten, dass ein Finanzamt bei einem offensichtlichen Verstoß gegen die §§ 51 ff. AO auf Steuereinnahmen in erheblichem Umfang[241] verzichten wird. Vielmehr ist in einem solchen Fall regelmäßig davon auszugehen, dass bei Vorliegen eines Verstoßes die Finanzverwaltung unmittelbar die Gemeinnützigkeit aberkennen wird, so dass insoweit bereits eine hinreichend konkrete Vermögensgefährdung vorliegt[242].

In diese Richtung weist auch eine Entscheidung des OLG Hamms[243], in welcher das Gericht klarstellte, dass der Status der Gemeinnützigkeit eine Rechtsposition darstellt, die einen hohen wirtschaftlichen Wert hat. Insoweit könne bei der Aberkennung der Gemeinnützigkeit durch das Finanzamt – auch wenn der entsprechende Bescheid noch nicht bestandskräftig ist – „eine konkrete Vermögensgefährdung nicht ausgeschlossen werden", denn „immerhin führe [die] Aberkennung zu dem Verlust der Befreiung von der Körperschaftssteuer sowie der Berechtigung zum Bezug öffentlicher Mittel" und gefährde damit die Existenz der Stiftung in einem „essentiellen Ausmaß".[244]

---

[240] Siehe: *Lassmann*, NStZ 2009, 473 (477); *Lassmann*, Stiftungsuntreue, S. 209 f.
[241] Dazu zählen neben den Steuern der Stiftung auch die der Stifter / Zustifter, die sodann mangels Spendenbescheinigung ihre Beiträge an die Stiftung nicht mehr steuerlich geltend machen können und somit ihre eigene Steuerlast dadurch nicht mehr mindern können.
[242] Auf das Ausreichen einer Vermögensgefährdung im Rahmen der Untreue wird nachfolgend noch gesondert eingegangen werden.
[243] OLG Hamm Beschl. v. 29.04.1999 - 2 Ws 71/99, wistra 1999, 350 (354).
[244] OLG Hamm Beschl. v. 29.04.1999 - 2 Ws 71/99, (juris).

Unbeschadet der Besonderheiten, die im Rahmen der Bestimmung eines Vermögensnachteils bei der Stiftungstätigkeit aufgrund deren meist unentgeltlichen Charakters zu berücksichtigen sind, stellt sich im Recht der Stiftung, wie generell im Rahmen der Untreue, ferner die Frage, ab wann ein Vermögensnachteil anzunehmen ist. Diese Frage stellt sich insbesondere dann, wenn nach Abschluss eines pflichtwidrigen Rechtsgeschäftes noch nicht endgültig absehbar ist, ob sich dieses langfristig nachteilig für die Stiftung auswirkt oder nicht. Nach der Rechtsprechung[245] kann ein Vermögensnachteil im Sinne des § 266 StGB regelmäßig bereits dann angenommen werden, wenn eine schadensgleiche Vermögensgefährdung vorliegt. Dies ist nach Auffassung des BGH der Fall, wenn „die Gefährdung nach wirtschaftlicher Betrachtung bereits eine Verschlechterung der gegenwärtigen Vermögenslage bedeutet".[246] Dabei muss „die Gefahr eines endgültigen Verlusts eines Vermögensbestandteils [...] so groß sein, dass sie schon [im Zeitpunkt der Handlung] eine Minderung des Gesamtvermögens zur Folge hat".[247] Auch im Schrifttum wird die Vermögensgefährdung häufig bereits als Vermögensnachteil angesehen.[248] Im Rahmen der Stiftung erlangt die Frage, ab wann ein Vermögensnachteil vorliegt, beispielsweise im Kontext der oben angesprochenen Anlagegeschäfte, die den Charakter eines Risikogeschäfts haben, Relevanz. Der BGH vertritt in diesem Zusammenhang die Auffassung, dass bereits der Abschluss eines Geschäftes einen Vermögensnachteil zu begründen vermag, wenn „das Risikogeschäft mit einem unvertretbaren Verlustrisiko behaftet ist, was [...] anzunehmen ist, wenn der Täter nach Art

---

[245] Vergleiche nur: BVerfG v. 10.03.2009 - 2 BvR 1980/07, NJW 2009, 2370 (2370 ff.); BGH Beschl. v. 02.04.2008 - 5 StR 354/07, NJW 2008, 1827 (1827 ff.); ferner BGH Urt. v. 17.02.1999 - 2 StR 483/98, BGHSt 44, 376 (384); BGH Urt. v. 07.10.2003 - 1 StR 212/03, BGHSt 48, 354 (357).
[246] BGH Beschl. v. 02.04.2008 - 5 StR 354/07, NJW 2008, 1827 (1827 ff.); ferner BGH Urt. v. 17.02.1999 - 2 StR 483/98, BGHSt 44, 376 (384); BGH Urt. v. 07.10.2003 - 1 StR 212/03, BGHSt 48, 354 (357).
[247] BGH Beschl. v. 02.04.2008 - 5 StR 354/07, NJW 2008, 1827 (1827 ff.); ferner BGH Urt. v. 09.07.1987 - 4 StR 216/87, BGHSt 34, 394 (395); BGH Urt. v. 15.12.2006 - 5 StR 181/06, BGHSt 51, 165 (177).
[248] *Kindhäuser*, in: Kindhäuser/Neumann/Paeffgen (Hrsg.), StGB, § 266 Rn 110; *Perron*, in: Sch/Sch StGB, § 266 Rn 45; *Ransiek*, ZStW 2004, 667 (668); *Fischer* § 266, Rn 61; kritisch: *Bosch*, wistra 2001, 257 (257 ff.); *Dierlamm*, in: Joecks/Miebach (Hrsg.), MüKo StGB, Bd. 4, § 266 Rn 195 ff.; *Saliger*, ZStW 2000, 574 (574 ff.); zum Meinungsstand ausführlich: *Dierlamm*, in: Joecks/Miebach (Hrsg.), MüKo StGB, Bd. 4, § 266 Rn 187 ff.

eines Spielers [...] eine äußerst gesteigerte Verlustgefahr auf sich nimmt".[249] Ein Schaden liege bereits dann vor, wenn „ein Verlustgeschäft wahrscheinlicher als ein Gewinngeschäft ist".[250] [251] Die zu erwartende höhere Rendite bei solchen Anlagegeschäften begründet dabei regelmäßig nur dann eine geldwerte Gegenleistung, die bei der Bestimmung des Nachteils berücksichtigt werden muss, wenn ihre Realisierbarkeit nicht prinzipiell unwahrscheinlich ist.[252] Konsequenz dieser Rechtsprechung ist, dass in diesem Fall nicht konkret auf die Realisation des Schadens abgestellt wird, sondern die Vollendungsstrafbarkeit bereits auf den Zeitpunkt vorverlagert wird, wenn die Wahrscheinlichkeit eines Verlustgeschäfts die Gewinnaussichten überwiegt. Somit kommt es zu einer Vorverlage-

---

[249] *Dierlamm*, in: Joecks/Miebach (Hrsg.), MüKo StGB, Bd. 4, § 266 Rn 205; *Perron*, in: Sch/Sch StGB, § 266 Rn 45; *Fischer*, § 266 Rn 62.

[250] *Bräuning*, Untreue in der Wirtschaft, S. 299; siehe hierzu auch: *Schünemann*, in: Laufhütte/Rissing-van Saan/Tiedemann (Hrsg.), Leipziger Kommentar StGB, § 266 Rn 117.

[251] Die Rechtsprechung des BGHs hinsichtlich einer „schadensgleichen Vermögensgefährdung" wurde neuerdings, ausgelöst durch ein Urteil des Bundesverfassungsgerichts, wieder Gegenstand der Diskussion. Ausgehend von dem sogenannten „Hoyzer" Urteil des 5. Strafsenats, wonach beim Abschluss eines Wettvertrags mit festen Quoten ein vollendeter Betrug in Form des so genannten Eingehungsbetrugs in Betracht kommt, da beim Vermögensschaden auf eine „Quotendifferenz" abgestellt wird, die sich daraus ergeben sollte, dass der Wettende unter Berücksichtigung der Manipulation nur die Chance auf einen erheblich geringeren Gewinn hätte erkaufen können, also die Quote erheblich niedriger gewesen wäre (BGH Urt. v. 15.12.2006 – 5 StR 181/06, BGHSt 51, 165 (165 ff.)) argumentiert nun der BGH in einem neuen Urteil in Hinblick auf den „Quotenschaden" abweichend. Während der 5. Strafsenat damals nicht darauf einging, dass sich der „Quotenschaden" nicht beziffern lässt, änderte der BGH nun seine Begründung aufgrund eines ergangenen Urteils des BVerfG. Das BVerfG konstatierte nämlich, dass gewisse Anforderungen an die Bezifferung der Höhe eines Vermögensschadens zu stellen sind und dies muss in wirtschaftlich nachvollziehbarer Weise in den Urteilsgründen dargelegt werden (BVerfG Beschl. v. 07.12.2011, 2 BvR 2500/09, 2 BvR 1857/10, BVerfGE 130, 1 (1 ff.)). Dies veranlasste nun den BGH seine Begründung des Schadens zu ändern, so dann entscheidet also nicht mehr die Quotendifferenz über den Schaden, sondern die Verlustwahrscheinlichkeit. Ein Vermögensschaden liegt dann vor, wenn bei objektiver Betrachtung die vom Wettanbieter gegenüber dem Wettenden eingegangene Auszahlungsverpflichtung des Wettgewinns infolge der Manipulation nicht mehr durch den Anspruch auf Wetteinsatz aufgewogen wird (BGH Urt. v. 20.12.2012 – 4 StR 55/12, NJW 2013, 883 (883ff.)). Ausgehend von dieser Diskussion bleibt abzuwarten, welche Anforderungen zukünftig an die „schadensgleiche Vermögensgefährdung" zu stellen sind und ob diese Konstruktion auch weiterhin in der Rechtsprechung besteht. Derzeit ist ein Ende der Diskussion noch nicht in Sicht. Die Rechtsprechung vertritt diesbezüglich noch keine einhellige, verallgemeinerungsfähige Auffassung. Siehe hierzu auch: *Schiemann*, NJW 2013, 883 (888 ff.); *Eisenberg*, JR 2013, 232 (232 ff.); *Leipold/Beukelmann*, NJW-Spezial 2013, 88 (88 ff.).

[252] Siehe hierzu: *Velten*, NJW 2000, 2852 (2852 ff.); *Wassmer*, Untreue bei Risikogeschäften, S. 145; so auch: *Bräuning*, Untreue in der Wirtschaft, S. 299.

rung der Vollendungsstrafbarkeit in das Versuchsstadium, indem die schadensgleiche Vermögensgefährdung für die Annahme eines Vermögensnachteils genügt.[253] Überträgt man diese Grundsätze auf das Handeln der Stiftungsorgane, so wird deutlich, dass zum Beispiel im Falle der Anlage von Mitteln der Stiftung unter Nichtbeachtung der für Anlagegeschäfte geltenden Grenzen und bei Überschreitung des den Stiftungsorganen in diesem Zusammenhang zuzubilligenden Ermessensspielraumes eine schadensgleiche Vermögensgefährdung bereits zum Zeitpunkt des Abschlusses eines Anlagegeschäftes vorliegen kann, auch wenn noch nicht absehbar ist, wie sich die Anlage langfristig entwickeln wird. Konsequenz hieraus ist, dass zu diesem Zeitpunkt bereits eine vollendete Untreue in Betracht kommen kann.

Ein weiteres Beispiel, das Probleme bei der Bestimmung ob ein Vermögensnachteil vorliegt oder nicht bereitet, stellen die bereits in anderem Kontext angesprochenen verdeckten Konten dar.[254] So wurde bereits im Rahmen dieser Arbeit dargestellt, dass Buchführungspflichten Vermögensbetreuungspflichten begründen können und das Verschieben von Geldern auf verdeckte Konten eine taugliche Tathandlung im Sinne der Untreue begründen kann.[255] Damit ist jedoch noch keine Aussage dahingehend getroffen, ob dies bereits einen Vermögensschaden begründet. Der BGH hatte sich mit dieser Frage, wenngleich bezogen auf das Recht der Aktiengesellschaft, in seiner berühmten Siemensentscheidung zu beschäftigen. Er stellte in diesem Zusammenhang fest, dass bereits „das Entziehen und Vorenthalten erheblicher Vermögenswerte unter Einrichtung verdeckter Kassen [...] zu einem endgültigen Nachteil im Sinne von § 266 Abs. 1 StGB" führen kann.[256] Er begründete dies unter Hinweis darauf, dass infolge der verdeckten, unbekannten Konten die Vermögenswerte dem

---

[253] So auch: *Gräwe/v. Maltzahn*, BB 2013, 329 (330), die ferner zu Recht darauf hinweisen, dass die Ermittlung einer solchen Vermögensgefährdung mit äußerster Sorgfalt unter Berücksichtigung sämtlicher Einzelfallentscheidungen vorzunehmen ist.

[254] Siehe hierzu die obige Darstellung des Sachverhalts unter: 2. Kapitel A) I) 2) b) (2) (aa) Landesstiftungsgesetze.

[255] Siehe hierzu die obige Darstellung des Sachverhalts unter: 2. Kapitel A) I) 2) b) (2) (aa) Landesstiftungsgesetze.

[256] BGH Urt. v. 29.08.2008 – 2 StR 587/07, BGHSt 52, 323 (323) (Leitsatz). Nach dem Urteil führt es auch nicht nur zu einer („schadensgleichen") Gefährdung des Bestands des Vermögens.

ständigen Zugriff entzogen werden und darin bereits ein Vermögensnachteil zu sehen sei. Auch die „Absicht, die Geldmittel – ganz oder jedenfalls überwiegend – bei späterer Gelegenheit im Interesse der Treugeberin einzusetzen, [...] sei hierfür ohne Belang.“[257] Eine dem Treugeber zugutekommende Gegenleistung oder ein durch die pflichtwidrige Handlung anderweitig unmittelbar herbeigeführter ausgleichender Vermögensvorteil liege im Fall des verdeckten Führens einer Schmiergeldkasse nicht vor. Weder die vage Chance, aufgrund des Mitteleinsatzes zu Bestechungszwecken zu einem späteren Zeitpunkt einen möglicherweise im Ergebnis wirtschaftlich vorteilhaften Vertrag abzuschließen, noch gar die bloße Absicht des Täters, die entzogenen Mittel für solche Zwecke zu verwenden, stellen nach Ansicht des BGH einen zur Kompensation geeigneten gegenwärtigen Vermögensvorteil dar.[258] Es ist kein Grund ersichtlich, wieso diese Rechtsprechung nicht auch auf den Bereich der Stiftung übertragen werden kann. Insoweit ist davon auszugehen, dass auch im Rahmen der Stiftung, das Einrichten von verdeckten Konten, beispielsweise um deren Guthaben dazu zu verwenden, Entscheidungsträger zu bestechen, einen Vermögensnachteil begründen kann. Auf die konkrete Verwendung der entzogenen und auf verdeckten Konten geführten Geldmittel kommt es nicht an, dies ist letztlich nur eine Frage der Schadensvertiefung.[259]

Zusammenfassend lässt sich vor diesem Hintergrund feststellen, dass, wenngleich der Begriff des Vermögensnachteils im Recht der Stiftung aufgrund ihres auf Unentgeltlichkeit angelegten Charakters die ein oder andere Modifikation bedarf, jedenfalls dann, wenn pflichtwidriges Verhalten in Rede steht, kaum Konstellationen denkbar sind, an denen es am Eintritt eines Vermögensnachteils fehlen wird. Darüber hinaus ist vor allem im Rahmen von Risikogeschäften zu beachten, dass die Strafbarkeit nicht erst mit Eintritt des Schadensfalls eintritt, sondern diese gegebenenfalls bereits mit Abschluss eines Rechtsgeschäftes zum Tragen kommen kann, mittels welchem Stiftungsorgane Risiken für das Vermö-

---

[257] BGH Urt. v. 29.08.2008 – 2 StR 587/07 (juris).
[258] Siehe zu diesen Aspekten: BGH Urt. v. 29.08.2008 – 2 StR 587/07 (juris).
[259] So: BGH Urt. v. 29.08.2008 – 2 StR 587/07 (juris).

gen der Stiftung eingehen, die die Grenzen des mit Blick auf Umfang und Größe von Stiftung und Rechtgeschäft Zulässigen überschreiten.

7) Subjektiver Tatbestand

In subjektiver Hinsicht erfordert die Untreue nach deutschem Recht, dass der Täter vorsätzlich gehandelt haben (§ 15 StGB) muss, wobei bedingter Vorsatz genügt.[260] Der Vorsatz muss sich dabei sowohl auf die Verletzung einer Vermögensbetreuungspflicht als auch auf den Eintritt eines Vermögensnachteils erstrecken.[261] Eine Besonderheit der Untreue liegt darin, dass bei der Untreue, anders als beim Betrug gemäß § 263 StGB und der Erpressung gemäß § 253 StGB, keine Bereicherungsabsicht des Täters erforderlich ist[262] und die Untreue somit keine überschießende Innentendenz voraussetzt. Dies hat zur Konsequenz, dass im Rahmen der Untreue nicht nur der auf „Eigennutz bedachte" Täter erfasst wird, sondern auch derjenige, der „sorglos oder schlicht schlampig" handelt.[263]

Die Rechtsprechung stellt aufgrund der Weite des Tatbestandes der Untreue an den Nachweis des Vorsatzes strenge Anforderungen.[264] Dies gilt insbesondere dann, wenn der Täter lediglich mit bedingtem Vorsatz oder nicht eigennützig gehandelt hat.[265] Diese Restriktion ist hinsichtlich der Stiftungsuntreue von besonderer Relevanz, da im Umfeld von Stiftungen in der Regel uneigennütziges

---

[260] *Kindhäuser*, in: Kindhäuser/Neumann/Paeffgen (Hrsg.), StGB, § 266 Rn 122; *Kühl*, in: Lackner/Kühl (Hrsg.), § 266 Rn 19; *Perron*, in: Sch/Sch StGB, § 266 Rn 49.

[261] *Kindhäuser*, in: Kindhäuser/Neumann/Paeffgen (Hrsg.), StGB, § 266 Rn 122; *Kühl*, in: Lackner/Kühl (Hrsg.), § 266 Rn 19; *Dierlamm*, in: Joecks/Miebach (Hrsg.), MüKo StGB, Bd. 4, § 266 Rn 239 f.

[262] *Dannecker*, NZG 2000, 243 (245); *Degel/Haase*, DStR 2005, 1260 (1261); *Dierlamm*, in: Joecks/Miebach (Hrsg.), MüKo StGB, Bd. 4, § 266 Rn 195; *Maier* in: Werner/Saenger (Hrsg.), Stiftungsrecht, S. 540; *Perron*, in: Sch/Sch, StGB, § 266 Rn 49; *Kühl*, in: Lackner/Kühl (Hrsg.), § 266 Rn 19.

[263] *Maier* in: Werner/Saenger (Hrsg.), Stiftungsrecht, S. 540.

[264] St. Rspr., vgl. nur: BGH Urt. v. 17.06.1952 - 1 StR 668/51, BGHSt 3, 23 (25); BGH Urt. v. 27.02.1975 - 4 StR 571/74, NJW 1975, 1234 (1236); BGH Urt. v. 07.11.1990 - 2 StR 439/90, NJW 1991, 990 (991); BGH Beschl. v. 24.08.1999 - 1 StR 232/99, wistra 2000, 60 (61); kritisch hierzu: *Hillenkamp* NStZ 81, 161 (163); *Dierlamm* NStZ 97, 534 (534 ff.); *Fischer* § 266, Rn 176.

[265] St. Rspr., vgl. nur BGH Urt. v. 17.06.1952 - 1 StR 668/51, BGHSt 3, 23 (25); BGH Urt. v. 27.02.1975 - 4 StR 571/74, NJW 1975, 1234 (1236); BGH Urt. v. 07.11.1990 - 2 StR 439/90, NJW 1991, 990 (991); BGH Beschl. v. 24.08.1999 - 1 StR 232/99, wistra 2000, 60 (61).

Handeln zu vermuten ist.[266] Nachfolgend sollen die wesentlichen Elemente, auf die sich der Vorsatz des Täters erstrecken muss, jeweils bezogen auf die Situation der Stiftung, dargestellt werden.

Dem Täter der Untreue muss zunächst Vorsatz hinsichtlich der Verletzung seiner Vermögensbetreuungspflicht vorgeworfen werden können. Dieser Vorsatz fehlt zum Beispiel dann, wenn der Handelnde von der (unzutreffenden) Vorstellung geleitet wird, sein Handeln sei der Erreichung des Unternehmenszwecks dienlich und mit den ihm obliegenden Vermögensbetreuungspflichten vereinbar, da der Täter dann kein Bewusstsein hinsichtlich der Pflichtwidrigkeit seines Tuns hat (sogenannter Tatbestandsirrtum, § 16 Abs. 1 Satz 1 StGB).[267] Wenn also etwa der Stiftungsvorstand eine Investition tätigt, die der Förderung des Stiftungszwecks dienen soll, handelt er nicht vorsätzlich, wenn er (irrtümlich) davon ausgeht, das Geschäft stehe mit dem Stiftungszweck in Einklang. Je nach Enge oder Weite eines Stiftungszweckes können sich insoweit im Rahmen der Frage, ob einem Mitglied des Stiftungsvorstandes im Einzelfall vorsätzliches Verhalten nachzuweisen ist, mehr oder weniger Probleme stellen.

Weiterhin ist der Vorsatz dann ausgeschlossen, wenn der Täter irrig vom Vorliegen eines Einverständnisses des Vermögensinhabers ausgeht (§ 16 Abs. 1 Satz 1 StGB).[268] Wie bereits erörtert, kommt im Rahmen einer Stiftung jedoch ausschließlich ein Einverständnis seitens des Kuratoriums in Betracht, soweit die Stiftungssatzung hierzu eine explizite Regelung enthält[269], so dass diesem Aspekt im Rahmen der Stiftung eine eher zu vernachlässigende Bedeutung zukommt. Für das Vorliegen des Vorsatzes hinsichtlich der Verletzung einer Vermögensbetreuungspflicht ist es hingegen grundsätzlich unbeachtlich,

---

[266] *Saliger*, NPLY 2005, 209 (227).
[267] Vgl. BGH Beschl. v. 08.10.1985 - 1 StR 420/85, wistra 1986, 25 (25).
[268] BGH Urt. v. 17.06.1952 - 1 StR 668/51, BGHSt 3, 23 (25); *Kindhäuser*, in: Kindhäuser/Neumann/Paeffgen (Hrsg.), StGB, § 266 Rn 122; *Fischer* § 266, Rn 77; *Perron*, in: Sch/Sch StGB, § 266 Rn 49.
[269] Dazu oben: 2. Kapitel A) I) 5) Tatbestandsausschließendes Einverständnis.

wenn der Täter trotz entgegenstehenden Willens des Vermögensinhabers glaubt, zum Vorteil oder im Interesse des Geschäftsherrn zu handeln.[270]

Der Täter der Untreue muss ferner vorsätzlich bezüglich der Herbeiführung eines Vermögensnachteils gehandelt haben. Der Schädigungsvorsatz entfällt zum Beispiel, wenn der Täter irrig davon ausgeht, der Vermögensminderung stehe eine kompensierende Gegenleistung gegenüber.[271]

Legt man die vorstehenden Grundsätze zugrunde, so wird deutlich, dass abgesehen von Unwägbarkeiten im Rahmen der Frage der Zweckerfüllung bei weit gefasstem Stiftungszweck, Stiftungsorganen, die sich pflichtwidrig verhalten haben, in den wenigsten Fällen der Vorwurf zumindest bedingt vorsätzlichen Verhaltens erspart bleiben wird. Als problematisch erweist sich die Vorsatzfrage vor allem in den Bereichen, in denen den Stiftungsorganen Ermessen eingeräumt wird, das heißt vor allem bei unternehmerischen Entscheidungen, wenn das pflichtgemäße Ermessen im Einzelfall überschritten wurde. Dies soll nachfolgend anhand der Rechtsprechung zu Anlagegeschäften illustriert werden. [272]

Im Zusammenhang mit der Tätigung von Anlagegeschäften wird von der überwiegenden Rechtsprechung gefordert, aber zugleich für ausreichend erachtet, dass der Täter im Zeitpunkt der Tathandlung die „über das allgemeine Risiko [...] hinausgehende Gefährdung [des Vermögens] erkannt und gebilligt haben" muss.[273] Insoweit liege die Annahme einer Billigung des Erfolges nahe, wenn der Täter „ein Vorhaben trotz äußerster Gefährlichkeit durchführe".[274] In solchen Fällen „soll er sich nicht auf die vage Hoffnung berufen können, jene Ge-

---

[270] BGH Urt. v. 06.05.1986 - 4 StR 12/86, NStZ 1986, 455 (456); *Dierlamm,* in: Joecks/Miebach (Hrsg.), MüKo StGB, Bd. 4, § 266 Rn 239; *Perron*, in: Sch/Sch StGB, § 266 Rn 49; ähnlich *Kindhäuser*, in: Kindhäuser/Neumann/Paeffgen (Hrsg.), StGB, § 266 Rn 122.

[271] *Dierlamm,* in: Joecks/Miebach (Hrsg.), MüKo StGB, Bd. 4, § 266 Rn 240.

[272] Dazu bereits oben: 2. Kapitel A) I) 4) a) Anlagegeschäfte.

[273] BGH Urt. v. 06.04.2000 - 1 StR 280/99, BGHSt 46, 30 (34 f.); in diesem Sinne auch BGH Urt. v. 15.11.2001 - 1 StR 185/01, NStZ 2002, 262 (265); BGH Beschl. v. 20.03.2008 - 1 StR 488/07, NJW 2008, 2451 (2452); *Dierlamm*, in: Joecks/Miebach (Hrsg.), MüKo StGB, Bd. 4, § 266 Rn 240; *Kindhäuser*, in: Kindhäuser/Neumann/Paeffgen (Hrsg.), StGB, § 266 Rn 123.

[274] BGH Urt. v. 06.04.2000 - 1 StR 280/99, BGHSt 46, 30 (34 f.); ferner BGH Urt. v. 15.11.2001 - 1 StR 185/01, NStZ 2002, 262 (265).

fahr werde sich wider Erwarten doch nicht verwirklichen".[275] Hiernach handelt beispielsweise der Stiftungsvorstand vorsätzlich, der ein riskantes Anlagegeschäft tätigt und dabei die für das Stiftungsvermögen entstehende Gefahr erkennt und billigt.

Der Zweite Strafsenat des BGH stellt indes höhere Anforderungen an den Vorsatz, soweit es den Eintritt eines Vermögensnachteils anbelangt. Danach seien nicht nur „Kenntnis des Täters von der konkreten Möglichkeit eines Schadenseintrittes und das Inkaufnehmen dieser Gefahr [erforderlich], sondern darüber hinaus eine Billigung der *Realisierung* dieser Gefahr, sei es auch nur in der Form, dass der Täter sich mit dem Eintritt des ihm unerwünschten Erfolgs abfindet".[276]

Dieses Erfordernis ist jedoch mit der jüngsten Rechtsprechung des Ersten Strafsenats des BGH abzulehnen.[277] Die aus der Anerkennung eines Gefährdungsschadens resultierende Problematik der Vorverlagerung der Strafbarkeit ist nämlich nicht durch das Aufstellen besonderer Anforderungen an den subjektiven Tatbestand zu lösen,[278] sondern auf Ebene des objektiven Tatbestandes durch eine „präzise Begriffsverwendung unter exakter Betrachtung des tatsächlichen wirtschaftlichen Nachteils zum Zeitpunkt der pflichtwidrigen Handlung bei genauer Feststellung dessen, worauf sich das Wissen und Wollen des Täters [...] erstreckt".[279] Tätigt also etwa der Stiftungsvorstand ein risikoreiches Anlagegeschäft, müssen im Rahmen des objektiven Tatbestandes zunächst die Verletzung einer Vermögensbetreuungspflicht sowie das Vorliegen eines Vermögensscha-

---

[275] BGH Urt. v. 06.04.2000 - 1 StR 280/99, BGHSt 46, 30 (34 f.); ferner BGH Beschl. v. 23.06.1983 - 4 StR 293/83, NStZ 1984, 19 m.w.N.

[276] BGH Urt. v. 18.10.2006 - 2 StR 499/05, BGHSt 51, 100 (121); BGH Beschl. v. 25.05.2007 - 2 StR 469/06, NStZ 2007, 704 (705); zustimmend: *Fischer* § 266, Rn 183 f.; *Keul*, DB 2007, 728 (730).

[277] Zum Meinungsstand ausführlich: *Kindhäuser*, in: Kindhäuser/Neumann/Paeffgen (Hrsg.), StGB, § 266 Rn 123.

[278] So: BGH Urt. v. 18.10.2006 - 2 StR 499/05, BGHSt 51, 100 (121); BGH Beschl. v. 25.05.2007 - 2 StR 469/06, NStZ 2007, 704 (705).

[279] BGH Beschl. v. 20.03.2008 - 1 StR 488/07, NJW 2008, 2451 (2452); zustimmend: *Kindhäuser*, in: Kindhäuser/Neumann/Paeffgen (Hrsg.), StGB, § 266 Rn 123; *Perron*, in: Sch/Sch StGB, § 266 Rn 49; *Rübenstahl*, NJW 2008, 2451 (2454); *Schünemann*, NStZ 2008, 430 (433).

dens bejaht werden.[280] Auf subjektiver Ebene ist dann erforderlich, dass jener (sofern nur bedingter Vorsatz in Betracht kommt) die Gefährdung des Stiftungsvermögens erkannt und gebilligt hat. Darauf, ob sich der Stiftungsvorstand auch mit der Realisierung dieser Gefahr abgefunden hat, kann und sollte es letztlich nicht ankommen.

II) Bewertung des strafrechtlichen Vermögensschutzes in deutschen Stiftungen

1) Umfang des strafrechtlichen Vermögensschutzes

Von seiner Konzeption heraus ist das deutsche Strafrecht geeignet, Angriffe gegen das Stiftungsvermögen, die aus der Sphäre der Stiftung hervorgehen, umfassend zu sanktionieren. Das Stiftungsvermögen ist nach der gesetzlichen Grundkonzeption vollumfänglich geschützt. Dies zeigt sich insbesondere darin, dass der objektive Tatbestand des § 266 StGB infolge des Treuebruchtatbestands sehr weitläufig ausgestaltet ist und es erlaubt, im Kern die Handlungen von Stiftungsorganen, die sich pflichtwidrig über die Vermögensinteressen der Stiftung hinwegsetzen und deren Vermögen gefährden, strafrechtlich zu sanktionieren. Von materiell-rechtlicher Seite aus betrachtet können sich lediglich in den Bereichen Schutzlücken ergeben, in denen Stiftungsorganen keine Vermögensbetreuungspflichten obliegen, sowie in den Bereichen, in denen, wie in den oben dargestellten Konstellationen risikoreicher Anlagegeschäfte, zweckwidriger Mittelverwendung und unangemessener Entgelte, dem handelnden Organ ein großer Ermessensspielraum eingeräumt wird. So wurde bereits im Einzelnen dargestellt, dass es in den letztgenannten Bereichen bisweilen schwer sein kann, die Trennlinie zu ziehen, ab derer ein Verhalten den Strafbarkeitsvorwurf rechtfertigt. Doch führen auch diese Unwägbarkeiten im Ergebnis nicht zu Schutzlücken im Rahmen der gesetzlichen Konzeption des Untreuetatbestandes, da es der Untreuetatbestand der Rechtsprechung ermöglicht, diese Schutzlücken im Wege der Einzelfallentscheidung zu schließen. Somit ergeben sich auch bei großen

---

[280] Hierzu oben unter: 2. Kapitel A) I) 4) a) Anlagegeschäfte und 2. Kapitel A) I) 6) Vermögensnachteil.

Ermessensspielräumen des handelnden Stiftungsorgans nicht zwangsläufig Schutzlücken im Rahmen der Untreuestrafbarkeit. Das deutsche Strafrecht schützt daher das Vermögen der Stiftung gegen Angriffe der eigenen Akteure mit dem Tatbestand der Untreue gemäß § 266 StGB aus seiner Konzeption heraus umfassend.

Unbeschadet dieses materiell-rechtlich umfassenden Schutzes stellt sich jedoch in Hinblick auf die Stiftung die zusätzliche Frage, ob dieser strafrechtliche Schutz auch in der Praxis der deutschen Stiftung zum Tragen kommt. Hinter dieser Frage steht die Erkenntnis, dass Rechtsnormen wie zum Beispiel der Untreuetatbestand die ihnen beigemessen Funktionen nur dann erfüllen können, wenn diese auch in der Praxis beachtet und Verstöße hiergegen effektiv sanktioniert werden. Insoweit stellt sich mit Blick auf die Stiftung die Frage, ob die Sanktionsmechanismen des Strafrechts auf die Rechtsform der Stiftung auch in der Praxis vollumfängliche Anwendung finden oder ob es insoweit zu Vollzugsdefiziten kommt, etwa weil vermögensmindernde Verstöße nicht erkannt werden und somit auch geahndet werden können.

Diesbezüglich ist beachtlich, dass im Rahmen der Stiftung keine Aktionäre, Gesellschafter oder Mitglieder existieren, die gegebenenfalls auf die Stiftungstätigkeit Einfluss ausüben können. Zwar könnte bei der Stiftung der ursprüngliche Vermögensinhaber, der Stifter, hierfür in Betracht kommen, jedoch ist dessen Einflussnahme auf das Stiftungsgeschehen vor der Stiftungserrichtung begrenzt. Der Stifter hat weder eine mitgliederähnliche Stellung in der Stiftung, noch ist er geborenes Organ.[281] Im deutschen Stiftungsrecht hat der Gesetzgeber vielmehr die Grundentscheidung getroffen, dass dem Stifter nach Abschluss des Gründungsprozesses keinerlei Einflussrechte auf das Stiftungsgeschehen mehr zustehen. Die Umsetzung des Stifterwillens, die grundsätzlich in der nachhaltigen und dauerhaften Stiftungszweckverfolgung ihren Niederschlag findet, liegt daher in den Händen der Stiftungsorgane, insbesondere in denen des Stiftungsvorstands. Diese grundlegende Wertungsentscheidung des Gesetzgebers für das sogenannte Trennungsprinzip hat gewichtige Konsequenzen für die Durchsetzbar-

---

[281] *Hüttemann/Rawert*, in: Staudinger BGB, § 85 Rn 31.

keit des strafrechtlichen Vermögensschutzes. Es fehlt damit der Stiftung ein, der Hauptversammlung aus dem Aktienrecht, der Gesellschafterversammlung aus dem GmbH-Recht oder der Mitgliederversammlung, wie bei Vereinen, vergleichbares Organ, das gegebenenfalls befugt wäre, das Handeln des Stiftungsvorstandes zu kontrollieren und Fehlverhalten durch entsprechenden Maßnahmen, bis hin zur Abberufung, zu sanktionieren.

Erschwerend zu dem Kontrolldefizit aufgrund fehlender Gesellschafer/ Mitglieder kommt bei der Stiftung nach deutschem Recht hinzu, dass innerhalb der Stiftung ein dem Aufsichtsrat bei der Aktiengesellschaft vergleichbares Gremium, welches Kontrollfunktionen gegenüber dem Vorstand wahrnimmt, nicht obligatorisch vorhanden sein muss. Insoweit fehlt es an einem unabhängigen Kontrollorgan, das gegebenenfalls befugt wäre, eine Kontrolle über die Mitglieder des Vorstandes auszuüben. Zwar existiert die gesetzlich vorgesehene staatliche Kontrolle durch die Stiftungsaufsicht als Korrektiv[282] des strikten Trennungsmodells die als Ausgleich zum Handlungsspielraum des Vorstands wirken könnte. Jedoch wurde bereits darauf hingewiesen, dass beispielsweise die Kontrolle durch die staatliche Stiftungsaufsichtsbehörde keine Fachaufsicht beinhaltet, sondern sich in einer reinen Rechtsaufsicht erschöpft.[283] Sie beschränkt sich damit auf die formale Ordnungsmäßigkeit einer Entscheidung, lässt jedoch zum Beispiel den materiellen Gehalt der Entscheidung weitestgehend unbeachtet.[284] Vergegenwärtigt man sich zudem, dass, wie bei den meisten Behörden, auch der staatlichen Stiftungsaufsichtsbehörde begrenzte personelle und sachliche Ressourcen zustehen, so wirft dies erhebliche Zweifel an der Tauglichkeit dieser Kontrolle auf und stellt die umfassende Überwachung des Stiftungsvorstands durch die Stiftungsaufsicht in Frage.[285]

---

[282] Siehe hierzu ausführlich: 2. Kapitel A) I) 3) c) Mitglieder der Stiftungsaufsichtsbehörde.
[283] Siehe hierzu unter: 2. Kapitel A) I) 3) c) Mitglieder der Stiftungsaufsichtsbehörde.
[284] Siehe: *Wernicke*, ZEV 2003, 301 (304).
[285] An der Tauglichkeit der staatlichen Aufsicht zweifelnd: *Saliger*, NPLY 2005, 209 (210); *Wernicke*, ZEV 2003, 301 (304); siehe hierzu auch *Tischer*, S. 131 f., der eine staatliche Stiftungsaufsicht für notwendig erachtet, jedoch „derzeitige Defizite" der staatlichen Aufsicht in Missständen in tatsächlicher Hinsicht sieht, die zu einer Lückenhaftigkeit der Organkontrolle führen und dringend behoben werden müssen, *Tischer*, S. 132.

Vorstehende Umstände führen dazu, dass die Geschäftstätigkeit der Stiftung im Wesentlichen alleine und nahezu unkontrolliert von dem Stiftungsvorstand wahrgenommen wird. Ihm obliegt die Erfüllung des in der Stiftungssatzung niedergelegten objektivierten Willens des Stifters. Einzige Vorgabe und Restriktion seines Handelns sind die Stiftungssatzung und subsidiär die Gesetze, jedoch kommt dem Stiftungsvorstand innerhalb dieses Bereichs ein großer Handlungsspielraum und Verantwortungsbereich zu. Vergegenwärtigt man sich diese Situation, so wird deutlich, dass der Stiftungsvorstand bei der Ausübung seiner Tätigkeit, anders als zum Beispiel der Vorstand der AG, der Geschäftsführer der GmbH oder der Vereinsvorstand, weder dem Druck der „Gesellschafter" noch der Kontrolle durch ein weiteres internes Gremium unterliegt.[286] Aus dieser starken Stellung des Stiftungsvorstands können Gefahren für das Stiftungsvermögen resultieren, vor allem dann, wenn der Stiftungsvorstand seine Stellung dadurch missbraucht, dass er Stiftungsvermögen zweckwidrig ausgibt, risikobehaftete Anlagegeschäfte tätigt oder sich selbst unangemessene Entgelte aus dem Stiftungsvermögen zugesteht.

Aus diesem Grunde wird im Zusammenhang mit deutschen Stiftungen zu recht häufig von einem *Kontrolldefizit* gesprochen.[287]

Ein solches zivilrechtliches Kontrolldefizit und damit einen „für Außenstehende nur schwer einsehbaren Bereich" findet man häufig im Rahmen von Wirtschaftsdelikten vor. Hierbei wird meist die Verfolgung und Ahndung von Straftaten aufgrund eines solchen schwer einsehbaren Bereichs kombiniert mit undurchsichtigen Strukturen und nur schwer einsehbaren internen Abläufen erschwert.[288] Im Rahmen der Stiftung erlangt diese Problematik jedoch deshalb eine besondere Relevanz, da aufgrund der oben dargestellten Struktur der Stiftung das im Rahmen der Stiftung zu beobachtende Kontrolldefizit noch über dem Kontrolldefizit liegt, wie es sonst bei Wirtschaftsdelikten vorzufinden ist. Gerade aus diesem Umstand ergeben sich sodann Schutzlücken auf der Ebene

---

[286] So auch schon: *Wernicke,* ZEV 2003, 301 (302).

[287] Siehe hierzu auch: *Hüttemann/Rawert*, in: Staudinger BGB, Vorbem. § 80 Rn 89 mit weiteren Nachweisen; *Zimmermann*, NJW 2011, 2931 (2934).

[288] *Dannecker*, in: Wabnitz/Janovsky (Hrsg.), Handbuch Wirtschafts- und Steuerstrafrecht, 1. Kapitel C) IV) 3), Rn 22 f.

der Durchsetzbarkeit des strafrechtlichen Vermögensschutzes in Form der Erschwerung von Aufdeckung und Verfolgung einer Untreue.

Eine sachgerechte Strafverfolgung ist somit aufgrund des großen Handlungsspielraums des Stiftungsvorstands und diesem gegenüberstehenden defizitären, stiftungsinternen Kontrollmechanismen nicht gewährleistet. Dies führt letztlich dazu, dass strafwürdige Handlungen des Stiftungsvorstands zulasten der Stiftung nur schwerlich erkannt werden, daher nur selten an die Öffentlichkeit gelangen und nicht entsprechend sanktioniert werden können. Somit steht der strafrechtliche Vermögensschutz in der deutschen Stiftung vor einem großen Aufklärungsproblem. Aufgrund dieser – aus dem Zivilrecht resultierenden – stiftungsrechtlichen Besonderheit, kann in Deutschland im Rahmen der Stiftung kein lückenloser strafrechtlicher Vermögensschutz sichergestellt werden.

2) Maßnahmen zur Schließung von Schutzlücken

Diese Schutzlücken aufgrund stiftungsrechtlicher Besonderheiten können sich jedoch mithilfe von Gestaltungsformen seitens des Stifters bei der Stiftungserrichtung verringern, wenngleich sie sich nicht gänzlich eliminieren lassen. Das deutsche Stiftungsrecht gibt dem Stifter beispielsweise Möglichkeiten an die Hand, durch satzungsrechtliche Gestaltungen in Form der Errichtung eines Kuratoriums, dem dann ähnlich dem deutschen Aufsichtsrat in der Aktiengesellschaft Kontrollbefugnisse zukommen können, ein Korrektiv zum Stiftungsvorstand einzurichten und auf diese Art und Weise die Chancen dafür zu verbessern, dass das Verhalten des Stiftungsvorstandes besser überwacht und damit Schutzlücken reduziert werden. Bisher ist eine solche Errichtung jedoch fakultativ, was insofern begrüßenswert ist, als kleine Stiftungen diesen finanziellen und organisatorischen Aufwand wohl kaum stemmen können. Dennoch empfiehlt es sich für große Stiftungen, ein solches Gremium bei der Stiftungsgründung in der Satzung vorzusehen und einzurichten. Des Weiteren kann der Stifter im Falle, dass er ein Kuratorium eingerichtet hat, in der Stiftungssatzung zustimmungspflichtige Rechtsgeschäfte normieren. Dies hat zur Konsequenz, dass der Stiftungsvorstand bei der Vornahme dieser Handlungen an die Zustimmung des Kuratoriums gebunden ist und dieses zugleich einen gewissen Einblick in die Geschäfte des Stiftungsvorstands erhält, was wiederrum die Transparenz erhöht.

Bei kleinen Stiftungen könnten in der Stiftungssatzung nähere Vorgaben zur Ausübung beziehungsweise zur Beschränkung bestimmter Rechtshandlungen des Vorstands getroffen werden. Dadurch könnte man beispielsweise von vornherein gewisse Anlageformen ausschließen und festlegen, im welchem Umfang der Stiftungsvorstand das Stiftungsvermögen in Anlagen einer bestimmten Risikoklasse investieren darf. Durch konkrete Vorgaben lässt sich somit der Handlungsspielraum des Stiftungsvorstands eingrenzen.

III) Fazit

Das Stiftungsvermögen einer deutschen Stiftung ist in der Konzeption umfassend durch das Strafrecht vor dem Zugriff ihrer Organe geschützt. Jedoch wirkt sich die im Zivilrecht wurzelnde stiftungsrechtliche Besonderheit mangelhafter gesetzlich vorgesehener Kontrollmechanismen negativ auf die tatsächliche Strafaufdeckung und -verfolgung im deutschen Recht aus. Eine solche Diskrepanz zwischen dem Zusammenwirken von zivilrechtlichem Stiftungssystem und strafrechtlichem Vermögensschutzsystem lässt sich mit den bisherigen vom Stiftungsrecht vorgesehenen Gestaltungsmöglichkeiten nicht gänzlich ausräumen, jedoch deutlich reduzieren.

B) Österreichische Rechtslage

I) Strafrechtlicher Vermögensschutz durch den Tatbestand der Untreue in der österreichischen Stiftung

1) Stiftungsvermögen und Untreue gemäß § 153 Abs. 1 öStGB

Auch im Rahmen der österreichischen Stiftung kommt dem Schutz des Vermögens eine bedeutende Funktion zu. Dies zeigt sich bereits anhand der unverzichtbaren Strukturelemente der österreichischen Stiftung: ein (rechtsgeschäftli-

cher) Stiftungsakt, ein die Vermögensbestimmung kennzeichnender Stiftungszweck, eine dauerhafte Existenz, eine mit der Vollziehung des Stifterwillens be-
traute Organisation und vor allem das Stiftungsvermögen.[289]

Eine Besonderheit der österreichischen Stiftung, zum Beispiel im Vergleich zum
deutschen Recht, liegt darin, dass sich die österreichische Stiftungslandschaft in
zwei unterschiedliche Stiftungsarten untergliedert, die in verschiedenen Geset-
zen normiert sind, dem Bundesstiftungs- und Fondsgesetz[290] und dem Privatstiftungsgesetz[291].

Während das Bundesstiftungs- und Fondsgesetz Regelungen über die gemeinnützige Stiftung und über Fonds enthält bildet das Privatstiftungsgesetz die
rechtliche Grundlage für die Privatstiftung.[292] Soweit man die Stiftung nach dem
BStFG betrachtet, fällt auf, dass diese traditionelle österreichische Stiftungsrechtsform nach der Stiftungserrichtung von den Einflussmöglichkeiten des Stifters weitgehend losgelöst ist und stattdessen der fortlaufenden verwaltungsbe-
hördlichen Kontrolle durch die Stiftungsaufsicht unterliegt.[293] Die Aufgaben der
Stiftungsaufsicht bestehen neben der Vornahme der Zulässigkeitsprüfung im
Wesentlichen darin, die laufende Vermögensverwaltung der Stiftung sowie die
Erfüllung des Stiftungszwecks und die ordnungsgemäße Beendigung der Stif-

---

[289] Siehe hierzu: *Böhler*, Die Stiftung in Österreich, S. 24, der diesbezüglich keinen Unterschied zum deutschen Stiftungsrecht erkennt.
[290] Im Folgenden mit BStFG abgekürzt.
[291] Im Folgenden mit PSG abgekürzt. Das PSG wurde 1993 eingeführt (BGBl Nr. 694/1993).
Derzeit bestehen 3400 solcher Privatstiftungen in Österreich, wovon 650 gemeinnützig sind.
Diese Privatstiftungen verfügen über ein Vermögen von rund 70 Milliarden Euro. Siehe ausführlich hierzu unter: http://www.stiftungsverband.at/uploads/media/Privatstiftungen_Oester
reich_Factsheet_01.pdf abgerufen am 30.11.2012.
[292] *Doralt/Kalss,* in: Hopt/Reuter (Hrsg.), Stiftungsrecht in Europa, S. 419 (419). Vor Inkraft-
treten des Privatstiftungsgesetzes konnten in Österreich Stiftungen nur zu gemeinnützigen
Zwecken errichtet werden, was ein „Manko an eigennützigen Stiftungen" in Österreich zur
Folge hatte und somit laut *Helbich* auch den Abfluss von Vermögen an ausländische Stiftungen. Die Privatstiftung kann jedoch auch gemeinnützig ausgestaltet sein. Siehe näher hierzu:
Helbich, in: Gassner/Göth/Gröhs/Lang (Hrsg.), Privatstiftungen Gestaltungsmöglichkeiten in
der Praxis, S. 5.
[293] *Doralt/Kalss,* in: Hopt/Reuter (Hrsg.), Stiftungsrecht in Europa, S. 419 (422).

tung im Falle ihrer Auflösung zu überwachen.[294] Trotz dieser Aufsicht und aufgrund der Trennung vom ursprünglichen Stifter ist das Stiftungsvermögen losgelöst von dem Einfluss etwaiger Gesellschafter und daher der Verwaltung durch die Stiftungsorgane ausgeliefert, woraus sich letztlich die besondere Schutzbedürftigkeit des Vermögens ergibt.

Zieht man die österreichische Stiftung nach dem Privatstiftungsgesetz heran, so zeigt sich, dass diese eine andere Struktur aufweist. Die österreichischen Privatstiftungen sind dadurch gekennzeichnet, dass sich der Stifter auch nach der Stiftungserrichtung weitgehende Möglichkeiten zur Einflussnahme auf das Stiftungsgeschehen vorbehalten kann. Der Stifter hat etwa die Möglichkeit, auch nach Abschluss des Gründungsprozesses Zweckänderungen vorzunehmen, die Stiftungserklärung zu ändern oder die Stiftung zu widerrufen, sofern er sich dies in der Stiftungserklärung vorbehalten hat, vergleiche § 9 Abs. 2 Nr. 6, 8, § 34 PSG.[295] Er behält damit die „Herrschaft über seine Stiftung" und kann diese als ein „Instrument privater Vermögensverwaltung" nutzen, was im Ergebnis dazu führt, dass die österreichische Privatstiftung der Privatautonomie des Stifters den Vorrang gegenüber der Trennung von Stifter und Stiftung gewährt.[296]

Die österreichische Privatstiftung unterliegt nicht der staatlichen Kontrolle. Der Mangel einer hoheitlichen Aufsicht über die Privatstiftung soll durch einen vom Gesetzgeber obligatorisch vorgesehenen Stiftungsprüfer (§ 20 Abs. 1 PSG) ausgeglichen werden. Unbeschadet ihrer Struktur ist die Stiftung gemäß § 1 Abs. 1 PSG „ein Rechtsträger, dem vom Stifter ein Vermögen gewidmet ist, um durch dessen Nutzung, Verwaltung und Verwertung der Erfüllung eines erlaubten, vom Stifter bestimmten Zwecks zu dienen" ist. Wesenselement der Privatstiftung ist somit die Vermögenswidmung, woraus sich ableiten lässt, dass

---

[294] *Grabenwarter,* in: Csoklich/Müller (Hrsg.), Die Stiftung als Unternehmer, S. 125 (125) mit weiteren Nachweisen.

[295] Siehe hierzu: *Pittl,* ZVglRWiss 99 (2000), 57 (58); *Jakob,* in: Saenger/Bayer/Koch/Körber (Hrsg.), FS Werner, S. 101 (104); *Doralt,* ZGR 1996, 1 (16); Die Einführung der Möglichkeit der Zweckänderung stieß auf heftige Kritik. Beispielhaft hierzu *Aebi-Müller,* ZBJV 2005, 721 (747), die dies damit begründet, dass dadurch „sowohl der Gedanke der Dauerhaftigkeit der Verfolgung des Stiftungszwecks als auch den der Stiftungsautonomie ad absurdum geführt wird".

[296] *Jakob,* in: Saenger/Bayer/Koch/Körber (Hrsg.), FS Werner, S. 101 (104).

auch bei dieser Stiftungsform letztlich das Vermögen verselbstständigt ist.[297] Diese Ausgangssituation begründet das besondere Schutzinteresse an einem vollumfänglichen und wirksamen Strafrechtsschutz des von der Stiftung verwalteten Vermögens.

Dem Schutz des Vermögens räumt das österreichische Strafgesetzbuch eine gewichtige Rolle ein. Systematisch sind die Vermögensdelikte im sechsten Abschnitt „Strafbare Handlungen gegen fremdes Vermögen" zusammengefasst. Die Delikte lassen sich in solche gegen das Vermögen als Ganzes und solche gegen spezialisierte Vermögenswerte einteilen. Während bei der ersten Gruppe der strafrechtliche Vermögensbegriff und nicht der „sektorale Schutz einzelner spezialisierender Vermögenswerte" im Zentrum steht, wird im Rahmen der zweiten Gruppe nach Eigentumsdelikten und Delikten gegen sonstige Vermögenswerte unterschieden. Für den Gegenstand dieser Arbeit soll dabei der Fokus auf dem Tatbestand der Untreue nach § 153 öStGB liegen, da diese Norme den Kern des strafrechtlichen Vermögensschutzes bildet.

Gemäß § 153 Abs. 1 öStGB macht sich einer Untreue strafbar, „wer die ihm durch Gesetz, behördlichen Auftrag oder Rechtsgeschäft eingeräumte Befugnis, über fremdes Vermögen zu verfügen oder einen anderen zu verpflichten, wissentlich missbraucht und dadurch dem anderen einen Vermögensnachteil zufügt [...]".

Der Tatbestand der österreichischen Untreue schützt, vergleichbar der Situation im deutschen Recht, das „Vermögen des Machtgebers"[298] und pönalisiert nicht „schlichte Vertragswidrigkeiten"[299]. Wie im deutschen Recht erschöpft sich der Tatunwert in der Zufügung eines Vermögensnachteils, nicht erforderlich ist das Vorliegen einer Bereicherungsabsicht.[300] Die Untreue nach österreichischem Recht bildet ein Sonderdelikt, da der Täter der Untreue „die Befugnis, über

---

[297] *Pittl*, ZVglRWiss 99 (2000), 57 (58).
[298] *Kienapfel*, Grundriss des österreichischen Strafrechts BT II, § 153, Rn 8.
[299] *Kienapfel*, Grundriss des österreichischen Strafrechts BT II, § 153, Rn 8; sowie Allgem. Vorbem. Rn 61 ff.; siehe hierzu auch: *Liebscher*, RZ 1959, 117 (117).
[300] *Foregger/Kodek/Fabrizy*, StGB Kurzkommentar, § 153; *Kienapfel*, Grundriss des österreichischen Strafrechts BT II, § 153 Rn 11 f.

fremdes Vermögen zu verfügen oder einen anderen zu verpflichten" missbraucht haben muss.[301] Insoweit unterscheidet sich der Tatbestand der Untreue nach österreichischem Recht bereits auf den ersten Blick von der Untreue nach deutschem Recht, die über den Treubruchtatbestand auch Verhaltensweisen außerhalb des Missbrauchs rechtsgeschäftlicher/organschaftlicher Vertretungsmacht sanktioniert[302].

Nachfolgend soll untersucht werden, inwiefern der Tatbestand der Untreue gemäß § 153 Abs. 1 öStGB geeignet ist, einen wirksamen Schutz des Vermögens österreichischer Stiftungen zu gewährleisten. Da seit der Einführung der Privatstiftung in Österreich fast ausschließlich Privatstiftungen zum Einsatz kommen[303] und sich beide Stiftungsformen doch beträchtlich unterscheiden, beschränken sich die nachfolgenden Ausführungen auf die Privatstiftung nach dem PSG.

Im Vergleich zum deutschen Recht ist die Quellenlage in Hinblick auf die Stiftungsuntreue deutlich begrenzter. Bisher existieren im österreichischen Recht keinerlei umfassende Abhandlungen zu diesem Thema, was darauf schließen lässt, dass dieser Themenkomplex im österreichischen Recht bislang sehr „stiefmütterlich" behandelt wurde.

2) Taugliche Täter

Als taugliche Täter im Sinne von § 153 Abs. 1 öStGB kommen nur solche Personen in Betracht, welche die Befugnis haben, über fremdes Vermögen zu verfügen oder einen anderen zu verpflichten.[304]

---

[301] *Bertel/Schwaighofer*, Österreichisches Strafrecht BT I, § 153 Rn 1; *Kienapfel*, Grundriss des österreichischen Strafrechts BT II, § 153 Rn 13; *Foregger/Kodek/Fabrizy*, StGB Kurzkommentar, § 153.

[302] Siehe hierzu bereits unter: 2. Kapitel A) I) 2) a) Missbrauchs- und Treuebruchtatbestand.

[303] So auch: *Althuber/Kirchmayr/Toifl*, in: Richter/Wachter (Hrsg.), Handbuch des internationalen Stiftungsrechts, S. 1236. Um die staatliche Aufsicht zu umgehen, werden auch gemeinnützige Stiftungen in der Regel als Privatstiftungen errichtet. Die österreichische Bundesstiftung nach dem BStFG hat dadurch an Bedeutung und vor allem an Praxisrelevanz eingebüßt.

[304] Bertel/Schwaighofer, Österreichisches Strafrecht BT I, § 153 Rn 1.

Der Täterkreis ist damit anders als bei der Untreue nach deutschem Recht auf besonders berechtigte und verpflichtete Machthaber begrenzt, wohingegen Außenstehende, die über keine Verfügungsbefugnis beziehungsweise Vertretungsmacht verfügen, nur Beteiligte gemäß § 12 öStGB sein können.[305] Grundsätzlich betrifft § 153 Abs. 1 öStGB daher vordergründig die „Führungsetagen und das sonstige Management privater und öffentlicher Unternehmen sowie die Entscheidungsträger in der Privatwirtschaftsverwaltung" und darüber hinaus alle jene Personen, die im jeweiligen Einzelfall besonders bevollmächtigt sind, wie zum Beispiel Rechtsanwälte, Scheck- beziehungsweise Kreditkarteninhaber, Hausverwalter, et cetera.[306]

Konkret liegt das Wesen der Untreue darin, „dass der Täter im Rahmen des ihm durch seine Vertretungsmacht eingeräumten rechtlichen Könnens gegen das rechtliche Dürfen verstößt, das heißt sich im Rahmen der ihm durch den Umfang seiner Vollmacht nach außen gewährten Verfügungsmacht bewusst über die ihm im Innenverhältnis gezogenen Schranken hinwegsetzt" (sogenannte Missbrauchstheorie).[307] Dies schränkt den Kreis der potentiellen Täter einer Untreue im Rahmen des österreichischen Rechts, wie nachfolgend noch darzustellen sein wird, im Vergleich zum deutschen Recht, wo aufgrund des weiten Treubruchtatbestandes auch Personen als Täter in Betracht kommen, die über keine vergleichbare Rechtsmacht verfügen, merklich ein.

Bei der Bestimmung des tauglichen Täters im Rahmen der Stiftung gilt es damit primär, eine entsprechende Befugnis zu identifizieren, denn nur wenn eine Person über eine solche verfügt, kann ihr diese Täterqualität zukommen. Eine Befugnis, über fremdes Vermögen zu verfügen oder einen anderen zu verpflichten, kann grundsätzlich „durch Gesetz, durch behördlichen Auftrag oder durch Rechtsgeschäft begründet werden".[308]

Im Folgenden werden die einzelnen Akteure der Stiftung – im Hinblick auf eine entsprechende Befugnis – auf ihre Täterqualität hin untersucht. Im Rahmen der

---

[305] *Foregger/Kodek/Fabrizy*, StGB Kurzkommentar, § 153.
[306] *Kienapfel*, Grundriss des österreichischen Strafrechts BT II, § 153 Rn 11.
[307] *Foregger/Kodek/Fabrizy*, StGB Kurzkommentar, § 153.
[308] *Bertel/Schwaighofer*, Österreichisches Strafrecht BT I, § 153 Rn 2.

österreichischen Privatstiftung kommen hierbei der Stifter, die Mitglieder des Stiftungsvorstands, die Mitglieder des Stiftungsaufsichtsrates und der Stiftungsprüfer in Betracht.

a)   Mitglieder des Stiftungsvorstands

Zuvorderst kommen die Mitglieder des Stiftungsvorstands als taugliche Täter des Untreuetatbestands in Betracht. Erforderlich ist hierfür, dass den Mitgliedern des Stiftungsvorstands die Befugnis zukommt, über das Vermögen der Stiftung zu verfügen oder die Stiftung zu verpflichten.

Im Rahmen der österreichischen Privatstiftung gestaltet sich das Außenverhältnis gemäß § 17 Abs. 1 PSG dergestalt, dass der Stiftungsvorstand die Stiftung vertritt. Dadurch wird ihm eine gesetzliche Vertretungsmacht eingeräumt, in deren Rahmen der Stiftungsvorstand regelmäßig tätig wird.

Zwar wurde von einigen Stimmen des österreichischen Schrifttums die Ansicht vertreten, dass diese gesetzliche Vertretungsmacht durch den Stiftungszweck beschränkt sei.[309] Begründet wurde diese Auffassung damit, dass das Privatstiftungsgesetz keine Regelungen zum Umfang der Vertretungsbefugnis enthält, wohingegen der Gesetzgeber für die Handelsgesellschaften ausdrücklich geregelt hat, dass die Vertretungsmacht der Organe unbeschränkt ist, vergleiche § 20 Abs. 2 öGmbHG, § 74 Abs. 2 öAktG, § 126 Abs. 2 öHGB. Jedoch konnte sich dieser Ansatz nicht durchsetzen. Schließlich wird die Privatstiftung „bezüglich ihres Auftretens im Rechtsverkehr" den Handelsgesellschaften gleich gestellt, weshalb es auch im Interesse der Verkehrssicherheit ist, dass die Vertretungsmacht nicht durch den Stiftungszweck begrenzt wird.[310] Dafür spricht auch, dass eine „Beschränkung der Vertretungsbefugnis des Stiftungsvorstands

---

[309] *Brucker/Fries/Fries*, Die Familienstiftung im Zivil-, Steuer- und Handelsrecht, S. 34; *Nowotny* in: Csoklich/Müller/Gröhs/Helbich, Handbuch zum Privatstiftungsgesetz, 145 (161).
[310] So auch: *Csoklich*, in: Gassner/Göth/Gröhs/Lang, Privatstiftungen Gestaltungsmöglichkeiten in der Praxis, 97 (101).

[...] faktisch auf eine Begrenzung der Rechtsfähigkeit der Privatstiftung" hinausläuft, was mitnichten vom Willen des Gesetzgebers gedeckt sein kann.[311]

Folglich ist die Vertretungsmacht auch nicht durch den Stiftungszweck beschränkt und mithin durch den Stifter unbeschränkbar.

Die Mitglieder des Stiftungsvorstands können daher taugliche Täter einer Untreue sein.

b)   Mitglieder des Stiftungsaufsichtsrats

Als weitere Stiftungsakteure sind die Mitglieder des Stiftungsaufsichtsrats einer näheren Betrachtung zu unterwerfen.

In diesem Zusammenhang ist darauf hinzuweisen, dass in der österreichischen Privatstiftung die Bildung eines Aufsichtsrates nur in wenigen Fällen zwingend vorgeschrieben ist. Zwingend ist ein Stiftungsaufsichtsrat gemäß § 22 Abs. 1 PSG nur zu bestellen, wenn „die Anzahl der Arbeitnehmer der Privatstiftung dreihundert übersteigt" (§ 22 Abs. 1 Nr. 1 PSG) oder „die Privatstiftung inländische Kapitalgesellschaften oder inländische Genossenschaften einheitlich leitet oder auf Grund einer unmittelbaren Beteiligung von mehr als 50 Prozent beherrscht und in beiden Fällen die Anzahl der Arbeitnehmer dieser Gesellschaften beziehungsweise Genossenschaften im Durchschnitt dreihundert übersteigt und sich die Tätigkeit der Privatstiftung nicht nur auf die Verwaltung von Unternehmensanteilen der beherrschten Unternehmen beschränkt" (§ 22 Abs. 1 Nr. 2 PSG).[312] Unbeschadet dessen, dass der Stiftungsaufsichtsrat kein zwingendes Organ der österreichischen Privatstiftung bildet, kann ein solches Gremium freiwillig aufgrund der Stiftungserklärung eingerichtet werden.

Im Hinblick darauf, ob die Mitglieder des Stiftungsaufsichtsrats taugliche Täter sein können, kommt es darauf an, dass sie eine Befugnis innehaben, über das

---

[311] So auch: *Csoklich*, in: Gassner/Göth/Gröhs/Lang, Privatstiftungen Gestaltungsmöglichkeiten in der Praxis, 97 (101).

[312] Mit dieser Regelung soll letztlich die Umgehung der Aufsichtsratspflicht bei konzernleitenden Kapitalgesellschaften verhindert werden. Siehe: *Jakob*, in: Beuthien/Gummert (Hrsg.), Münchener Handbuch des Gesellschaftsrechts Bd 5, § 119 Rn 107.

Stiftungsvermögen zu verfügen bzw. die Stiftung zu verpflichten Die Aufgaben der Mitglieder des Stiftungsaufsichtsrats liegen vor allem in der Überwachung der Geschäftsführung der Privatstiftung, vergleiche § 25 Abs. 1 S. 1 PSG.[313]

Den Mitgliedern des Stiftungsaufsichtsrats kommt jedoch keine gesetzliche Befugnis zu, über das Vermögen der Stiftung zu verfügen oder die Stiftung zu verpflichten. Alleine durch die Wahrnehmung ihrer Kontrollaufgabe kommt es nicht zu einer berechtigten Zugriffsmöglichkeit auf das Stiftungsvermögen. Vielmehr beschränken sich ihre Befugnisse auf das Überprüfen der durch den Stiftungsvorstand veranlassten Vermögensströme der Stiftung.

Folglich können die Mitglieder des Stiftungsaufsichtsrats mangels gesetzlicher Berechtigung zu Verfügungen beziehungsweise zur Vertretung keine tauglichen Täter einer Untreue sein. Etwas Anderes würde lediglich in der Situation gelten, in der Mitgliedern des Stiftungsaufsichtsrates im Einzelfall die Befugnis verliehen wird, die Stiftung, zum Beispiel aufgrund Vollmacht, zu vertreten. Da dieser Fall jedoch eher selten ist und der Kontrollfunktion des Stiftungsaufsichtsrates widerspricht, soll diese Fallgestaltung mangels praktischer Relevanz im vorliegenden Zusammenhang vernachlässigt werden.

Die Mitglieder des Stiftungsaufsichtsrats können damit grundsätzlich keine tauglichen Täter einer Untreue im Sinne des § 153 Abs. 1 öStGB sein.

c) Der Stiftungsprüfer

Auch in Hinblick auf den Stiftungsprüfer stellt sich die Frage, ob dieser als tauglicher Täter einer Untreue in Betracht kommt. Der Stiftungsprüfer wird vom Gericht und gegebenenfalls vom Aufsichtsrat gemäß § 20 Abs. 1 PSG bestellt. Dabei darf es sich weder um einen Begünstigten der Stiftung, noch um ein Mitglied eines anderen Stiftungsorgans oder einen Arbeitnehmer der Privatstiftung handeln. Er darf ferner nicht in einem Unternehmen beschäftigt sein, auf das die Privatstiftung maßgeblichen Einfluss nehmen kann, vergleiche § 20 Abs. 3 PSG.

---

[313] *Jakob*, in: Beuthien/Gummert (Hrsg.), Münchener Handbuch des Gesellschaftsrechts Bd 5, § 119 Rn 99.

Gemäß § 20 Abs. 2 PSG dürfen nur beeidete Wirtschaftsprüfer respektive Buchprüfer und Steuerberater oder Wirtschaftsprüfungs-, Buchprüfungs- und Steuerberatungsgesellschaften bestellt werden.

Der Stiftungsprüfer käme als tauglicher Täter in Betracht, wenn ihm eine Befugnis zukommt, über das Vermögen der Stiftung zu verfügen oder diese zu verpflichten. Ihm obliegt die Aufgabe, den Jahresabschluss einschließlich der Buchführung und den Lagebericht innerhalb von drei Monaten ab Vorlage zu prüfen, § 21 Abs. 1 PSG.[314] Hierzu ist es erforderlich, dass sich der Stiftungsprüfer einen Überblick über die wirtschaftliche Lage der Stiftung verschafft.[315]. Ferner wird kontrovers diskutiert, inwiefern vom Stiftungsprüfer nicht nur eine Rechtmäßigkeitskontrolle vorgenommen, sondern auch die Wirtschaftlichkeit, Zweckmäßigkeit und Sparsamkeit des Stiftungsvorstands überprüft werden soll. Das Privatstiftungsgesetz enthält zum Prüfungsumfang keine Regelung. Allerdings hat der Stifter die Möglichkeit, eine entsprechende Erweiterung des Prüfungsumfangs in der Stiftungsurkunde niederzuschreiben. Indem der „Stiftungsprüfer gemäß § 21 Abs. 1 PSG in Verbindung mit § 269 Abs. 1 öUGB auch die Einhaltung der Stiftungsurkunde zu prüfen hat", kann auf diesem Weg eine solche erweiterte Prüfungspflicht erreicht werden.[316]

Wie sich zeigt, besitzt der Stiftungsprüfer einen bedeutungsvollen Einblick in die finanziellen Abläufe der Stiftung. Dabei liegt seine wesentliche Aufgabe jedoch darin, den Jahresabschluss und die Buchführung einer Prüfung zu unterwerfen und dadurch den Vorstand zu kontrollieren. Aus dem gesetzlichen Prüfungsauftrag des Stiftungsprüfers kann allerdings keine Befugnis abgeleitet werden, über das Vermögen der Stiftung zu verfügen. Ein Prüfauftrag, egal wie die-

---

[314] Näher hierzu: *Althuber/Kirchmayr/Toifl*, in: Richter/Wachter (Hrsg.), Handbuch des internationalen Stiftungsrechts, S. 1250; *Vetter*, in: Gassner/Göth/Gröhs/Lang (Hrsg.), Privatstiftungen Gestaltungsmöglichkeiten in der Praxis, S. 115 (115 ff.); *Doralt*, ZGR 1996, 1 (13 f.); *Althuber/Kirchmayr/Toifl*, in: Richter/Wachter (Hrsg.), Handbuch des internationalen Stiftungsrechts, S. 1249 ff.

[315] *Vetter*, in: Gassner/Göth/Gröhs/Lang (Hrsg.), Privatstiftungen Gestaltungsmöglichkeiten in der Praxis, S. 115 (119) mit weiteren Nachweisen; *Althuber/Kirchmayr/Toifl*, in: Richter/Wachter (Hrsg.), Handbuch des internationalen Stiftungsrechts, S. 1250.

[316] So auch schon: *Doralt/Kalss,* in: Hopt/Reuter (Hrsg.), Stiftungsrecht in Europa, S. 419 (435 f.); *Vetter*, in: Gassner/Göth/Gröhs/Lang (Hrsg.), Privatstiftungen Gestaltungsmöglichkeiten in der Praxis, S. 115 (119).

ser ausgestaltet sein mag, beinhaltet letztlich keine Verfügungsbefugnis hinsichtlich des Stiftungsvermögens und auch keine Berechtigung, die Stiftung zu verpflichten. Aus diesem Grunde kann der Stiftungsprüfer nicht tauglicher Täter einer Untreue im Sinne des § 153 Abs. 1 öStGB sein, womit auch bezüglich dieses Akteurs der österreichischen Privatstiftung keine Untreuestrafbarkeit nach österreichischem Recht in Betracht kommt.

3) Tathandlung

Ausführungshandlung der Untreue ist ein Missbrauch der Befugnis, über fremdes Vermögen zu verfügen, beziehungsweise der Missbrauch der Befugnis, einen anderen zu verpflichten. Dies bedeutet, dass der Täter „als Machthaber im Namen des Machtgebers" eine Rechtshandlung vornimmt, die er so nicht vornehmen dürfte, oder dass er es unterlässt, eine Rechtshandlung vorzunehmen, die er eigentlich vornehmen sollte.[317] Das österreichische Strafrecht orientiert sich also im Rahmen der Untreue an der Missbrauchstheorie, womit konkret der Missbrauch der Vertretungsmacht gemeint ist. Die Tathandlung besteht dabei aus zwei Komponenten, die das Tatbild begrenzen.[318] Die Tathandlung muss zum einen rechtlicher Art sein und zum anderen missbräuchlich im Sinne des § 153 Abs. 1 öStGB. Insoweit ist die Tathandlung deutlich enger gefasst, als bei der Untreue nach deutschem Recht, bei der eine Vielzahl weiterer Tathandlungen auch außerhalb des Missbrauchs einer Vertretungsmacht der Untreuestrafbarkeit unterworfen werden können.

Nachfolgend werden die Komponenten der Untreue nach österreichischem Recht dargestellt, um so einen Eindruck zu gewinnen, welche Voraussetzungen an die Erfüllung der Tathandlung gestellt werden und um herauszufinden, inwiefern diese auch im Rahmen der österreichischen Privatstiftung verwirklich sein kann. Anschließend an die allgemeine Darstellung der Voraussetzungen erfolgt die Beleuchtung einiger bereits aus dem deutschen Recht bekannter Fallgruppen,

---

[317] *Bertel/Schwaighofer*, Österreichisches Strafrecht BT I, § 153, Rn 4.
[318] *Kienapfel*, Grundriss des österreichischen Strafrechts BT II, § 153 Rn 37.

die die Verwirklichung des Untreuetatbestandes im Rahmen von Stiftungen exemplarisch darlegen.

a)   Handlung rechtlicher Natur

Für die Pflichtverletzung bedarf es einer rechtsgeschäftlichen Handlung oder jedenfalls einer Handlung mit rechtlichem Charakter[319] seitens des tauglichen Täters.[320] Zu den rechtsgeschäftlichen Handlungen zählen beispielsweise das Eingehen von Verbindlichkeiten[321], das Anerkennen einer Forderung[322] sowie Verfügungen über das Stiftungsvermögen[323]. Unter die Handlungen mit rechtlichem Charakter fallen etwa das Erschleichen der Zustimmung des Aufsichtsrats, der übrigen Vorstandsmitglieder oder Geschäftsführer zu pflichtwidrigen Rechtshandlungen[324] sowie die Verzögerung beziehungsweise Verhinderung rechtzeitiger Rechnungslegung[325]. Wie sich zeigt, kann die rechtsgeschäftliche Handlung beziehungsweise die Handlung mit rechtlichem Charakter sehr unterschiedlich ausfallen.

Hauptakteur im Rahmen der Stiftung ist der Stiftungsvorstand. So schließt der Stiftungsvorstand als Lenkungsorgan der Stiftung regelmäßig Rechtsgeschäfte für die Stiftung ab, die sich unmittelbar finanziell auf die Stiftung auswirken können. Zu nennen sind zum Beispiel die Entscheidung über die Auszahlung der Ausschüttungen an die Destinatäre und damit verbunden auch die Einrichtung und Verfügung über die Konten der Stiftung. Ferner geht der Stiftungsvorstand Verbindlichkeiten für die Stiftung ein und macht ihre Forderungen geltend. All diese Vorgänge sind rechtsgeschäftliche Handlungen in obigem Sinne womit eine Vielzahl von Handlungen des Stiftungsvorstands einen untreuerelevanten Sachverhalt begründen können.

---

[319] Diese Voraussetzung dient der Eingrenzung des Tatbestands, um einer Ausuferung der Untreuestrafbarkeit im österreichischen Recht vorzubeugen.
[320] *Kienapfel*, Grundriss des österreichischen Strafrechts BT II, § 153 Rn 38.
[321] OGH Urt. v. 28.09.1971, RS0014110, JBl 1989, 122; OGH Urt. v. 05.10.1976, RS0094545, JBl 1983, 545.
[322] OGH Urt. v. 12.11.1982, RS0089956, SSt 57/45.
[323] *Kienapfel*, Grundriss des österreichischen Strafrechts BT II, § 153 Rn 39.
[324] OGH Urt. v. 14.04.2004, 14Os14/04, JUS 1990/6/489.
[325] OGH Urt. v. 16.12.1983, RS0094798, EvBl 1984/128.

b) Missbrauch

Ferner muss der Täter der österreichischen Untreue bezogen auf die von ihm getätigte rechtsgeschäftliche Handlung beziehungsweise Handlung mit rechtlichem Charakter missbräuchlich gehandelt haben. Dabei kommt es darauf an, ob der Täter im Rahmen des ihm durch seine Vertretungsmacht eingeräumten rechtlichen Könnens (Außenverhältnis) gegen das rechtliche Dürfen (Innenverhältnis) verstößt.[326] Bezogen auf den Stiftungsvorstand bedeutet dies, dass eine Untreue dann in Betracht kommt, wenn der Stiftungsvorstand eine ihm eingeräumte Befugnis missbraucht, das heißt er im Außenverhältnis eine rechtswirksame Handlung vornimmt, hierdurch jedoch im Innenverhältnis seine Pflichten gegenüber der Stiftung verletzt.

Wie bereits dargestellt wurde[327] besitzt der Stiftungsvorstand im Außenverhältnis die grundsätzlich unbeschränkbare Befugnis, die Stiftung umfassend zu vertreten.

Schwieriger gestaltet sich indes die Bestimmung des *Innenverhältnisses* der österreichischen Privatstiftung, das heißt die Festlegung der Rechte und Pflichten, die der Stiftungsvorstand bei Ausübung seiner Tätigkeit im Innenverhältnis zu beachten hat. Dabei lassen sich die Rechte und Pflichten des Innenverhältnisses aus unterschiedlichen Rechtsquellen ableiten. Dazu zählen beispielsweise Gesetze, Verträge, Satzungen und Anweisungen.[328] Bezogen auf die österreichische Privatstiftung können sich solche Rechte und Pflichten im Innenverhältnis aus dem Privatstiftungsgesetz, der Stiftungssatzung und den Arbeits- beziehungsweise Anstellungsverträgen ergeben. Diese werden nachfolgend kurz dargestellt und daraufhin untersucht, welche Vorgaben hinsichtlich des Innenverhältnisses im Rahmen der Privatstiftung nach österreichischem Recht in der Regel vorzufinden sind.

---

[326] *Foregger/Kodek/Fabrizy*, StGB Kurzkommentar, § 153.
[327] Siehe unter: 2. Kapitel B) I) 2) a) Mitglieder des Stiftungsvorstands.
[328] Siehe hierzu ausführlich: *Kienapfel*, Grundriss des österreichischen Strafrechts BT II, § 153 Rn 47; OGH Urt. v. 19.06.1999, RS0105921, SSt 40/30.

(1) Privatstiftungsgesetz: Stiftungserklärung und Grundsatz redlicher und verantwortungsvoller Geschäftsführung

§ 17 Abs. 1 des Privatstiftungsgesetzes regelt die grundlegenden Vorgaben, die der Vorstand einer österreichischen Privatstiftung beachten muss. Hierzu zählt zuvorderst, dass er die Bestimmungen der Stiftungserklärung einhalten muss (§ 17 Abs. 1 S. 2 PSG). Demnach verletzt der Stiftungsvorstand seine Pflichten im Innenverhältnis, wenn er gegen die Bestimmungen der Stiftungserklärung verstößt.

Die obligatorischen in der Stiftungserklärung vorzusehenden Bestimmungen ergeben sich aus § 9 Abs. 1 PSG, die fakultativen Bestimmungen aus § 9 Abs. 2 PSG.[329] So zählen zu den obligatorischen Bestimmungen die (§ 9 Abs. 1 Nr. 1) Widmung des Vermögens, (Nr. 2) der Stiftungszweck, (Nr. 3) die Bezeichnung der Begünstigten, (Nr. 4) der Name und der Sitz der Privatstiftung, (Nr. 5) der Name und die Anschrift des Stifters, dessen Geburtsdatum oder aber Firmenbuchnummer (im Falle einer juristischen Person) sowie (Nr. 6) die Angabe, ob die Privatstiftung auf bestimmte oder unbestimmte Zeit errichtet ist. Zu den fakultativen Bestimmungen zählen beispielsweise (§ 9 Abs. 2 Nr. 1) Regelungen über die Bestellung, Abberufung, Funktionsdauer und Vertretungsbefugnis des Stiftungsvorstands, (Nr. 6) Regelungen über die Änderung der Stiftungserklärung, (Nr. 8) der Vorbehalt des Widerrufs der Privatstiftung sowie beispielsweise (Nr. 9) Regelungen über die Vergütung der Stiftungsorgane. Bei der Ausgestaltung der einzelnen Bestimmungen obliegt dem Stifter ein weitgehendes Ermessen.[330]

---

[329] Dabei ist beachtlich, dass die in § 9 Abs. 2 PSG genannten Bestimmungen unterschiedlich behandelt werden können. Während die in § 9 Abs. 2 Nr. 1 bis Nr. 8 PSG genannten Bestimmungen in die Stiftungsurkunde aufzunehmen sind, können die Regelungen nach § 9 Abs. 2 Nr. 9 bis Nr. 14 PSG in einer Geheimurkunde aufgenommen werden, welche dem Firmenbuchgericht nicht vorzulegen ist (§ 10 Abs. 2 PSG). Dabei handelt es sich um die sog. Stiftungszusatzurkunde, die den Geheimhaltungswünschen des Stifters gerecht wird. Siehe hierzu: *Doralt/Kalss* in: Stiftungsrecht in Europa, S. 419 (430); *Wachter*, DStR 2000, 474 (476).
[330] Siehe näher hierzu: *Althuber/Kirchmayr/Toifl*, in: Richter/Wachter (Hrsg.), Handbuch des internationalen Stiftungsrechts, S. 1256.

Ferner verletzt der Stiftungsvorstand seine Pflichten aus dem Innenverhältnis, wenn er gegen den Grundsatz redlicher und verantwortungsbewusster Geschäftsführung verstößt (§ 17 Abs. 2 S. 1 PSG). Dieser objektive Sorgfaltsmaßstab orientiert sich an den von den Mitgliedern des Stiftungsvorstands übernommenen Aufgaben, nicht hingegen anhand der individuellen Fähigkeiten des jeweiligen Vorstandsmitglieds.[331] Dabei hat sich der Stiftungsvorstand „wie jemand in verantwortlich leitender Position bei selbstständiger treuhändiger Wahrnehmung fremder Vermögensinteressen" zu verhalten.[332] Im Übrigen orientiert sich die Auslegung an den Regelungen gemäß § 84 Abs. 1 öAktG[333], auf die bereits die Regierungsvorlage[334] des PSG verwiesen hat.

(2) Stiftungssatzung

Die Bestimmungen des Privatstiftungsgesetzes werden in der Stiftungssatzung durch den Stifter näher ausgestaltet, so dass die Stiftungssatzung heranzuziehen ist, um das Innenverhältnis zu konkretisieren. In Abhängigkeit vom Inhalt der Stiftungssatzung muss jeweils im Einzelfall das Innenverhältnis sowie die daraus resultierenden Pflichten ermittelt werden, um zu eruieren, ob der Stiftungsvorstand mit seinen getätigten Handlungen eine dieser Pflichten überschritten hat.

So stellt beispielsweise eine Regelung, die einen Zustimmungsvorbehalt zulasten der Geschäftsführungsbefugnis des Stiftungsvorstands beinhaltet eine Beschränkung des Innenverhältnisses dar. In ihrer konkreten Ausgestaltung kann die Vorschrift wie folgt lauten:

---

[331] So auch: *Csoklich*, in: Gassner/Göth/Gröhs/Lang (Hrsg.), Privatstiftungen Gestaltungsmöglichkeiten in der Praxis, S. 97 (103).

[332] Vergleiche hierzu: *Csoklich*, in: Gassner/Göth/Gröhs/Lang (Hrsg.), Privatstiftungen Gestaltungsmöglichkeiten in der Praxis, S. 97 (103).

[333] Dabei handelt es sich um die sogenannte „Business Judgement Rule" des österreichischen Aktienrechts.

[334] Siehe: ErlRV zu § 17 I PSG.

„Satzungsänderungen:

(1) Satzungsänderungen, die den Stiftungszweck nicht berühren sind zulässig, wenn sie im Interesse der nachhaltigen Erfüllung des Stiftungszwecks nach dem Stifterwillen erforderlich sind.

(2) Sie bedürfen einer Mehrheit von 2/3 aller Mitglieder des Stiftungsvorstands sowie der Zustimmung einer Mehrheit von 2/3 aller Mitglieder des Stiftungsaufsichtsrates. "[335]

Anhand dieser Vorschrift zeigt sich nun, dass der Stiftungsvorstand, dem im Innenverhältnis die alleinige Entscheidungsbefugnis über die Geschäftstätigkeit der Stiftung zusteht und wir unterstellen diese grundsätzlich mit einfacher Mehrheit ausüben kann, durch diese Regelung in der Ausübung derselben beschnitten wird. So hat eine derartige Regelung in der Stiftungssatzung zur Konsequenz, dass im Innenverhältnis Abweichendes festgelegt wird. Der Stiftungsvorstand also eine Satzungsänderung, anders als andere Geschäfte, einerseits nur mit einer 2/3 Mehrheit der Mitglieder des Stiftungsvorstands durchführen kann und diese zudem der Zustimmung der Mitglieder des Stiftungsaufsichtsrates bedarf, wobei auch dieser an eine 2/3 Mehrheit gebunden ist.

Ein weiteres Beispiel für eine solche Stiftungssatzungsvorschrift, die das Innenverhältnis regelt, kann auch nachfolgende Klausel sein.

„Stiftungszweck:

(1) Zwecke der Stiftung sind die Förderung und der Ausbau des Schulsystems in Ostafrika.

(2) Die Stiftungszwecke werden insbesondere verwirklicht durch den Bau von Grundschulen und die Ausbildung entsprechender Lehrkräfte in den Fachbereichen Englisch und Mathematik. "[336]

---

[335] Im Grunde nach siehe für das deutsche Recht die Mustersatzung einer Stiftung in: *Krauß* in: Beck'sche Online Formulare Vertragsrecht, 18.1.1 Gemeinnützige Stiftung.
[336] Mögliches Beispiel eines Stiftungszwecks.

Diese Vorschrift verdeutlicht, dass dem Stiftungsvorstand zwar die Erfüllung des Stiftungszwecks obliegt, jedoch nur in der, in der Stiftungssatzung vorgesehenen Form. Der Stiftungsvorstand kann zwar die Gelder der Stiftung wirksam im Außenverhältnis Stiftungszwecken zukommen lassen, jedoch bestimmt gerade diese Vorschrift im Innenverhältnis, dass die Gelder entsprechend des darin benannten Stiftungszwecks ausgegeben werden müssen. Daher sind die Gelder in vorgenanntem Beispiel zur Förderung und zum Ausbau des ostafrikanischen Schulsystems beispielsweise in den Bau einer Grundschule zu investieren.

An dieses Beispiel schließen sich auch die nachfolgenden Ausführungen zum Stiftungszweck an. Wie bereits vorab dargestellt wurde, ist auch dieser Bestandteil der Stiftungssatzung und anhand dessen kann sich auch das Innenverhältnis bestimmen.

(3) Stiftungszweck

Wie bereits gezeigt wurde, wird die Vertretungsmacht des Stiftungsvorstandes im Außenverhältnis nicht durch den Stiftungszweck begrenzt. Gleichwohl beschränkt der Stiftungszweck die Befugnisse des Vorstandes im Innenverhältnis. Dass der Stiftungszweck eine taugliche Beschränkung des Innenverhältnisses darstellt, lässt sich bereits daraus ableiten, dass der Stiftungsvorstand gemäß § 17 Abs. 1 S. 1 PSG für die Erfüllung des Stiftungszwecks Sorge zu tragen hat.

Die Ausgestaltung des Stiftungszwecks obliegt grundsätzlich dem Stifter. § 1 Abs. 2 PSG regelt lediglich, welche Tätigkeiten eine Privatstiftung nicht ausüben darf, wie etwa die Ausübung einer gewerbsmäßigen Tätigkeit[337], die Geschäftsführung einer Handelsgesellschaft und die Übernahme der Funktion eines persönlich haftenden Gesellschafters einer eingetragenen Personengesellschaft. Darüber hinaus enthält das PSG keine weiteren Beschränkungen, so dass die Privatstiftung letztlich „zu jedem vom Stifter bestimmten Zweck errichtet

---

[337] Dies verbietet aber nicht die Beteiligung als nicht persönlich haftender Gesellschafter an einem Unternehmen, wie die Beteiligung als Aktionär, GmbH-Gesellschafter oder Kommanditist.

werden darf, solange dieser erlaubt ist".[338] Auch unwirtschaftliche, sinnlose oder außergewöhnliche Zwecke sind zulässig. Darüber hinaus bestimmt der Stiftungszweck, ob die Stiftung gemeinnützig ist, was nicht zuletzt mit steuerlichen Vorteilen verknüpft ist. Der Stifter hat einen großen Entscheidungsspielraum hinsichtlich, welchen Zweck eine Stiftung verfolgen soll und wie die Vermögenswerte der Stiftung vor diesem Hintergrund zu verwenden sind. Der Stiftungszweck verleiht der Stiftung schließlich ihre Identität.

Vor dem Hintergrund der Bedeutung des Stiftungszwecks für die Stiftung ist es letztlich unerlässlich, dass sich der Stiftungsvorstand im Rahmen seines Handelns an der Stiftungszweckverfolgung messen lassen muss und sich seine Befugnisse im Innenverhältnis an diesem Zweck orientieren müssen.[339] Nimmt ein Mitglied des Stiftungsvorstands eine nach außen hin wirksame Rechtshandlung bei gleichzeitigem Überschreiten der Stiftungszweckvorgaben vor, begründet dies eine Überschreitung seiner Kompetenzen im Innenverhältnis und damit einen Missbrauch der ihm als Stiftungsvorstand eingeräumten Vertretungsmacht, mit dem Ergebnis, dass grundsätzlich eine Untreue gemäß § 153 Abs. 1 öStGB in Betracht zu ziehen ist.

(4) Arbeitsvertrag und Anstellungsvertrag

Auch aus den Arbeits- beziehungsweise Anstellungsverträgen der Stiftungsvorstände lassen sich Rechte und Pflichten ableiten, die das Innenverhältnis näher ausgestalten. Ob und inwiefern aus diesen spezifische Rechte und Pflichten resultieren und inwieweit die Stiftungsvorstandsmitglieder gegebenenfalls gegen die sich daraus ergebenden Pflichten verstoßen und ihre Rechte aus dem Innenverhältnis überschritten haben, kann nur im jeweiligen Einzelfall abschließend beurteilt werden.

So kann beispielsweise in Arbeits- und Anstellungsverträgen nochmals konkret geregelt sein, dass die Stiftungsvorstände ihr Handeln an den Vorgaben der Stif-

---

[338] *Althuber/Kirchmayr/Toifl*, in: Richter/Wachter (Hrsg.), Handbuch des internationalen Stiftungsrechts, S. 1242.
[339] Siehe hierzu bereits das Beispiel im Rahmen der Stiftungssatzung bezogen auf den Stiftungszweck unter: 2. Kapitel B) I) 3) b) (2) Stiftungssatzung.

tungssatzung und dem Willen des Stifters ausrichten müssen. Ferner, dass diese ihr Handeln an der Sorgfalt eines ordentlichen Geschäftsleiters ausrichten müssen. Dies hat zur Konsequenz, dass eine Regelung des Innenverhältnisses existiert, die von den Betroffenen bei der Ausübung ihrer Tätigkeit eingehalten werden muss, um sich nicht in dem Bereich der Strafbarkeit zu bewegen.

4) Missbrauch der Befugnis im Rahmen der Stiftungstätigkeit anhand ausgewählter Beispielsfälle

Wie sich der Missbrauch einer rechtsgeschäftlichen Handlung beziehungsweise einer Handlung mit rechtlichem Charakter in der österreichischen Privatstiftung im Einzelnen darstellen kann, wird im Folgenden anhand einiger ausgewählter Konstellationen verdeutlicht. Dabei sollen vor dem Hintergrund des rechtsvergleichenden Ansatzes dieser Arbeit diejenigen Fallgruppen beleuchtet werden, die bereits im Rahmen der Stiftung nach deutschem Recht untersucht wurden.

a) Anlagegeschäfte

Zunächst ist der Frage nachzugehen, inwiefern sich Stiftungsvorstände bei der Anlage des Stiftungsvermögens einer Untreue strafbar machen können.

Vergegenwärtigt man sich noch einmal die Situation im deutschen Recht, so war dort für die Beantwortung dieser Frage mit ausschlaggebend, ob das Grundstockvermögen oder die Erträge aus dem Stiftungsvermögen in Rede standen. Wie nachfolgend im Einzelnen noch darzustellen sein wird, ist die Situation in Österreich eine gänzlich andere.

Vor diesem Hintergrund soll nachfolgend ein kurzer Überblick über das Stiftungsvermögen der österreichischen Privatstiftung sowie über die Grundsätze gegeben werden, die bei dessen Verwaltung zu berücksichtigen sind, um abschließend der Frage nachgehen zu können, welche Konsequenzen sich hieraus für den Umgang mit dem Stiftungsvermögen im Rahmen von Anlagegeschäften ergeben.

(1) Das Stiftungsvermögen im österreichischen Recht

Das Stiftungsvermögen ist notwendiger Bestandteil der Privatstiftung. Dies hat der österreichische Gesetzgeber in § 4 PSG normiert, indem er ein Mindestwidmungsvermögen durch den Stifter in Höhe von 70. 000 Euro festgelegt hat. Dieses gewidmete Vermögen muss „im Zeitpunkt der Eintragung der Privatstiftung im Firmenbuch" vorhanden sein.[340] Die Stiftung existiert nämlich „allenfalls kurzfristig, keinesfalls aber langfristig" ohne Vermögen, da die Stiftung aufgrund des Fehlens von Mitgliedern auf die Zuwendung sachlicher Mittel durch den Stifter angewiesen ist[341] und sonst ihr Zweck nicht erreicht werden kann[342]

Dadurch zeigt sich, dass auch in der österreichischen Stiftung dem Vermögen eine erhebliche Bedeutung zukommt und dieses für den (Fort-)Bestand der Stiftung sowie der Aufrechterhaltung der Stiftungstätigkeit wesentliche Voraussetzung ist.

Das Mindestwidmungsvermögen wird gemäß § 9 Abs. 1 Nr. 1 PSG in der Stiftungserklärung festgeschrieben. Dem Stifter bleibt es aber überlassen, der Privatstiftung ein darüber hinausgehendes Vermögen zukommen zu lassen. In der Praxis wird dieses über das Mindestwidmungsvermögen hinausgehende Vermögen nicht in der Stiftungserklärung (so von § 9 Abs. 2 Nr. 14 PSG vorgesehen), sondern in einer Stiftungszusatzurkunde festgehalten.[343]

Eine bestimmte Vorgabe, in welcher Form das Stiftungsvermögen aufgebracht werden muss, existiert nicht. Es kann sich daher aus beweglichen und/oder unbeweglichen, aus körperlichen und/oder unkörperlichen Sachen zusammensetzen, etwa aus Unternehmensbeteiligungen, Wertpapieren, gewerblichen Schutz-

---

[340] *Althuber/Kirchmayr/Toifl*, in: Richter/Wachter (Hrsg.), Handbuch des internationalen Stiftungsrechts, S. 1253.
[341] Böhler, Die Stiftung in Österreich, S. 56.
[342] Umstritten ist, ob allein die fehlende Vermögensausstattung dazu führt, dass der Stiftungszweck nicht erreicht werden kann. Gegen diese Maßgabe spricht zumindest, dass der Zweck der Stiftung noch immer durch die „Vereinigung von Mühe" erreicht werden kann. Für die weiterführende Bearbeitung ist dieser Streitstand jedoch ohne Relevanz, so dass hierzu auf *Böhler*, Die Stiftung in Österreich, S. 56 mit weiteren Nachweisen verwiesen wird.
[343] Dies hat den Hintergrund, dass der Öffentlichkeit ein Einblick in Umfang und Zusammensetzung des gewidmeten Vermögens und damit in die Handlungszentrale der Stiftung verwehrt bleiben soll.

rechten, Barvermögen und weiteren vermögensrechtlichen Bestandteilen, vergleiche § 11 Abs. 1 PSG.[344] In der Praxis wird das Mindestvermögen jedoch regelmäßig in bar aufgebracht, um den Aufwand der Schätzung des Vermögens zu vermeiden.[345]

Eine Differenzierung in Grundstockvermögen einerseits, das heißt eine Vermögensmasse, die zwingend zu erhalten ist, und Erträge andererseits, wie sie das deutsche Recht kennt, ist der österreichischen Privatstiftung hingegen fremd.

(2) Die Verwaltung des Stiftungsvermögens

Die Verwaltung des Stiftungsvermögens erfolgt grundsätzlich durch den Stiftungsvorstand, vergleiche § 17 Abs. 1 S. 1 PSG.

Richteten sich die Befugnisse des Stiftungsvorstandes im Rahmen der Verwaltung des Vermögens der Stiftung nach deutschem Recht mit danach, ob das Grundstockvermögen in Rede stand, welches zwingend zu erhalten war, oder ob es um die Verwendung der Erträge ging, die im Wesentlichen für die Verfolgung des Stiftungszwecks einzusetzen sind, gestaltet sich die Situation in der österreichischen Privatstiftung grundlegend anders.

Dem österreichischen Recht ist eine Differenzierung in Grundstockvermögen und Erträge, wie vorstehend dargestellt wurde, fremd. Vor diesem Hintergrund kennt das österreichische Privatstiftungsgesetz auch keine Kapitalerhaltungsvorschrift für die Verwaltung des Stiftungsvermögens[346], wie sie hinsichtlich des Grundstockvermögens in der deutschen Stiftung zur Anwendung gelangt. Dies hat zur Konsequenz, dass die Zuwendungen an die Begünstigten einer österreichischen Privatstiftung auch aus dem Vermögensstamm der Privatstiftung erfolgen können. Diese hohe Flexibilität der österreichischen Privatstiftung hinsichtlich der Mittelverwendung folgt unmittelbar aus dem Wortlaut von § 1 Abs. 1 S. 1 PSG, wonach der Stiftungszweck durch die „Nutzung, Verwaltung und *Verwertung*" des Stiftungsvermögens erfüllt wird. Folglich kennt das

---

[344] Siehe hierzu: *Pittl*, ZVglRWiss 99 (2000), 57 (63); *Wachter*, DStR 2000, 474 (476).

[345] Vergleiche hierzu: *Arnold*, PSG-Kommentar, § 11 Rn 2 ff.

[346] *Wachter*, DStR 2000, 474 (476).

Privatstiftungsgesetz auch keine Ausschüttungssperre und lässt damit auch die sogenannte verbrauchende Stiftung zu, bei der den Begünstigten nicht nur der Vermögensertrag, sondern auch die Substanz selbst ausgeschüttet wird.[347]

Zwar nimmt das Fehlen einer Regelung zum Kapitalerhalt, wie bereits von *Böhler*[348] zu Recht konstatiert wurde, der oben erörterten Normierung eines Mindestwidmungsvermögens in der Stiftung jeglichen Sinn, da dieses sogleich wieder ausgeschüttet und damit jegliche langfristig angelegte Stiftungstätigkeit gelähmt werden kann, jedoch hat sich der österreichische Gesetzgeber dennoch für dieses Modell des fehlenden Kapitalerhalts entschieden. Längerfristig kann das Fehlen von Regelungen zur Kapitalerhaltung zwar die Rechte von Gläubigern der Stiftung gefährden, die sich nur darauf verlassen können, dass die Stiftung zum Zeitpunkt ihrer Errichtung über das oben genannte Mindestvermögen verfügt, gleichzeitig erleichtert das Fehlen solcher Regelungen die Vermögensverwaltung durch die Stiftungsorgane, da sich diese, zum Beispiel im Vergleich zu ihren deutschen Pendants, keine Gedanken über das Verhältnis von Vermögenserhalt und Vermögensverwendung machen müssen.

Konsequenz dieses Ansatzes im Vergleich zum weiteren Ansatz des deutschen Rechts ist, dass dem Vorstand der österreichischen Privatstiftung bei der Mittelverwendung ein größerer Handlungsspielraum verbleibt, als dem Stiftungsvorstand in der Stiftung nach deutschem Recht.

Das Fehlen von Regelungen zum Kapitalerhalt bedeutet jedoch nicht, wie im Einzelnen nachfolgend dargestellt werden wird, dass der Vorstand der Privatstiftung nach österreichischem Recht damit grundsätzlich völlig frei über die Verwendung der Stiftungsmittel entscheiden kann.

So sieht § 17 Abs. 2 S. 2 PSG als Korrektiv für die fehlenden Regelungen zum Kapitalerhalt vor, dass Leistungen an die Begünstigten nur dann und soweit vorgenommen werden dürfen, wie dadurch Ansprüche von Gläubigern nicht ge-

---

[347] *Böhler*, Die Stiftung in Österreich, S. 62; Eine Beschränkung ergibt sich jedoch aus § 17 Abs. S. 2 PSG, die von einigen Stimmen der Literatur auch als "Ausschüttungssperre" bezeichnet wird. Siehe hierzu: *Jakob*, in: Beuthien/Gummert (Hrsg.), Münchener Handbuch des Gesellschaftsrechts Bd 5, § 119 Rn 119.
[348] *Böhler*, Die Stiftung in Österreich, S. 62.

schmälert werden. Mittels dieser Regelung wird die fehlende Verpflichtung zur Kapitalerhaltung ersetzt und für den Stiftungsvorstand eine Grenze für die Mittelverwendung gesetzt.

Unbeschadet des Fehlens von gesetzlichen Regelungen zum Kapitalerhalt bleibt auch dem Stifter der österreichischen Privatstiftung, wie dem Stifter der deutschen Stiftung, die Möglichkeit unbenommen, Regelungen zum Kapitalerhalt etwa in der Stiftungserklärung vorzusehen und in diesem Zusammenhang zum Beispiel eine „Ausschüttungssperre" zu implementieren, die bewirkt, dass ein bestimmter Mindestvermögensstand durch Zuwendungen an Begünstigte nicht geschmälert werden darf"[349] und seitens des Stiftungsvorstands berücksichtigt und eingehalten werden muss. Eine entsprechende Regelung kann in der Stiftungserklärung gemäß § 9 Abs. 2 Nr. 11 PSG festgelegt werden.

Dadurch ist es dem Stifter also möglich, in die Vermögensverwaltung einzugreifen und abweichend von dem gesetzlichen Grundsystem eine Ausschüttungssperre zu errichten. In der Konsequenz hieraus sind die Befugnisse des Stiftungsvorstandes dann entsprechend begrenzt und können im Falle ihres Überschreitens zur Strafbarkeit wegen Untreue führen.

Im Übrigen kennt das österreichische Privatstiftungsgesetz keine Vorschriften hinsichtlich des konkreten Umgangs mit dem Stiftungsvermögen. Es ist damit zum Beispiel auch nicht erforderlich, dass das eingesetzte Vermögen der Stiftung einen Ertrag abwirft.[350] Vielmehr ergeben sich die einzigen Beschränkungen des Vorstandes der österreichischen Privatstiftung hinsichtlich der Mittelverwendung, vorbehaltlich beschränkender Regelungen in der Stiftungserklärung beziehungsweise der Stiftungssatzung aus der Generalklausel des § 17 Abs. 2 PSG. Diese regelt, dass der Stiftungsvorstand „sparsam und mit der Sorgfalt eines gewissenhaften Geschäftsleiters" seine Aufgaben erfüllen muss.

---

[349] *Wachter*, DStR 2000, 474 (476). Siehe hierzu auch die Regelung aus § 9 Abs. 2 Nr. 11 PSG; vergleiche auch: *Pittl*, ZVglRWiss 99 (2000), 57 (64).
[350] *Pittl*, ZVglRWiss 99 (2000), 57 (64).

(3) Strafrechtliche Grenzen der Stiftungsvermögensanlagepolitik

Wurden vorstehend die Grundzüge hinsichtlich der Verwaltung des Stiftungsvermögens in der österreichischen Privatstiftung ermittelt, so soll nachfolgend
dargestellt werden, welche Konsequenzen sich hieraus für die Anlagetätigkeit
des Stiftungsvorstandes ergeben und inwieweit „falsche" Anlageentscheidungen
eine Strafbarkeit des Stiftungsvorstandes begründen können.

Da das österreichische Stiftungsrecht, wie soeben dargestellt wurde, keine detaillierte Vorschriften dahingehend beinhaltet, wie beziehungsweise in welchen
Grenzen Stiftungsvermögen zu verwenden ist, und unterstellt die Stiftungssatzung auch keine solchen vorsieht, ergeben sich die Anforderungen an den Stiftungsvorstand hinsichtlich der Mittelverwendung und damit auch der Anlagetätigkeit abschließend aus der Generalklausel des § 17 Abs. 2 PSG. Diese regelt
wie bereits dargestellt, dass der Stiftungsvorstand „sparsam und mit der Sorgfalt
eines gewissenhaften Geschäftsleiters" seine Aufgaben erfüllen muss und ferner
Leistungen an Begünstigte nur dann vornehmen darf, soweit „dadurch Ansprüche von Gläubigern der Privatstiftung nicht geschmälert werden".

Es handelt sich bei dieser Vorgabe um eine „interne Richtlinie, deren Verletzung
für den Stiftungsvorstand haftungsbegründend" sein kann und damit auch im
Rahmen der Pflichtverletzung bei der Untreue berücksichtigt werden muss.[351]
Zwar lässt der Wortlaut der Norm dem Rechtsanwender einen gewissen Auslegungsspielraum, dennoch wird durch diese Generalklausel das Innenverhältnis
zwischen Stiftung und Stiftungsvorstand festgelegt, bei dessen Überschreiten
und gleichzeitiger Wirksamkeit des Anlagegeschäfts im Außenverhältnis eine
Pflichtverletzung im Sinne der Untreue gemäß § 153 Abs. 1 öStGB vorliegt.

Vor diesem Hintergrund wird bereits auf den ersten Blick deutlich, dass der Stiftungsvorstand einer Privatstiftung nach österreichischem Recht bei Anlageent-

---

[351] *Althuber/Kirchmayr/Toifl*, in: Richter/Wachter (Hrsg.), Handbuch des internationalen
Stiftungsrechts, 1254. Es handelt sich bei § 17 Abs. 2 PSG um ein bestehendes Schutzgesetz
gemäß § 1311 ABGB, dessen Verletzung auch die zivilrechtliche Haftung des Stiftungsvorstands gegenüber dem Gläubiger begründet. Siehe hierzu auch: *Wachter*, DStR 2000, 474
(476); *Gassauer-Fleissner/Grave*, Stiftungsrecht – PSG, BStFG, Landesstiftungs- und Fondsgesetze Kommentar § 17 PSG S. 41.

scheidungen deutlich freier ist, als der Stiftungsvorstand der deutschen Stiftung, da er anders als dieser keine Vorgaben dahingehend beachten muss, das Kapital zu erhalten beziehungsweise einen gewissen Grundstock an Kapital zu bewahren oder diesen in einer bestimmten Art und Weise anzulegen.

Für Anlagegeschäfte folgt daraus jedoch nicht, dass der Stiftungsvorstand einer österreichischen Stiftung damit befugt ist, jegliche noch so risikobehaftete Anlageform zu wählen. Vielmehr muss sich der Vorstand der österreichischen Privatstiftung bei seiner Anlageentscheidung an den Vorgaben des § 17 Abs. 2 PSG orientieren, wobei im Zentrum die Beurteilung des Anlagegeschäfts „mit der Sorgfalt eines gewissenhaften Geschäftsleiters" steht. Diese Sorgfalt wird „branchen-, größen- und situationsadäquat" ausgelegt, was bedeutet, dass die Anlageform auch von der Art und Größe des der Stiftung gewidmeten Vermögens, der Art des von ihr betriebenen Stiftungsgegenstandes und damit zusammenhängend auch von der relativen ökonomischen Bedeutung jeder einzelnen Geschäftsführungsmaßnahme abhängt.[352] Als Konsequenz hieraus hat der Stiftungsvorstand die Anlageform beziehungsweise Anlageart unter Berücksichtigung der Gegebenheiten der Stiftung und deren wirtschaftlicher Situation zu wählen. Weitere Grenzen für die Auswahl der Anlageform können im Einzelfall zudem aus den Vorgaben der Stiftungssatzung und unter Umstände auch aus dem Stiftungsgeschäft resultieren. Dies muss jedoch einzelfallabhängig für die jeweilige Stiftung selbst festgestellt werden und soll für den rechtsvergleichenden Ansatz dieser Untersuchung außer Betracht bleiben.

Überträgt man die vorstehend dargestellten Grundsätze auf die Anlageentscheidungen des Stiftungsvorstandes, so wird deutlich, dass der Vorstand der österreichischen Privatstiftung auch im Rahmen von Anlageentscheidungen, vorbehaltlich satzungsrechtlicher Vorgaben, im Kern nur an die Grundsätze ordnungsgemäßer Geschäftsführung gebunden ist, wie sie im Kern auch Organmitglieder anderer Gesellschaftsformen zu beachten haben und die sich grundsätzlich am Gesamtinteresse der Stiftung orientieren. Insoweit fällt es schwer, konkrete Vorgaben hinsichtlich des Umgangs mit Anlagegeschäften herauszuarbei-

---

[352] *Csoklich* in: Gassner/Göth/Gröhs/Lang (Hrsg.), Privatstiftungen Gestaltungsmöglichkeiten in der Praxis, S. 97 (103).

ten, da stets die Situation der jeweiligen Stiftung mit in diese Betrachtung einbezogen werden muss. Tendenziell wird man jedoch festhalten können, dass es auf dieser Basis zum Beispiel bei einer kapitalkräftigen Stiftung auch zulässig ist, einen Teil des Vermögens in risikoreichere Anlageformen zu investieren, um eine höhere Rendite zu erzielen. Schließlich liegt die Erzielung von Erträgen im Gesamtvermögensinteresse der Stiftung, während im Falle des Eintritts eines damit erkauften Verlustrisikos die Stiftungstätigkeit bei einer kapitalkräftigen Stiftung nicht gefährdet wird.

Demgegenüber empfehlen sich bei kapitalschwach ausgestatteten Stiftungen risikoreiche Anlagen nicht, da ein Misserfolg des Investments die Stiftung in die Insolvenz treiben könnte und sich das Eingehen exorbitanter Risiken im Allgemeinen nicht mit den Grundsätzen ordnungsgemäßer Geschäftsführung in Einklang bringen lässt. Wo genau die Schwelle für die Anlage von Stiftungsvermögen zu ziehen ist, ab derer die Grenze zur untreuerelevanten Pflichtverletzung überschritten wird, lässt sich nicht verallgemeinernd darstellen und bleibt jeweils der Entscheidung des Einzelfalls vorbehalten.

Eine Grenze hinsichtlich der Auswahl zulässiger Anlagegeschäfte mit der Konsequenz der Untreuestrafbarkeit wird jedoch im Allgemeinen dort gezogen, wo es sich um reine Spekulationsgeschäfte handelt. Als missbräuchlich werden dabei vor allem solche Spekulationsgeschäfte eingestuft, die Bereiche betreffen, in denen bestimmte Anlagegeschäfte mit Rücksicht auf den besonderen Charakter des haftenden Vermögens, die Art des Geschäftsbetriebs, die geringen Deckungsreserven oder aufgrund exorbitanter Höhe des Risikos unangebracht sind.[353] *Köck*[354] geht dabei sogar soweit, dass „im Falle eines nur rudimentär abgesteckten Risikobereichs, der Machthaber im Zweifel nur solche Dispositionen treffen [dürfe], die dem mutmaßlichen Willen des Machtgebers [entsprächen] und die mit der für das fragliche Geschäft üblichen Sorgfalt redlicher und verantwortungsbewusster Geschäftsführung konform [seien]". Maßgeblicher Zeit-

---

[353] Siehe: *Kienapfel/Schmoller*, Studienbuch BT II, § 153 Rz 70; *Köck*, Wirtschaftsstrafrecht, S. 64.
[354] *Köck*, Wirtschaftsstrafrecht, S. 64.

punkt ist dabei, wiederum ex ante, der Zeitpunkt der Vornahme des Anlagegeschäfts.

Zusammenfassend lässt sich vor diesem Hintergrund feststellen, dass dem Vorstand der österreichischen Privatstiftung regelmäßig ein weitergehender Einschätzungsspielraum im Rahmen der Auswahl von Anlageentscheidungen verbleibt, als zum Beispiel dem Vorstand einer deutschen Stiftung. Unmittelbare Konsequenz hieraus ist, dass bei der Beurteilung, ob eine untreuerelevante Pflichtverletzung vorliegt, noch stärker als im deutschen Recht eine Beurteilung unter Berücksichtigung der besonderen Situation des Einzelfalls erfolgen muss. Jedoch ist auch der Vorstand der österreichischen Privatstiftung bei Anlageentscheidungen nicht völlig frei. Insbesondere bei reinen Spekulationsgeschäften, die mit der wirtschaftlichen Situation der Stiftung unvereinbar sind und exorbitante Risiken für das Vermögen der Stiftung begründen, dürfte auch im österreichischen Recht die Grenze zur Untreuestrafbarkeit regelmäßig überschritten sein.

b) Zweckwidrige Verwendung des Stiftungsvermögens und unangemessene Entgelte

Im Hinblick auf die zum deutschen Recht untersuchten Fallgruppen der zweckwidrigen Verwendung des Stiftungsvermögens sowie der unangemessenen Entgelte unterscheidet sich die Situation in der österreichischen Privatstiftung nicht annähernd so stark von der Situation der deutschen Stiftung, wie dies aufgrund des Fehlens der Trennung der Vermögenssphären sowie des Fehlens von Vorgaben zum Kapitalerhalt im Rahmen der Anlagegeschäfte zu beobachten war. Insoweit lassen sich die dort entwickelten Erkenntnisse im Kern auch auf die Privatstiftung nach österreichischem Recht übertragen.

Vergleichbar der Situation im deutschen Recht bildet auch in der Privatstiftung nach österreichischem Recht der Stiftungszweck eine zentrale Leitlinie für das Handeln des Stiftungsvorstandes. Schließlich ist auch der österreichische Stiftungsvorstand an die Vorgaben aus dem Stiftungszweck gebunden, so dass die Verwendung von Stiftungsmitteln entgegen dem Stiftungszweck unmittelbar mit einer Verletzung der Befugnisse des Stiftungsvorstandes im Innenverhältnis und damit einem untreuerelevanten Befugnismissbrauch einhergeht. Insoweit liegt es nahe, dass die zum deutschen Recht gewonnen Erkenntnisse insoweit auf die Situation der österreichischen Privatstiftung übertragen werden können.

Gleiches gilt im Kern für den Umgang mit Zuwendungen an Dritte sowie unangemessene Entgelte. Schließlich ist der Vorstand der Privatstiftung, wie bereits dargestellt wurde, nach § 17 Abs. 2 PSG verpflichtet, seine Aufgaben „sparsam und mit der Sorgfalt eines gewissenhaften Geschäftsleiters" wahrzunehmen. Insoweit zeigen sich keine Unterschiede zum Vorstand der deutschen Stiftung, der ebenfalls an den Grundsatz der sparsamen und wirtschaftlichen Vermögensverwaltung gebunden ist, und der es dem Vorstand der deutschen Stiftung zum Beispiel verwehrt unangemessene Entgelte zu vereinbaren. In diese Richtung weist auch eine Entscheidung des OGH, der entschieden hat, dass „ein Machthaber, der von seinem Geschäftspartner für sich einen Vermögensvorteil annimmt, wegen Untreue zu bestrafen ist, wenn er als Gegenleistung (insbesondere im Rahmen der Preisbildung) einen den Vertretenen schädigenden Befugnismissbrauch vornimmt"[355].

Als Zuwendungen an Dritte werden dabei beispielsweise „Provisions- beziehungsweise Bestechungsabsprachen zwischen Machthaber und Geschäftspartner bei der Befugnisausübung angesehen, die auf einen versteckten Preisnachlass hinauslaufen", wobei im Ergebnis irrelevant ist, wie diese „Zuwendungen kalkulatorisch oder/und steuerlich behandelt, wie sie verbucht oder bezeichnet werden, ob sie schon von Anfang an, das heißt vor Auftragserteilung ausgehandelt, oder erst später ins Gespräch gebracht werden"[356]. Übertragen auf die Stiftung bedeutet dies, dass das handelnde Organ sich grundsätzlich dann einer Untreue strafbar macht, wenn es Zuwendungen an Dritte in einer solchen Art und Weise erbringt.[357]

---

[355] OGH Urt. v. 05.10.1976, RS0094545, JBl 1983, 545.

[356] *Kienapfel/Schmoller*, Studienbuch Strafrecht BT II, § 153 Rn 74; siehe zu dieser Thematik auch: OGH Urt. v. 05.10.1976, RS0094545, JBl 1983, 545, *Zagler*, Strafrecht BT, § 153 Rn 13ff.; kritisch hierzu: *Pallin*, ÖJZ 1987, 4 (4); *Bertel*, WBl 1989, 239 (240).

[357] Einseitige Zuwendungen von Dritten an das Stiftungsorgan unterfallen hingegen nicht der Untreue, da der Machthaber solche nicht durch seine Befugnisausübung erlangt. Siehe: *Kienapfel/Schmoller*, Studienbuch Strafrecht BT II, § 153 Rn 76.

Unangemessene Entgelte, zum Beispiel in Form einer unverhältnismäßigen Bezahlung der Arbeitsleistung der Stiftungsorgane, können den Tatbestand der Untreue im österreichischen Recht dann erfüllen, wenn interne Regelungen existieren, die Grenzen für die Vergütung bestimmen. Werden diese überschritten, begründet dies einen Befugnismissbrauch. Im Übrigen haben sich die Stiftungsorgane bei Vergütungsentscheidungen am Grundsatz der Sparsamkeit zu orientieren, der einer Vereinbarung unangemessener Entgelte entgegensteht. Wie auch im deutschen Recht wird man den Stiftungsorganen jedoch bei der Beurteilung, welches Entgelt angemessen ist, einen gewissen Einschätzungsspielraum zubilligen müssen. Dies folgt bereits daraus, dass der Vorstand der Privatstiftung nach österreichischem Recht sein Verhalten primär an der Sorgfalt eines gewissenhaften Geschäftsleiters ausrichten muss, was einen gewissen Ermessensspielraum impliziert.

5) Vermögensnachteil

Auch nach österreichischem Recht muss für eine vollendete Untreue der tatbestandsmäßige Erfolg in Form des Eintritts eines Vermögensnachteils vorliegen.

Als Vermögensnachteil wird dabei "jede Verringerung der Aktiven, jede Vermehrung der Passiven und entgangener Gewinn" angesehen.[358] Es ist zudem anerkannt, dass bereits die Eingehung einer Verbindlichkeit einen Vermögensschaden begründen kann.[359] Ferner kann durch Ausbleiben einer Vermögensmehrung ein Vermögensnachteil eintreten. Dies ist beispielsweise bei entgangenen Gewinnen der Fall oder bei einer begründeten Aussicht auf einen entsprechenden geldwerten Vorteil, sofern die aus dem Nichteintritt dieses Vorteils resultierende Vermögenseinbuße bereits im Tatzeitpunkt bestimmbar war.[360] Insoweit unterscheidet sich die Situation im Hinblick auf die Voraussetzungen hinsichtlich des Vorliegens eines Vermögensnachteils im österreichischen Recht

---

[358] *Foregger/Kodek/Fabrizy*, StGB Kurzkommentar, §153 S. 399, *Zagler*, Strafrecht BT, § 153 Rn 16; *Kienapfel/Schmoller*, Studienbuch Strafrecht BT II, § 153 Rn 81; *Köck*, Wirtschaftsstrafrecht, S. 66 mit weiteren Nachweisen.
[359] *Kienapfel/Schmoller*, Studienbuch Strafrecht BT II, § 153 Rn 85; *Zagler*, Strafrecht BT, § 153 Rn 17.
[360] *Zagler*, Strafrecht BT, § 153 Rn 16.

nicht grundlegend von der Situation, wie sie bereits zum deutschen Recht dargestellt wurde. Dementsprechend sind obige Ausführungen im Grunde auch in dieser Rechtsordnung anwendbar.

Dennoch gibt es einen Bereich, in dem sich das österreichische Recht signifikant
von der Situation unterscheidet, wie sie zum deutschen Recht dargestellt wurde.
So begründet die bloße Vermögensgefährdung nach österreichischem Recht
noch keinen Vermögensschaden.[361] Eine schadensgleiche Vermögensgefährdung als Taterfolg erfüllt damit den Tatbestand der Untreue grundsätzlich nicht.
Diese Unterscheidung hat vor allem für die bereits dargestellte Fallgruppe der
Anlagegeschäfte Relevanz. Konsequenz dieses im Vergleich zum deutschen
Recht restriktiveren Ansatzes ist, dass verlustbringende Anlagegeschäfte, die das
zulässige Maß des Risikos übersteigen, erst dann strafbar sind, wenn sich die
Verluste tatsächlich realisiert haben und nicht bereits dann, wenn, wie im deutschen Recht dargestellt, „ein Verlustgeschäft wahrscheinlicher als ein Gewinngeschäft ist". Eine Strafbarkeit bereits bei Eingehen des Risikogeschäfts scheidet
mangels Taterfolgs („Vermögensnachteil") nach österreichischem Recht aus.
Realisiert sich das Risiko jedoch in Form von Verlusten, tritt eine Strafbarkeit
auch nach österreichischem Recht ein.

6)   Subjektiver Tatbestand

Die innere Tatseite des Untreuetatbestands im österreichischen Recht setzt voraus, dass der Täter seine Vollmacht wissentlich (§ 5 Abs. 3 öStGB) missbraucht. Das heißt „er muss bei Vornahme der Vertretungshandlung wissen,
dass er sie nicht vornehmen darf", wobei „riskante Geschäfte, die im Rahmen
des noch Vertretbaren liegen" keinen solchen Missbrauch darstellen, wenn „sie
nicht mehr vertretbar sind, der Täter sie aber immerhin für vielleicht noch vertretbar hält".[362]

---

[361] *Kienapfel/Schmoller*, Studienbuch Strafrecht BT II, § 153 Rn 87; § 144 Rn 40, § 146
Rn 155.
[362] *Bertel/Schwaighofer*, Österreichisches Strafrecht BT I, § 153 Rn 14.

Hinsichtlich der Zufügung eines Vermögensnachteils genügt zur Verwirklichung der subjektiven Tatseite Eventualvorsatz.[363] Ein weiteres Element, das die überschießende Innentendenz ausdrückt, wie beispielsweise das Vorliegen einer Bereicherungsabsicht ist hingegen nicht erforderlich.[364]

Mithin muss der Täter im österreichischen Recht hinsichtlich des Vollmachtmissbrauchs mindestens wissentlich und bezüglich des Vermögensnachteils mindestens mit Eventualvorsatz gehandelt haben. Nur wenn dies der Fall ist kommt eine Strafbarkeit gemäß § 153 Abs. 1 öStGB in Betracht.

7)   Zusammenfassung

Die vorstehenden Ausführungen haben gezeigt, dass dem Tatbestand der Untreue im Rahmen der österreichischen Privatstiftung eine Bedeutung im Rahmen der Sanktionierung des Fehlverhaltens von Stiftungsorganen zukommt. Dabei erweist sich der Tatbestand der Untreue nach österreichischem Recht teilweise als enger und teilweise als weiter, was sich unmittelbar auf die Frage auswirkt, in welchem Umfang das Stiftungsvermögen strafrechtlich vor dem Fehlverhalten von Stiftungsorganen geschützt wird.

So wirkt sich das Fehlen eines „Treuebruchtatbestands" bei der Bestimmung des tauglichen Täters stark beschränkend aus, da dies den Kreis der als Täter in Betracht kommenden Personen auf den Stiftungsvorstand begrenzt, da nur dem Stiftungsvorstand eine Befugnis zukommt, über das Vermögen der Stiftung zu verfügen beziehungsweise die Stiftung zu verpflichten.

Weiterhin wirkt sich die enge Fassung des Tatbestands bei der tauglichen Tathandlung aus, indem sie „lediglich" den „Missbrauch" einer „durch Gesetz, behördlichen Auftrag oder Rechtsgeschäft eingeräumten Befugnis" unter Strafe stellt. Diese Begrenzung des Untreuetatbestands auf die sogenannten „Missbrauchsvariante" führt im Unterschied zum deutschen Recht dazu, dass jegliches Fehlverhalten von Organen, bei welchem gegen im Innenverhältnis bestehende

---

[363] *Foregger/Kodek/Fabrizy*, StGB Kurzkommentar, § 153.
[364] Siehe hierzu: OGH v. 17.06.1980, RS0095455, SSt 51/46.

Rechtspflichten verstoßen wird, eine untreuerelevante Tathandlung begründet, unbeschadet dessen, ob die verletzte Rechtsregel dem Bereich der „Vermögensbetreuungspflichten" zuzuordnen ist oder nicht.

Insoweit vermeidet das österreichische Recht komplexe Abgrenzungsfragen, wie sie im Rahmen der Darstellung der Rechtslage zum deutschen Teil erörtert wurden und gestattet es auch solche Tathandlungen strafrechtlich zu sanktionieren, die nach deutschem Recht aufgrund des nicht Vorliegens von Vermögensbetreuungspflichten nicht strafrechtlich erfasst sind. Gleichzeitig werden durch die Beschränkung auf den Missbrauchstatbestand nur „Missbrauchshandlungen" erfasst, das heißt solche Handlungen, bei denen rechtsgeschäftlich/ organschaftlich eingeräumte Befugnisse überschritten werden, wohingegen sonstige die Stiftung schädigende Verhaltensweisen keine Untreue nach österreichischem Recht zu begründen vermögen.

Schließlich wurde bei der Auswertung der beispielhaft aufgeführten Tathandlungen festgestellt, dass sich die österreichische Privatstiftung von der Stiftung nach deutschem Recht dadurch signifikant unterscheidet, dass im Bereich der Verwendung der Stiftungsmittel keine gesetzlichen Beschränkungen hinsichtlich Kapitalerhaltung respektive Mittelverwendung des Stiftungsvermögens existieren und insoweit als Richtschnur rechtmäßigen Handelns lediglich die Sorgfalt eines gewissenhaften Geschäftsleiters nach § 17 PSG heranzuziehen ist.

Dies hat unmittelbar zum Beispiel für den strafrechtlichen Vermögensschutz im Rahmen der Vornahme von Anlagegeschäften durch den Stiftungsvorstand Relevanz, da dem Vorstand der Privatstiftung nach österreichischem Recht insoweit ein größerer Einschätzungsspielraum verbleibt, als zum Beispiel dem Vorstand einer deutschen Stiftung, verbunden mit einem deutlich eingeschränkteren strafrechtlichen Vermögensschutz. Dieser reduzierte strafrechtliche Vermögensschutz im Rahmen der Vornahme von Anlagegeschäften wird zudem dadurch verstärkt, dass eine bloße Vermögensgefährdung nach österreichischem Recht grundsätzlich nicht ausreicht, eine Vollendungsstrafbarkeit zu begründen.

II) Bewertung des strafrechtlichen Vermögensschutzes in österreichischen Stiftungen

1) Umfang des strafrechtlichen Vermögensschutzes

Wie bereits im Rahmen der Bewertung des strafrechtlichen Vermögensschutzes in der deutschen Stiftung dargestellt wurde, basiert ein effektiver strafrechtlicher Vermögensschutz auf einem vollumfänglichen Schutz des Stiftungsvermögens durch Straftatbestände wie dem der Untreue einerseits und Kontrollinstrumentarien anderseits, die es erst ermöglichen, Fehlverhalten von Stiftungsorganen zu erkennen und damit gegebenenfalls sanktionieren zu können.

Wie sich aus obigen Ausführungen ergibt, ist der Tatbestand der österreichischen Untreue durch die Begrenzung auf den Missbrauch einer Befugnis über fremdes Vermögen zu verfügen beziehungsweise die Stiftung zu verpflichten, enger und bestimmter gefasst als der Untreuetatbestand im deutschen Recht. Konsequenz hieraus ist, dass im Wesentlichen Fehlverhalten von Stiftungsvorständen über die Untreue erfasst werden können, während Fehlverhalten von anderen Personen (Bevollmächtigte ausgenommen), zum Beispiel Mitgliedern des Stiftungsaufsichtsrates, nicht strafrechtlich sanktioniert werden. Im Hinblick auf den Umfang des Schutzes des Stiftungsvermögens vor Fehlverhalten von Mitgliedern des Stiftungsvorstandes bietet das österreichische Strafrecht ein differenziertes Bild. Einerseits bietet das österreichische Strafrecht einen sehr umfassenden Schutz des Stiftungsvermögens vor Fehlverhalten von Mitgliedern des Stiftungsvorstandes, indem jegliches rechtsgeschäftliche Fehlverhalten vom Tatbestand der Untreue erfasst werden kann, ohne dass es eines Nachweises einer gesonderten Vermögensbetreuungspflicht bedarf. Andererseits besitzt der Vorstand einer österreichischen Privatstiftung gerade im Bereich der Mittelverwendung durch das Fehlen von gesetzlichen Vorgaben zur Kapitalerhaltung/Mittelverwendung einen beträchtlichen Einschätzungsspielraum, der eine effektive strafrechtlichen Schutz des Stiftungsvermögens im Bereich der Mittelverwendung, zum Beispiel im Rahmen von verlustbringenden Anlageentscheidungen, erschwert.

Während der Schutz des Stiftungsvermögens durch das Strafrecht materiell rechtlich zumindest partiell hinter dem Schutz, wie ihn das deutsche Recht bietet, zurückbleibt, bietet sich im Bereich der Kontrollmöglichkeiten, wie nachfolgend darzustellen sein wird, ein gegenteiliges Bild. Es wurde bereits darauf hingewiesen, dass auch ein wirksamer materieller Vermögensschutz durch Kontrolldefizite in der Praxis entwertet werden kann.

Konsequenz von derartigen Kontrolldefiziten ist, dass der Tatbestand der Untreue nicht umfassend sanktioniert wird. Dies kann zum Beispiel dadurch vorkommen, dass der Aufbau der Stiftung keine Instrumentarien bereithält, die eine Untreue aufdecken können und damit der Untreuevorwurf nicht erhoben werden kann und die Untreue aus diesem Grund auch nicht verfolgt werden kann. Insoweit ergeben sich für die Privatstiftung nach österreichischem Recht Besonderheiten im Vergleich zur deutschen Stiftung, die nachfolgend anhand einer näheren Erörterung der stiftungsrechtlichen Struktur der Privatstiftung aufgezeigt werden sollen.

Während die eingangs der Darstellung zum österreichischen Recht angesprochene österreichische Stiftung nach dem BStFG noch dem Trennungsprinzip folgt, das heißt dem Stifter stehen nach der Stiftungserrichtung keinerlei Einflussnahme Rechte auf das Stiftungsgeschehen zu, schuf der österreichische Gesetzgeber mit dem Beschluss eines Privatstiftungsgesetzes eine Abkehr von dieser Grundprämisse. Zwar war im Koalitionsabkommen zunächst nur davon die Rede, dass ein moderneres Stiftungsrecht geschaffen werden sollte[365], jedoch bewirkte das Privatstiftungsgesetz tatsächlich eine revolutionäre Änderung in der österreichischen Stiftungslandschaft.

Jakob hat zutreffend erkannt, „dass sich ein Stifter leichter von seinem Vermögen trennt, wenn er nicht nur Satzungsänderungen Dritter ermöglichen, sondern

---

[365] Hierzu ausführlich: *Nowotny*, GesRZ 1994, 1 (1), der ferner darauf hinweist, dass mit dem Privatstiftungsgesetz nicht nur der Tendenz entgegengewirkt werden solle, private Vermögen aus der österreichischen Volkswirtschaft abzuziehen, sondern eben auch ein Anreiz zu setzen, ein internationales Stiftungsparadies zu schaffen, um dadurch ausländische Vermögen in österreichischen Stiftungen zu bündeln und damit den inländischen Kapitalmarkt zu stärken, siehe ebd., S. 2; ähnlich hierzu auch: *Helbich* in: Gassner/Göth/Gröhs/Lang (Hrsg.), Privatstiftungen Gestaltungsmöglichkeiten in der Praxis, S. 1 (5, 9).

sogar selbst weiterhin Einfluss auf die Verwendung seines Vermögens nehmen (und es als Ultima Ratio möglicherweise sogar zurückholen) kann".[366] Der Stifter nimmt im österreichischen Stiftungsrecht daher eine zentrale Rolle ein. Dies gilt bei der Privatstiftung nicht nur für den Entstehungsprozess der Stiftung, sondern darüber hinaus auch dann, wenn der Stifter sich weitergehende Rechte in der Stiftungserklärung gemäß § 9 Abs. 2 PSG vorbehalten hat. Der Stifter der österreichischen Privatstiftung muss durch die Stiftungserrichtung „weder die Herrschaft noch die Vermögensrechte ihrem Kern nach aus der Hand geben".[367] Dies geht soweit, dass er sich sogar die Änderung der Stiftungserklärung gemäß § 9 Abs. 2 Nr. 6 PSG vorbehalten kann.[368] Hinzu kommt, dass sich der Stifter häufig selbst auf Lebenszeit zum Vorstand bestellt und sich vorbehält, die anderen Vorstandsmitglieder zu bestellen beziehungsweise abberufen zu können, wodurch letztlich die „Endgültigkeit des Stiftungsaktes" relativiert wird.[369]

Das Verhältnis des Stifters zur Stiftung wurde daher in der österreichischen Privatstiftung so konzipiert, dass diesem auch nach der Stiftungserrichtung weitgehende Einflussrechte auf das Geschehen der Stiftung zustehen und er die Stiftung sogar unter gewissen Umständen widerrufen kann. Dem Stifter verbleiben daher – bei entsprechender Gestaltung – auch nach der Stiftungserrichtung Verantwortungsbereiche. Konsequenz dieses Ansatzes ist, dass die Tätigkeiten innerhalb der Stiftung nicht im „Dunklen" stattfinden, sondern der Stifter weiterhin die Möglichkeit besitzt, Einblick in das Stiftungsgeschehen zu nehmen. Schließlich hat gerade der Stifter ein originäres Interesse daran, dass die Stif-

---

[366] *Jakob,* in: Saenger/Bayer/Koch/Körber (Hrsg.), FS Werner, S. 101 (102).

[367] *Doralt/Kalss,* in: Hopt/Reuter (Hrsg.), Stiftungsrecht in Europa, S. 419 (428 f.). Dies führt bei unentschlossenen Stiftern auch dazu, dass der Stiftung zunächst ein niedriges Startkapital gegeben wird und ihr nur die Vollmacht zur Verwaltung des letztlich in Aussicht genommenen Stiftungsvermögens erteilt wird, sog. sukzessive Dotierung. Siehe: *Doralt/Kalss,* in: Hopt/Reuter (Hrsg.), Stiftungsrecht in Europa, S. 419 (429).

[368] Ferner ist § 9 Abs. 2 PSG derart formuliert („insbesondere"), dass die in diesem Absatz enthaltenen Bestimmungen nur eine beispielhafte Aufzählung darstellen und keineswegs als abschließend verstanden werden.Siehe hierzu auch: *Doralt,* ZGR 1996, 1 (9).

[369] *Wachter,* DStR 2000, 474 (474 f.); *Doralt/Kalss,* in: Hopt/Reuter (Hrsg.), Stiftungsrecht in Europa, S. 419 (433). Dies ist jedoch nur dann möglich, wenn der Stifter selbst nicht zu den Begünstigten der Stiftung zählt, vgl. § 15 Abs. 2 PSG. Begünstigte der Stiftung und deren Angehörige können daher auch gemäß § 15 Abs. 2 PSG nicht Mitglieder des Stiftungsvorstands sein.

tungstätigkeit ordnungsgemäß ausgeübt wird und nicht die dem Stiftungsvorstand zustehenden Befugnisse missbraucht werden. Der Stifter wird daher der rechtmäßigen Verwaltung des Stiftungsvermögens eine große Beachtung entgegenbringen und im Falle von Unregelmäßigkeiten diese entsprechend verfolgen und darauf drängen, dass solche auch sanktioniert werden.

Die starke Stellung des Stifters in der österreichischen Privatstiftung erklärt auch, wieso das österreichische Stiftungsrecht auf andere zwingende Kontrollmechanismen, wie zum Beispiel eine staatliche Kontrollinstanz verzichtet. Gleichzeitig wird das Fehlen einer solchen Instanz durch den Stiftungsprüfer ersetzt, durch dessen Kontrolle, entsprechender Sachverstand des Stiftungsprüfers vorausgesetzt, eine der staatlichen Kontrolle vergleichbare Kontrolle geschaffen wird. Gleichzeitig wird durch den Stiftungsprüfer einem „Kontrolldefizit" für den Fall des Todes des Stifters vorgebeugt, indem sodann der Stiftungsprüfer Einblick in das Geschehen der Stiftung hat.

Insoweit zeigt sich, dass das österreichische Recht der Privatstiftung, indem es dem Stifter größere Kontrollmöglichkeiten einräumt als bei der deutschen Stiftung, im Falle von Verstößen des Stiftungsvorstandes gegen die Vermögensinteressen der Stiftung grundsätzlich ein besseres Potential der Kontrolle und damit der Möglichkeit zur Aufdeckung von Fehlverhaltens eröffnet, als dies zum Beispiel bei der deutschen Stiftung der Fall ist.

2) Maßnahmen zur Schließung von Schutzlücken

Wie sich gezeigt hat liegen die Schutzlücken im österreichischen Recht weniger auf Ebene des Stiftungsrechts, sondern in der gesetzgeberischen Konzeption des Untreuetatbestands verborgen. Hintergrund ist vor allem die Beschränkung der Untreue auf Fälle des Missbrauchs rechtsgeschäftlicher Vertretungsbeziehungsweise Verfügungsmacht und damit die Beschränkung auf einen kleinere Kreis von Adressaten. Diese Schutzlücke könnte durch eine weitere Fassung des Untreuetatbestandes, wie sie im deutschen Recht zur Anwendung gelangt, behoben werden. Eine solche Erweiterung ist zwangsläufig jedoch auch mit Nachteilen verbunden. Sollte der Tatbestand weiter gefasst werden, was durch die Aufnahme einer Treuebruchvariante erreicht werden kann, wirft dies Fragen hinsichtlich dessen Bestimmtheit und schwierige Abgrenzungsfragen auf. Der österreichische Gesetzgeber hat sich mit der derzeitigen Fassung für einen engeren aber bestimmten Tatbestand entschieden, was aber zu Lasten des Umfangs des strafrechtlichen Vermögensschutzes geht.

Als weitere Maßnahmen zur Minimierung von Schutzlücken im strafrechtlichen Vermögensschutz bieten sich, wie auch im deutschen Recht, vor allem solche Maßnahmen an, die darauf abzielen, die Verwirklichung einer Untreue zu erkennen und solche Handlungsweisen an die Öffentlichkeit zu bringen, so dass diese dann entsprechend sanktioniert werden.

Erreichen kann dies der Stifter durch Schaffung von Kontrollinstanzen im Rahmen der Stiftungssatzung, wie zum Beispiel die Einsetzung eines Stiftungsaufsichtsrates sowie detaillierter Vorgaben hinsichtlich dessen Einbindung in den Vermögensverwaltungsprozess im Rahmen der Stiftungstätigkeit. Die Ausgestaltung im Einzelfall wird sich dabei stets an den Besonderheiten der jeweiligen Stiftung orientieren müssen.

3) Fazit

Das österreichische Recht bestraft ausgehend vom Straftatbestand der Untreue nur solche Verhaltensweisen, die vom Missbrauchstatbestand umfasst sind. Dadurch kommt es in gewissen Konstellationen zu Strafbarkeitslücken. Der Vorteil dieser Konzeption liegt darin, dass dem Bestimmtheitsgebot besser Rechnung getragen wird. Aus dem Stiftungsrecht selbst lassen sich keine Maßnahmen zur Reduzierung der aus der Konzeption des Untreuetatbestands resultierenden Strafbarkeitslücke ableiten.

Das österreichische Stiftungsrecht bietet jedoch taugliche Instrumente, solche rechtswidrigen Verhaltensweisen zu erkennen und eine Strafverfolgung zu ermöglichen. Vor diesem Hintergrund gewährt das österreichische Stiftungsrecht ein Regelungssystem, das grundsätzlich in der Lage ist, strafwürdige Handlungsweisen aus der Sphäre der Stiftung an die Öffentlichkeit zu transportieren.

Eine Möglichkeit hierzu liegt darin, dem Stifter weitergehender Rechte zur Einflussnahme auf das Stiftungsgeschehen selbst nach der Stiftungsgründung einzuräumen. Eine zweite Möglichkeit bildet die Einrichtung von Aufsichtsgremien mit entsprechenden Kontroll- und Aufsichtskompetenzen.

C) Schweizerische Rechtslage

I) Strafrechtlicher Vermögensschutz durch den Tatbestand der ungetreuen Geschäftsbesorgung in der schweizerischen Stiftung

1) Stiftungsvermögen und ungetreue Geschäftsbesorgung gemäß Art. 158 chStGB

Die Stiftung nach Schweizer Recht ist in den §§ 80 bis 89 chZGB normiert. Als wesentliche Elemente der Stiftung lassen sich, vergleichbar der Stiftung nach deutschem oder nach österreichischem Recht, der Stiftungszweck, die Stiftungsorgane sowie das Stiftungsvermögen charakterisieren. Selbst wenn man das „Herzstück oder [die] Seele" der Stiftung in der Verfolgung des Stiftungszwecks sieht[370], da dieser die Aufgabe sowie das Ziel und damit die wichtigste Verhaltensmaxime für die Organe definiere, gilt auch für die Stiftung nach Schweizer Recht der Grundsatz, dass die Verfolgung des Stiftungszwecks eine ausreichende Kapitalausstattung der Stiftung erfordert, womit dem Stiftungsvermögen und insbesondere dessen Schutz auch im Rahmen der schweizerischen Stiftung eine große Bedeutung zukommt.

Die besondere Bedeutung des Stiftungsvermögens und das Erfordernis eines besonderen Schutzes desselben wird auch dadurch hervorgehoben, dass die schweizerische Stiftung gemeinhin als „personifiziertes Zweckvermögen", beschrieben wird, „über dessen Stiftungsurkunde (Grundgesetz), Existenz und

---

[370] *Hindermann*, ZSR 1928, 225 (227); dem zustimmend: *Grüninger* in: Honsell/Vogt (Hrsg.) Kommentar schweizerisches Zivilgesetzbuch, Art. 80 Rn 12.

Vermögen begrifflich keiner der Beteiligten verfügen darf, das heißt weder der Stifter noch die Stiftungsorgane noch die Stiftungsbegünstigten"[371].

In diesem Kontext stellt sich die Frage, ob das schweizerische Strafrecht in der Lage ist, den erforderlichen strafrechtlichen Vermögensschutz in der Stiftung zu gewährleisten und damit das Stiftungsvermögen und hierdurch die Stiftungszweckverfolgung sicherzustellen.

Entsprechend der Ausführungen zum deutschen und österreichischen Recht, werden sich die Ausführungen im Folgenden vornehmlich mit dem Vermögensdelikt der ungetreuen Geschäftsbesorgung aus Art. 158 chStGB befassen. Dieses Delikt stellt das Pendant zu der im deutschen und österreichischen Recht untersuchten Untreue dar, vergleiche § 266 dStGB sowie § 153 öStGB.

Die „ungetreue Geschäftsbesorgung" ist im schweizerischen Strafgesetzbuch in Art. 158 wie folgt geregelt:[372]

Ziffer 1: „Wer aufgrund des Gesetzes, eines behördlichen Auftrags oder eines Rechtsgeschäfts damit betraut ist, Vermögen eines anderen zu verwalten oder eine solche Vermögensverwaltung zu beaufsichtigen und dabei unter Verletzung seiner Pflicht bewirkt oder zulässt, dass der andere am Vermögen geschädigt wird, wird mit Freiheitsstrafe bis zu drei Jahren oder Geldstrafe bestraft. Wer als Geschäftsführer ohne Auftrag gleich handelt, wird mit der gleichen Strafe belegt. Handelt der Täter in der Absicht, sich oder einen andern unrechtmäßig zu bereichern, so kann auf Freiheitsstrafe von einem Jahr bis zu fünf Jahren erkannt werden."

Ziffer 2: „Wer in der Absicht sich oder einen anderen unrechtmäßig zu bereichern, die ihm durch das Gesetz, einen behördlichen Auftrag oder ein Rechtsgeschäft eingeräumte Ermächtigung, jemanden zu vertreten, missbraucht und

---

[371] Riemer in: Stiftungsrecht in Europa, 511 (512); so auch: Jakob, ZEV 2009, 165 (165); ähnlich auch: Riemer, in: Meier-Hayoz (Hrsg.), Berner Kommentar zum schweizerischen Privatrecht: Stiftungen, Systematischer Teil S. 23.

[372] Früher lautete der Tatbestand der ungetreuen Geschäftsbesorgung „ungetreue Geschäftsführung" und war anstelle von Art. 158 chStGB in Art. 159 chStGB normiert.

dadurch den Vertretenen am Vermögen schädigt, wird mit Freiheitsstrafe bis zu fünf Jahren oder Geldstrafe bestraft."

Ziffer 3: „Die ungetreue Geschäftsbesorgung zum Nachteil eines Angehörigen oder Familiengenossen wird nur auf Antrag verfolgt."

Geschütztes Rechtsgut der ungetreuen Geschäftsbesorgung ist das *Vermögen* und das berechtigte Vertrauen in die Redlichkeit beziehungsweise Treue des Geschäftspartners.[373] Das Unrecht dieses Tatbestandes besteht in der Verletzung einer Treuepflicht, welche zu einem Vermögensschaden führt.

Vorgänger des Tatbestandes der ungetreuen Geschäftsbesorgung (Art. 158 chStGB) war Art. 159 chStGB alte Fassung, die sogenannte ungetreue Geschäftsführung. Der Hauptunterschied zwischen dem Tatbestand der ungetreuen Geschäftsführung nach altem Recht und der nun anwendbaren ungetreuen Geschäftsbesorgung liegt darin, dass im Zuge der Revision des Vermögensstrafrechts im Jahre 1995[374] der Tatbestand präzisiert und teilweise erweitert wurde. Er wurde unter anderem dahingehend ergänzt, dass sich „neben dem eingesetzten Geschäftsführer ausdrücklich auch der Geschäftsführer ohne Auftrag sowie derjenige strafbar machen kann, der die Vermögensverwaltung zu beaufsichtigen hat".[375] Darüber hinaus wurde mit der Aufnahme des Missbrauchstatbestands die Strafbarkeit, wie nachfolgend noch kurz darzustellen sein wird, umfassender gestaltet.[376]

2) Tathandlung

Bereits die erste Lektüre des Art. 158 chStGB lässt erkennen, dass sich die ungetreue Geschäftsbesorgung in Teilaspekten sowohl von der Untreue nach deutschem als auch der Untreue nach österreichischem Recht unterscheidet. Vor diesem Hintergrund soll nachfolgend in einem ersten Schritt anhand der Darstel-

---

[373] Siehe: *Vollmar*, Die ungetreue Geschäftsführung, S. 20 ff.*; Donatsch*, ZStR 1996, 200 (202); *Schubarth/Albrecht*, Kommentar schweizerisches StGB, Art. 159, S. 207; *Urbach*, Die ungetreue Geschäftsbesorgung, S. 20 f.; *Barth*, Die ungetreue Geschäftsführung, S. 45.
[374] Die Reform trat am 01. Januar 1995 in Kraft.
[375] Siehe hierzu ausführlich: *Donatsch*, ZStrR 1996, 200 (203).
[376] Näher hierzu: *Donatsch*, ZStR 1996, 200 (202) mit weiteren Nachweisen.

lung des Tatbestandes der ungetreuen Geschäftsbesorgung sowie potentieller Rechtsquellen von Treuepflichten der Frage nachgegangen werden, wie taugliche Tathandlungen der ungetreuen Geschäftsbesorgung im Rahmen der schweizerischen Stiftung aussehen können.

Die schweizerische ungetreue Geschäftsbesorgung nach Art. 158 chStGB kennt, wie aus der Differenzierung in zwei Absätzen ersichtlich, zwei Tatbestandsvarianten und damit zwei unterschiedliche Arten von Tathandlungen: die Treuepflichtverletzung und den Missbrauch der Vertretungsmacht. Der Gesetzgeber hat sich dazu entschieden, beiden Tatbeständen prinzipiell unterschiedliche Anwendungsbereiche zukommen zu lassen, so dass der Missbrauchstatbestand eine komplementäre Rolle gegenüber dem Treuebruchtatbestand einnimmt.[377] Gemeinsames Merkmal beider Tatbestände ist die Verletzung einer außerstrafrechtlichen, regelmäßig einer zivilrechtlichen Pflicht. Dies resultiert daraus, dass das Strafrecht keine Zuordnung von Gütern beziehungsweise wirtschaftlichen Interessen zu Rechtssubjekten vornimmt. Bei dieser Abhängigkeit der Strafbarkeit von zivilrechtlichen Pflichten handelt es sich um die sogenannte zivilrechtsakzessorische Ausgestaltung des Tatbestands.[378]

a) Treuebruchtatbestand und Missbrauchstatbestand

Das spezifische Unrecht der *Treuebruchvariante* besteht, wie es der Name bereits impliziert, in der Verletzung einer Treuepflicht. Vergleichbar der Situation im deutschen Recht, hat auch im Schweizer Recht die Rechtsprechung in der Vergangenheit verschiedene Kriterien herausgebildet, die erfüllt sein müssen, damit von einer Treupflicht im oben dargestellten Sinne gesprochen werden kann: Der Verpflichtete muss zur selbständigen Verfügung über das fremde Vermögen oder Bestandteile hiervon befugt sein[379], es muss sich dabei explizit

---

[377] Siehe: *Foffani*, in: Sieber (Hrsg.), Festschrift Tiedemann, S. 767 (772) mit weiteren Nachweisen.

[378] Näher hierzu: *Donatsch*, ZStrR 1996, 200 (210).

[379] Dies wurde mehrfach höchstrichterlich entschieden. Exemplarisch für alle Entscheidungen: Urt. v. 16.05.1969, BGE 95 IV 65 (66); Urt. v. 26.03.1974, BGE 100 IV 34 (36); Urt. v. 23.04.1974, BGE 100 IV 167 (172); Urt. v. 23.05.1975, BGE 101 IV 167 (167).

um die Wahrnehmung fremder Vermögensinteressen handeln[380] und die zu betreuenden Vermögensinteressen müssen bedeutsam beziehungsweise von einigem Gewicht sein.[381] Weitere Voraussetzung für die Annahme einer Strafbarkeit ist, dass der Täter die ihm obliegende *Treuepflicht verletzt* haben muss.[382] Dies ist vor allem davon abhängig, ob der Rahmen einer ordnungsgemäßen Geschäftsführung überschritten wurde, wobei zum Teil in diesem Zusammenhang kritisch darauf hingewiesen wird, dass die Strafrichter gut daran täten, hinsichtlich der Annahme einer solchen Verletzung ein „vernünftiges, mit dem praktischen Leben im Einklang stehendes objektives Maß anzuwenden"[383]. Im Übrigen wird das tatbestandsmäßige Verhalten der ungetreuen Geschäftsbesorgung im Wesentlichen nur noch durch den relativ unspezifischen Erfolg einer Vermögensschädigung eingegrenzt.[384] Hieraus folgt, dass nach eingehender Erörterung der Treuepflichten, diese daraufhin untersucht werden müssen, ob sie durch das Tun oder Unterlassen des Täters verletzt wurden.

Im Rahmen des *Missbrauchstatbestands* muss der Täter „die ihm durch das Gesetz, einen behördlichen Auftrag oder ein Rechtsgeschäft eingeräumte Ermächtigung, jemanden zu vertreten, missbraucht und dadurch den Vertretenen am Vermögen" geschädigt haben, vergleiche Art. 158 Ziffer 2 chStGB. Die Missbrauchsvariante differenziert zwischen der im Innenverhältnis verliehenen Vertretungsbefugnis und der nach außen wirksamen Vertretungsmacht. Die Pflichtwidrigkeit ist dann gegeben, wenn die Befugnis im Innenverhältnis überschritten ist, der Täter sich aber dennoch im Rahmen seiner zivilrechtlich eingeräumten Vertretungsmacht befindet. Im Innenverhältnis bestimmt sich die Befugnis nach dem Willen des Geschäftsherrn und sie kann aus denselben Rechtsquellen fol-

---

[380] Vergleiche: Urt. v. 10.11.1951, BGE 77 IV 203 (204).

[381] Siehe hierzu ausführlich: Urt. v. 20.11.1979, BGE 105 IV 307 (312); vergleiche hierzu: *Urbach*, Die ungetreue Geschäftsbesorgung, S. 33 ff; Kürzer auch: *Stratenwerth*, Schweizerisches Strafrecht BT I, § 19 Rn 6 ff., der auf die einzelnen Merkmale exemplarisch eingeht; siehe auch: *Vollmar*, Die ungetreue Geschäftsführung, S. 50 ff.

[382] Auf den Aspekt der Verletzung der Treuepflicht wird nachfolgend unter: 2. Kapitel C) I) 4) Verletzung der Treuepflicht und Befugnis im Rahmen der Stiftungstätigkeit anhand ausgewählter Beispielsfälle näher eingegangen.

[383] Schmid, in: Die Schweizerische Aktiengesellschaft 1974, 101 (111).

[384] *Stratenwerth*, Schweizerisches Strafrecht BT I, § 19 Rn 11.

gen wie die Treupflicht[385]. Es kommt mithin darauf an, ob der Täter die im Innenverhältnis verliehene Vertretungsbefugnis überschritten hat, sich aber dennoch im Rahmen einer im Außenverhältnis wirksamen Vertretungsmacht bewegt. Auf diesen Aspekt wird jedoch an anderer Stelle im weiteren Verlauf dieser Arbeit eingegangen.[386]

Das Verhältnis zwischen Treuebruch- und Missbrauchstatbestand bestimmt sich dergestalt, dass letzterer insofern über den Treuebruchtatbestand hinausgeht, als auch „Fälle einbezogen werden, in denen jemand etwa nur zum Abschluss eines einzelnen Rechtsgeschäftes ermächtigt ist, also keineswegs jene Selbständigkeit besitzt, die der Treubruch voraussetzt".[387]

Im Folgenden gilt es, die unterschiedlichen Entstehungsgründe einer Treuepflicht sowie der Befugnis im Rahmen der schweizerischen Stiftung zu identifizieren und herauszuarbeiten. Hierzu werden nachfolgend die Rechtsquellen dargestellt, die im Rahmen einer schweizerischen Stiftung derartige Treueverhältnisse und Befugnisse begründen können.

b)   Rechtsquellen für Treueverhältnisse und Befugnisse

Das Treueverhältnis und die Befugnis im Sinne des Art. 158 chStGB können sich wie der Wortlaut des Art. 158 Ziffer 1 chStGB beziehungsweise des Art. 158 Ziffer 2 chStGB nahelegt grundsätzlich aus Gesetz, behördlichem Auftrag oder Rechtsgeschäft ergeben.

Die   Stiftungsnormen   des   schweizerischen   Zivilgesetzbuches (Art. 80 bis Art. 89 chZGB) sind im Wesentlichen allgemein gefasst, da sich der Gesetzgeber mit der näheren Ausgestaltung weitgehend zurückgehalten und es letztlich dem Stifter überlassen hat, bei der Stiftungserrichtung die für die Stiftung sowie deren Organe anwendbaren Regelungen nach eigenem Ermessen

---

[385] *Stratenwerth*, Schweizerisches Strafrecht BT I, § 19 Rn 22; Siehe hierzu auch ausführlich: *Urbach*, Die ungetreue Geschäftsbesorgung, S. 156 ff.

[386] Siehe näher hierzu unter: 2. Kapitel C) I) 4) Verletzung der Treuepflicht und Befugnis im Rahmen der Stiftungstätigkeit anhand ausgewählter Beispielsfälle.

[387] *Stratenwerth*, Schweizerisches Strafrecht BT I, § 19 Rn 22 mit weiteren Nachweisen.

festzulegen. Lediglich im Rahmen der gemeinnützigen Stiftung besteht insoweit eine Besonderheit, als in diesem Zusammenhang die Sonderregelungen des Steuergesetzes berücksichtigt werden müssen.[388] Unmittelbare Konsequenz dieser Regelungstechnik ist, dass neben den Steuergesetzen vor allem die Stiftungsurkunde, die sogenannten Stiftungsreglemente, das Stiftungsgeschäft sowie arbeits- beziehungsweise anstellungsvertragliche Regelungen von Stiftungsorganen als Rechtsquellen und damit Grundlage von Treupflichten in Betracht zu ziehen sind, wohingegen gesetzliche Vorgaben im schweizerischen Stiftungsrecht als Grundlage von Treuepflichten eine untergeordnete Rolle spielen.

Die vorstehend genannten Rechtsquellen werden im Folgenden auf ihre Fähigkeit untersucht, Treuepflichten und Befugnisse begründen zu können. Da es bislang an Abhandlungen zum Thema der ungetreuen Geschäftsbesorgung in schweizerischen Stiftungen fehlt, erfolgt die nachstehende Untersuchung ausschließlich anhand der zur Verfügung stehenden Gesetzesmaterialien beziehungsweise anhand einer exemplarische Darstellung der stiftungsinternen Vorschriften.

(1) Steuergesetze

In den Steuergesetzen sind die Voraussetzungen niedergelegt, unter denen die Stiftung steuerbefreit ist. Grundsätzlich ist dies der Fall, wenn der Stiftungszweck entweder ein idealer, gemeinnütziger oder öffentlicher ist.[389] Art. 56g chDBG[390] normiert, dass juristische Personen von der Steuerpflicht befreit sind, wenn sie „öffentliche oder gemeinnützige Zwecke verfolgen". Dies ist der Fall, wenn der Gewinn ausschließlich und unwiderruflich diesen Zwecken gewidmet ist. Im Wesentlichen lassen sich die Voraussetzungen für die Gemeinnützigkeit und damit die Steuerbefreiung als uneigennützige Verfolgung von Allgemeininteressen umschreiben. Dabei kommt es im Grunde auf die

---

[388] Ausführlich hierzu: *Wettenschwiler*, in: Zindel/Peyer/Schott (Hrsg.), Festgabe Forstmoser, S. 347 (362 f.).
[389] Siehe: *Sprecher/von Salis*, in: Richter/Wachter (Hrsg.), Handbuch des internationalen Stiftungsrechts, S. 1338 Rn 81.
[390] Bundesgesetz über die direkte Bundessteuer (DBG) vom 14.12.1990 AS 1991 1184.

Volksauffassung an, die eine Gemeinnützigkeit spätestens dann ablehnt, wenn der Destinatärkreis zu eng gefasst ist.[391]

Der Stifter delegiert den Stiftungsorganen mit seiner Entscheidung für eine steuerbefreite Stiftung somit wesentliche Handlungspflichten, die diese erfüllen müssen, um die Steuerbefreiung der Stiftung zu erhalten, so dass anzunehmen sein könnte, dass die Vorgaben die sich aus den steuerlichen Normen ergeben Vermögensbetreuungspflichten begründen. Dies beurteilt die deutsche Rechtsprechung für das deutsche Recht, wie sich gezeigt hat, anders. Mangels Rechtsprechung und wissenschaftlicher Abhandlungen zu diesem Themenkomplex im Schweizer Recht, lässt sich jedoch nicht ausschließen, dass auch diese von der deutschen Rechtsprechung konstatierten Grundsätze in dieser Form auch von der Schweizerischen Rechtsprechung entschieden würden, da die Praxis zeigt, dass sich die Schweizer Rechtsprechung häufig an der Deutschen Rechtsprechung orientiert, was aber nicht zwangsläufig der Fall sein muss. So dient Art. 56g chDBG ebenfalls „ausschließlich fiskalischen Interessen", in Form der Förderung privater Einrichtungen auf dem Gemeinwohlsektor.[392] Ein, das Vermögen der Stiftung schützender Charakter wohnt dieser Vorschrift nicht inne, ein solcher ist jedoch für die Erfüllung des Art. 158 chStGB Voraussetzung.[393] Mit dieser Argumentation spricht also auch im Schweizer Recht vieles dafür, dass aus den steuerlichen Regelungen keine Treuepflichten beziehungsweise Befugnisse im Innenverhältnis abzuleiten sind.

(2) Stiftungsurkunde

Ein Treueverhältnis sowie eine Befugnis können ferner aus der Stiftungsurkunde folgen, da auch diese das Innenverhältnis der Stiftung näher bestimmt und somit Vorgaben für die Stiftungstätigkeit aufweist.

---

[391] Vergleich hierzu ausführlich: *Sprecher/von Salis*, in: Richter/Wachter (Hrsg.), Handbuch des internationalen Stiftungsrechts, S. 1338 Rn 83 f.
[392] Vergleiche hierzu die Ausführungen des OLG Celle Beschl. v. 23.08.2012 - 1 Ws 248/12 (juris) zum deutschen Recht.
[393] Dem Grunde nach siehe hierzu: *Donatsch,* in: Donatsch (Hrsg.), Kommentar zum StGB, Art. 158 Rn 2, 4.

Die Stiftungsurkunde einer Schweizer Stiftung beinhaltet meist Regelungen zu Name, Sitz, Organisation, Reglement, Revision, Änderung und Aufhebung der Stiftung sowie einen Zweckvorbehalt.[394] Zwingend sind hiervon lediglich die Erklärung der Absicht des Stifters, eine Stiftung zu gründen sowie die Bezeichnung von Zweck und (Anfangs-)Vermögen der Stiftung.[395] Regelmäßig sollte der Stifter nur die Grundzüge seiner Stiftung in der Stiftungsurkunde festschreiben und alles Weitere in einem Reglement niederlegen und dessen Abänderung, beziehungsweise sogar dessen Erlass, den Stiftungsorganen überlassen, um so der Stiftung eine gewisse Flexibilität zu verleihen.[396] Dies ist letztlich auch der Grund dafür, weshalb bis auf einige Ausnahmen[397] die meisten Regelungen, welche die Stiftungsorgane zu beachten haben bei der Schweizer Stiftung, in den Stiftungsreglementen zu finden sind, auf die nachfolgend noch gesondert eingegangen werden wird.

Eine Stiftungsurkunde wird entweder durch ein Stiftungsgeschäft unter Lebenden oder durch ein solches von Todes wegen errichtet und beinhaltet wie vorstehend dargestellt wurde zwingend Vorgaben zum Stiftungsvermögen und zum Stiftungszweck.

Exemplarisch zeigt sich dies an nachfolgender Klausel aus einer Stiftungsurkunde:

---

[394] Vergleiche hierzu auch: *Gutzwiller* in: Gutzwiller u.a. (Hrsg.), Schweizerisches Privatrecht Band II, § 57 S. 587 ff.; *Grüninger* in: Honsell/Vogt/Geiser (Hrsg.) ZGB I, Art. 81 Rn 4.
[395] Siehe: *Sprecher/von Salis*, in: Richter/Wachter (Hrsg.), Handbuch des internationalen Stiftungsrechts, S. 1353 Rn 168.
[396] Siehe hierzu: Urt. v. 24.03.1950, BGE 76 I 77 (78 f.).
[397] Folgende Punkte müssen nicht in der Stiftungsurkunde geregelt sein, dürfen jedoch keinesfalls in Stiftungsreglementen geregelt werden: Voraussetzungen für die Auflösung der Stiftung; Voraussetzungen für eine Abänderung der Stiftungsurkunde; Regelungen über die Verwendung des Stiftungsvermögens bei Aufhebung der Stiftung, insbesondere Vermögensrückfall an den Stifter; Vorbehalt späterer Zweckänderung und Sonderrechte des Stifters. Siehe hierzu auch: *Sprecher/von Salis*, in: Richter/Wachter, Handbuch des internationalen Stiftungsrechts, S. 1353 Rn 170.

„Vermögen:

(1) Die Stifter widmen der Stiftung bei deren Errichtung ein Anfangskapital von CHF 20'000.00 in bar.

(2) Die Stifter bringen zudem die im Anhang aufgelisteten Sachwerte in der Höhe von insgesamt CHF 80'000.00 in die Stiftung ein.

(3) Weitere Zuwendungen der Stifter oder anderer Personen sind jederzeit möglich.

(4) Das Stiftungsvermögen ist nach anerkannten kaufmännischen Grundsätzen zu verwalten. Soweit es sich nicht um Sachwerte handelt, ist das Vermögen sinngemäß nach der Verordnung über die berufliche Alters-, Hinterlassenen- und Invalidenvorsorge (BVV2) anzulegen. "[398]

Absatz 4 der vorstehenden Regelung verpflichtet die Stiftungsorgane das Stiftungsvermögen nach anerkannten kaufmännischen Grundsätzen zu verwalten, wobei sie Sachwerte entsprechend der in Absatz 4 festgelegten Vorgaben anzulegen haben. Eine solche Regelung konkretisiert die Verpflichtungen der Stiftungsorgane hinsichtlich der zweckgerechten Mittelverwendung und begründet vor diesem Hintergrund Treupflichten, deren Verletzung geeignet erscheinen, den Tatbestand der ungetreuen Geschäftsbesorgung zu verwirklichen.

Es zeigt sich, dass aus den in der Stiftungsurkunde niedergelegten Inhalten grundsätzlich Vorgaben für die Geschäftstätigkeit der handelnden Organe der Stiftung folgen können. Daher kann auch die Stiftungsurkunde Rechtsquelle für Treuepflichten und Befugnisse sein.

(3)   Stiftungsreglemente

Ferner kann eine Treuepflicht beziehungsweise Befugnis aus den vom Stifter im Rahmen des Stiftungsgeschäfts erlassenen Stiftungsreglementen folgen. Es wur-

---

[398]   Entnommen der Stiftungsurkunde der Stiftung spirit.ch, abzurufen unter: http://www.spirit.ch/Downloads/Stiftungsurkunde_spirit_ch.pdf, zuletzt abgerufen am 04.06.2013.

de bereits dargestellt, dass ein Vorteil der schweizerischen Stiftung darin liegt, dass der Stifter Gegenstände, die nicht zwingend in der Stiftungsurkunde geregelt werden müssen, in Reglementen niederlegen kann, welche wesentlich flexibler zu handhaben sind.[399] Diese Flexibilität gründet darin, dass der Stifter in der Stiftungsurkunde deren Abänderbarkeit durch die Stiftungsorgane vorsehen kann.[400] So findet sich in der Stiftungsurkunde der schweizerischen Stiftung häufig eine Regelung vergleichbar der nachfolgend dargestellten:

„Stiftungsreglemente:

Der Stiftungsrat kann weitere Reglemente erlassen. Die Reglemente können vom Stiftungsrat im Rahmen der Zweckbestimmungen geändert werden. Reglemente und deren Änderungen sind der Aufsichtsbehörde zur Genehmigung einzureichen."

Inhaltlich werden in den Reglementen einer Stiftung Aspekte wie zum Beispiel der Namen der Stiftung, der Sitz der Stiftung, das Verfahren für den Entscheid über die Verwendung des Stiftungsvermögens, Verbote der Veräußerung von bestimmten Teilen des Stiftungsvermögens sowie die interne Organisation der Stiftung, mit Ausnahme der zwingenden Vorschriften bezüglich der Revisionsstelle[401], festgelegt.

Aus den in den Stiftungsreglementen niedergelegten Anweisungen beziehungsweise Pflichten folgen vor diesem Hintergrund weitere durch den Stifter festgelegte Handlungsanweisungen beziehungsweise Handlungsbeschränkungen, die von den Stiftungsorganen zu beachten sind und aus denen gegebenenfalls Treupflichten der handelnden/überwachenden Organe abzuleiten sein können, wobei selbstverständlich nicht jeglicher Regelung der Reglement per se Treuepflichten begründet.

---

[399] Siehe hierzu: *Burckhardt*, Leitfaden für Stiftungen und die Funktion der Band bei deren Errichtung und Verwaltung, S. 34.
[400] Die Stiftungsurkunde kann im Gegensatz hierzu nur durch die Aufsichtsbehörde geändert werden.
[401] Vergleiche hierzu: *Sprecher/von Salis*, in: Richter/Wachter (Hrsg.), Handbuch des internationalen Stiftungsrechts, S. 1354 Rn 172.

Dies soll exemplarisch an folgender Regelung, die dem Musterreglement der Stiftungsaufsichtsbehörde der Stadt Zürich in modifizierter Form entnommen ist, veranschaulicht werden:

„Beschlussfassung:

(1) Der Stiftungsrat ist beschlussfähig, wenn die Mehrheit seiner Mitglieder anwesend ist. Er fasst seine Beschlüsse, soweit nicht gemäß nachfolgendem Absatz eine qualifizierte Mehrheit vorgeschrieben ist, mit der einfachen Mehrheit der anwesenden Mitglieder. Bei Stimmengleichheit gibt die Stimme des Präsidenten/der Präsidentin den Ausschlag.

(2) Die folgenden Beschlüsse bedürfen der Zustimmung von zwei Dritteln aller Mitglieder des Stiftungsrates: a) Ernennung eines Mitgliedes des Stiftungsrates; b) Abberufung eines Mitgliedes des Stiftungsrates; c) Wahl und Abberufung der Revisionsstelle; d) Verlegung des Sitzes der Stiftung; e) Genehmigung der Stiftungsrechnung; f) Auflösung der Stiftung und Verwendung des Liquidationsvermögens; g) Änderung dieses Organisationsreglementes."[402]

Inhalt der vorstehend beschriebenen Regelung ist im Kern eine Begrenzung der Kompetenzen des Stiftungsrats im Innenverhältnis durch Aufnahme eines Zustimmungsvorbehalts für bestimmte "Geschäfte". Bereits ein erster Blick auf die in Absatz 2 aufgeführten Beschlussgegenstände macht deutlich, dass diese sowohl Regelungen betreffen, die einen eher organisatorischen Charakter aufweisen und damit mangels Vermögensbezug nicht als Grundlage von Treuepflichten in Betracht kommen, als auch solche Beschlussgegenstände, wie zum Beispiel die Verwendung des Liquidationsvermögens nach Auflösung der Stiftung, denen aufgrund ihrer eheblichen Vermögensrelevanz und Bedeutung für die Stiftung unzweifelhaft "Vermögensbetreuungscharakter" beizumessen ist.

---

[402] Ähnlich zu finden in: Musterreglement Stiftungsgründung, Art. 7 und Art. 9; abzurufen unter: http://www.stadt-zuerich.ch/content/fd/de/index/das_departement/departementssekretariat_aufgaben/stiftungsaufsicht.html, zuletzt abgerufen am: 06. Juni 2013.

(4) Stiftungsgeschäft

Wie sich gezeigt hat, werden die Stiftungsurkunde und auch die Stiftungsreglemente im Rahmen des Stiftungsgeschäfts[403] erstellt. Dies wirft dann die Frage nach der Ausgestaltung des Stiftungsgeschäfts auf und ob nicht auch hieraus Treuepflichten und Befugnisse zu folgern sein können.

Das Stiftungsgeschäft nach den Art. 80, Art. 81 chZGB ist ein einseitiges, nicht empfangsbedürftiges, auf die Errichtung einer selbständigen Stiftung gerichtetes Rechtsgeschäft unter Lebenden oder von Todes wegen.[404] Entscheidend ist, was der erklärende Stifter gewollt hat.[405] Die Beurteilung, inwiefern sich hieraus Treuepflichten und Befugnisse ergeben können richtet sich wieder nach der konkreten inhaltlichen Ausgestaltung des Stiftungsgeschäfts.

---

[403] Das Stiftungsgeschäft kann sowohl unter Lebenden als auch von Todes wegen durchgeführt werden. Dabei umfasst das *Stiftungsgeschäft unter Lebenden* die Stiftungserrichtung in Form der öffentlichen Urkunde. Darunter ist eine Aufzeichnung rechtserheblicher Tatsachen oder rechtsgeschäftlicher Erklärungen durch eine vom Staat mit dieser Aufgabe betrauten Person, in dafür vorgesehener Form und Verfahren zu verstehen. (Siehe: *Brückner*, Schweizerisches Beurkundungsrecht Zürich 1993, N74ff.; siehe auch: *Grüninger* in: Honsell/Vogt/Geiser (Hrsg.) ZGB I, Art. 81 Rn 8; *Sprecher/von Salis*, in: Richter/Wachter (Hrsg.), Handbuch des internationalen Stiftungsrechts, S. 1336 Rn 61 ff.). Die Stiftungsurkunde kann auch durch ein Stiftungsgeschäft von Todes wegen errichtet werden. Dabei handelt es sich um die in Art. 498 chZGB genannten Verfügungsformen, also die öffentliche Beurkundung beziehungsweise das öffentliche Testament (Art. 499 ff. chZGB), das eigenhändige Testament (Art. 505 chZGB), die mündliche Erklärung vor zwei Zeugen (Art. 506 ff. chZGB) und der Erbvertrag (Art. 512 ff. chZGB). (Näher hierzu: *Tuor/Schnyder*, Das Schweizerische Zivilgesetzbuch, § 17, S. 133ff.; Siehe auch: *Sprecher/von Salis*, in: Richter/Wachter, Handbuch des internationalen Stiftungsrechts, S. 1337, Rn 69ff.; *Gutzwiller* in: Gutzwiller u.a. (Hrsg.) Schweizerisches Privatrecht Band II, § 57 S. 588). *Grüninger* stellt zu Recht fest, dass es sich bei der letztwilligen Verfügung inhaltlich um eine Auflage (Art. 482 chZGB), ein Vermächtnis oder Legat (Art. 484 ff. chZGB), eine Ersatzverfügung (Art. 487 chZGB) oder um eine Nacherbeneinsetzung (Art. 488 ff. chZGB) handeln kann (*Grüninger* in: Honsell/Vogt/Geiser (Hrsg.) ZGB I, Art. 81 Rn 4 ff.).
In der Praxis wird anstelle der Stiftungserrichtung durch letztwillige Verfügung häufig eine Stiftung unter Lebenden mit öffentlicher Urkunde errichtet, die mit einem begrenzten Stiftungsvermögen ausgestattet und sodann vom Stifter als Vermächtnisnehmerin oder Erbin vorgesehen wird. (Vergleiche: *Sprecher/von Salis*, in: Richter/Wachter (Hrsg.), Handbuch des internationalen Stiftungsrechts, S. 1337 Rn 72, der auf den Vorteil hinweist, dass sich der Stifter sodann vor seinem Tode sicher sein kann, dass die Stiftung „funktionieren" wird.).
[404] *Grüninger* in: Honsell/Vogt/Geiser (Hrsg.) ZGB I, Art. 80 Rn 4; ähnlich auch: *Riemer* in: Stiftungsrecht in Europa, 511 (512).
[405] Siehe hierzu: Urt. v. 10.06.1982, BGE 108 II 393 (393); Urt. v. 17.06.1982, BGE 108 II 278 (279 f.); Urt. v. 15.12.1967, BGE 93 II 439 (444).

Inhaltlich stellt das Stiftungsgeschäft ein Verpflichtungsgeschäft dar, welches sich in „drei unabdingbare Willensäußerungen unterteilt: den Willen, eine selbstständige Stiftung zu errichten, die Bezeichnung des zu widmenden Vermögens und die Umschreibung des besonderen Zwecks.[406] Daher steht grundsätzlich der Stifterwillen im Fokus. Dieser im Rahmen der Stiftungsurkunde manifestierte Wille ist der Grundstein der Ausgestaltung der jeweiligen Stiftung und somit Richtschnur des Handelns der Organe sowie der an der Stiftung Beteiligten. Er bildet einerseits die Grundlage der Treuepflicht und stellt andererseits die rechtliche Befugnis im Innenverhältnis dar, an dem sich das Handeln der tauglichen Täter messen lassen muss. Wird entgegen dieses Stifterwillens gehandelt, so müssen die konkreten Umstände umfassend beleuchtet werden, um einer Treuepflichtverletzung respektive einer Missbrauchsvariante vorzubeugen. So sind beispielsweise aus der im Rahmen des Stiftungsgeschäfts festgelegten Stiftungsurkunde Treuepflichten und Befugnisse abzuleiten.[407] Ebenso begründet der Stiftungszweck, der auch Bestandteil der Stiftungsurkunde ist derartige Treuepflichten und Befugnisse. Die weiteren Bestandteile, in die das Stiftungsgeschäft zerfällt, also der Wille eine solche Stiftung zu errichten sowie die Bezeichnung des zu widmenden Vermögens als solches stellen noch keine Treuepflichten respektive Befugnisse auf. Ähnlich dem deutschen Recht muss an dieser Stelle berücksichtigt werden, dass zwar den Stiftungsorganen die Pflicht obliegt, das gewidmete Vermögen einzufordern, jedoch hieraus noch keine Treuepflicht oder Befugnis abgeleitet werden kann, da es an dem Punkt mangelt, dass das gewidmete Vermögen noch nicht in das Eigentum der Stiftung übergegangen ist und im Rahmen des Stiftungsgeschäfts die Stiftung erst gegründet wird. Eine Treuepflicht jedoch die Verletzung der Vermögensinteressen der gegründeten Stiftung voraussetzt. Davon kann jedoch zu diesem Zeitpunkt noch nicht ausgegangen werden.

---

[406] *Grüninger* in: Honsell/Vogt/Geiser (Hrsg.) ZGB I, Art. 80 Rn 4.
[407] Siehe näher hierzu oben unter: 2. Kapitel C) I) 2) b) (2) Stiftungsurkunde.

(5)   Arbeitsvertrag und Anstellungsvertrag

Weitere Treuepflichten beziehungsweise Befugnisse können aus den jeweiligen zivilrechtlichen Verträgen folgen. In diesem Zusammenhang ist insbesondere an die Arbeits- und Anstellungsverträge der Organe oder Mitarbeiter der Stiftung zu denken. Solche Vertragsverhältnisse legen den jeweils Betroffenen weitere Pflichten und Aufgaben auf, für deren Erfüllung sie einstehen müssen. Daher lassen sich auch hieraus Treuepflichten und Befugnisse ableiten, die eine Begrenzung des Innenverhältnisses zum Gegenstand haben.

Zur Veranschaulichung solcher Regelungen, kann auf die bereits im deutschen und österreichischen Recht angeführten Beispiele verwiesen werden. In dieser Hinsicht ergibt sich kein Unterschied zwischen den Rechtsordnungen, so dass an dieser Stelle auf eine erneute Darstellung arbeits-/anstellungsvertraglicher Klauseln verzichtet wird.[408]

3)   Tauglicher Täter

Bevor der Umfang des strafrechtlichen Vermögensschutzes in der Stiftung nach Schweizer Recht an Hand einiger typischer Fallkonstellationen dargestellt wird, soll nachfolgend, wie auch bereits im Rahmen der Darstellung der Stiftung nach deutschem sowie österreichischem Recht, zunächst untersucht werden, welcher Personenkreis im Rahmen der Stiftung nach Schweizer Recht im Rahmen der ungetreuen Geschäftsbesorgung als tauglicher Täter in Betracht kommt.

As   tauglicher   Täter   der   ungetreuen   Geschäftsbesorgung   nach Art. 158 Ziff. 1 chStGB kommt nach dem Wortlaut dieser Vorschrift jeder in Betracht, der das Vermögen eines anderen zu verwalten oder eine solche Vermögensverwaltung zu beaufsichtigen hat. Wie im deutschen Recht hat auch im Rahmen des Schweizer Rechts die Rechtsprechung eine Begrenzung des sehr weiten Wortlauts der Vorschrift dergestalt vorgenommen, dass es sich um die Wahrnehmung von Vermögensinteressen von einigem Gewicht handeln muss,

---

[408] Siehe näher hierzu unter: 2. Kapitel A) I) 2) b) (2) Arbeits- und Anstellungsvertrag sowie 2. Kapitel A) I) 3) b) (4) Arbeits- und Anstellungsvertrag.

womit als taugliche Täter des *Treuebruchtatbestands* (Art. 158 Ziff. 1 chStGB) nur solche Personen in Betracht kommen, die in tatsächlicher oder formell selbständiger und verantwortlicher Stellung im Interesse eines anderen für einen nicht unerheblichen Vermögenskomplex die Verantwortung tragen.[409] Diese Treuepflicht kann sich, wie bereits oben bei den Rechtsquellen gezeigt wurde, aus dem Gesetz, behördlichem Auftrag und kraft Rechtsgeschäfts ergeben. Auch der Geschäftsführer ohne Auftrag kann tauglicher Täter sein und damit eine Strafbarkeit gemäß Art. 158 Ziff. 1 Alt. 2 chStGB begründen.

Hinsichtlich des *Missbrauchstatbestands* (Art. 158 Ziff. 2 chStGB) ist tauglicher Täter, wer „ermächtigt ist, jemanden zu vertreten und die ihm dadurch verliehenen Kompetenzen dazu missbraucht, sich zum Schaden des Vertretenen unrechtmäßig zu bereichern".[410] Der Missbrauchstatbestand nach Schweizer Recht knüpft vor diesem Hintergrund wie auch der Missbrauchstatbestand nach deutschem respektive der Missbrauch nach österreichischem Recht an die wirksame Vertretung im Außenverhältnis bei Überschreitung des rechtlichen Dürfens im Innenverhältnis an, jedoch mit der Besonderheit, dass der Missbrauch nach Schweizer Recht zudem eine Bereicherungsabsicht des Täters erfordert. Im Übrigen resultiert die Vertretungsmacht jedoch aus denselben Rechtsverhältnissen wie die Treuepflicht.[411]

Nachfolgend gilt es zu untersuchen, wer auf Basis der vorstehend dargestellten Grundsätze im Rahmen der Stiftung als tauglicher Täter in Betracht kommt, das heißt welchem in der Stiftung handelnden Akteur eine solche Treuepflicht beziehungsweise Vertretungsmacht zukommt, die ihn zum tauglichen Täter machen kann. Wie auch im Rahmen der Darstellung des deutschen sowie des österreichischen Rechts kommen insoweit vor allem die Mitglieder der Stiftungsorgane sowie Aufsichtsgremien/-behörden in Betracht. Bezogen auf die schweize-

---

[409] Urt. v. 06.09.1994, BGE 120 IV 190 (192); siehe auch: *Trechsel*, Schweizerisches StGB, Art. 158 Rn 2; ausführlich hierzu: *Vollmar*, Die ungetreue Geschäftsführung, S. 26 ff.

[410] Vergleiche: *Stratenwerth*, Schweizerisches Strafrecht BT I, § 19 Rn 10; siehe hierzu auch: *Trechsel*, Schweizerisches StGB, Art. 158 Rn 17; *Donatsch*, ZStrR 1996, 200 (204).

[411] *Trechsel*, Schweizerisches StGB, Art. 158 Rn 18; siehe auch: *Urbach*, Die ungetreue Geschäftsbesorgung, S. 94 ff.

rische Stiftung sind dies die Mitglieder des Stiftungsrates, die Mitglieder der Revisionsstelle sowie die Mitglieder der Stiftungsaufsichtsbehörde.

a) Mitglieder des Stiftungsrats

Der Stiftungsrat der schweizerischen Stiftung fungiert im Grunde als „Willensvollstrecker des Stifters".[412] Es stellt sich auch hier, ähnlich dem deutschen und österreichischen Recht die Frage, inwiefern die Mitglieder des Stiftungsrats taugliche Täter der ungetreuen Geschäftsbesorgung sein können. Dabei gilt es vor allem herauszufinden, inwieweit den Mitgliedern des Stiftungsrats eine oben erwähnte Treuepflicht obliegt.

Das Gesetz hält sich mit Regelungen hinsichtlich des Stiftungsrats, aus denen Pflichten gefolgert werden können, weitgehend zurück. Daher existieren, abgesehen von der Buchführungspflicht nach Art. 83a chZGB, der Pflicht zur Bezeichnung einer Revisionsstelle, Art. 83b Abs. 1 chZGB, und der Pflicht, Maßnahmen bei Überschuldung und Zahlungsunfähigkeit gemäß Art. 84a Abs. 1 chZGB zu treffen, keine Normen über die konkrete Art und Weise der Verwaltung des Stiftungsvermögens durch den Stiftungsrat sowie über dessen Befugnisse und Pflichten.[413] Aus der gesetzlichen Systematik wird jedoch abgeleitet, dass die Organe der Stiftung mit den Organen der übrigen Verbandspersonen wesensgleich sind, so dass subsidiär die Regeln über den Vorstand aus dem schweizerischen Vereinsrecht auf die Mitglieder des Stiftungsvorstandes Anwendung finden sollen.[414]

Als weitere Rechtsquellen, die die Grundlagen für die Aufgaben des Stiftungsrates festschreiben, kommen die Stiftungsurkunde, die Reglementen[415] sowie ins-

---

[412] *Grüninger* in: Honsell/Vogt/Geiser (Hrsg.), ZGB I, Art. 83 Rn 5a.

[413] Siehe hierzu: *Grüninger* in: Honsell/Vogt/Geiser (Hrsg.) ZGB I, Art. 83 Rn 9; *Grüninger* in: Honsell/Vogt/Geiser (Hrsg.), Kommentar schweizerisches Zivilgesetzbuch, Art. 83 Rn 10.

[414] Vergleiche: *Egger* in: Egger/Escher/Haab/Oser (Hrsg.), Kommentar Schweizerisches ZGB, Art. 83 Rn 5; *Heini* in: Gutzwiller u.a. (Hrsg.), Schweizerisches Privatrecht Band II, § 57 S. 582 f.

[415] Stiftungsreglemente werden häufig auch als „Stiftungsstatut" oder „Statuten der Stiftung" bezeichnet und halten Ausführungsbestimmungen zur Stiftungsurkunde fest. Sie müssen nicht öffentlich beurkundet werden, die einfache Schriftlichkeit genügt. Sie können Bestimmungen

besondere auch ein sogenannter Organträgervertrag zwischen der Stiftung und ihren Organen in Betracht.[416]

Aus diesen Rechtsquellen lässt sich regelmäßig entnehmen, dass zu den vornehmlichen Aufgaben des Stiftungsrats die Geschäftsführung und die Vertretung der Stiftung zählen.[417] Darunter fällt insbesondere die Verwaltung der Stiftungsmittel im Rahmen des Stifterwillens, also die Sorge dafür, dass das gewidmete Vermögen tatsächlich entrichtet wird und dieses nach Maßgabe der Stiftungsurkunde respektive der Reglementen ausgegeben und angelegt wird.[418]

Konsequenz hieraus ist, dass die Mitglieder des Stiftungsrats regelmäßig mit einer umfassenden Vertretungsmacht ausgestattet sind und ihnen im Innenverhältnis die Geschäftsführung in Form der Verwaltung des Stiftungsvermögens obliegt. Die Ermächtigung zur Vertretung der Stiftung im Außenverhältnis und zur Geschäftsführung im Innenverhältnis lässt sich aus Art. 83 Abs. 1 chZGB ableiten, wird jedoch in der Praxis durch weitergehende Vorgaben im Rahmen der der Stiftungsurkunde, den Reglementen sowie den Organträgerverträgen konkretisiert.

Legt man die vorstehenden Rechtsquellen zu Grunde, so lassen sich die Aufgaben des Stiftungsrat wie *Baumann Lorant*[419] darstellt in drei Wirkungsbereiche einteilen: die Pflicht zur optimalen Mittelverwendung und damit zur Erfüllung des Stiftungszwecks, die Pflicht zur ordnungsgemäßen Mittelbewirtschaftung sowie die Pflicht zur Buchführung und Rechnungslegung. Diese Kompetenzen hat der Stiftungsrat selbst und in eigener Verantwortung, jedoch unter behördli-

---

bezüglich der Konstituierung des Stiftungsrats beziehungsweise anderer Stiftungsorgane enthalten, Regelungen der Zeichnungsberechtigung für die Stiftung, den Sitz der Stiftung etc. enthalten. Siehe hierzu ausführlich: *Berthel*, Jahrbuch des Handelsregisters, S. 107 ff.

[416] *Grüninger* in: Honsell/Vogt/Geiser (Hrsg.) ZGB I, Art. 83 Rn 9; *Grüninger* in: Kommentar schweizerisches Zivilgesetzbuch, Art. 83 Rn 10.

[417] *Sprecher/von Salis*, in: Richter/Wachter (Hrsg.), Handbuch des internationalen Stiftungsrechts, S. 1343, Rn 96 ff., der darauf hinweist, dass inzwischen alle Stiftungsratsmitglieder in das Handelsregister eingetragen werden müssen, Art. 102g chHRegV und die Mitglieder desjenigen Stiftungsorgans, welches die Stiftung vertritt, mit einer Art Zeichnungsberechtigung vermerkt werden müssen.

[418] Siehe: *Egger* in: Egger/Escher/Haab/Oser (Hrsg.), Kommentar Schweizerisches ZGB, Art. 83 Rn 6.

[419] *Baumann Lorant,* Der Stiftungsrat – das oberste Organ gewöhnlicher Stiftungen, S. 202.

cher Aufsicht wahrzunehmen.[420] In eigener Verantwortung meint dabei, dass die Stiftungsratsmitglieder für ihr Fehlverhalten zur Verantwortung gezogen werden können. Dabei kommt dem Stiftungsrat bei Ausübung seiner Tätigkeit ein sehr weitgehender Handlungsspielraum zu. Die starke Stellung des Stiftungsrats wird gesetzlich durch die Formulierung in Art. 83 chZGB „oberstes Stiftungsorgan" bekräftigt.[421] Angesichts dieser Verantwortungsbereiche des Stiftungsrats liegt es nahe, dass den Mitgliedern des Stiftungsrates Treuepflichten im oben dargestellten Sinne obliegen können.

Die Treuepflicht nach Schweizer Recht charakterisiert sich, wie bereits zuvor dargelegt, danach, dass in formell selbständiger und verantwortlicher Stellung im Interesse eines anderen ein nicht unerheblicher Vermögenskomplex beaufsichtigt wird.[422] Die Mitglieder des Stiftungsrats verfügen, wie gezeigt, über eine weitgehende Organisationshoheit in vielen Bereichen, welche sie zudem selbständig ausüben und sich maßgeblich hierfür verantwortlich zeichnen. Mithin umfasst dieser Verantwortungskomplex das gesamte Stiftungsvermögen, von dessen Generierung bis hin zu dessen Verwendung und Erhaltung, zum Beispiel in Form von Anlagestrategien. Diese wird mittels der Stiftungsurkunde, den Regelementen oder dem Organträgervertrag auf die Mitglieder des Stiftungsrats übertragen.

Die Mitglieder des Stiftungsrats können folglich taugliche Täter im Rahmen der ungetreuen Geschäftsbesorgung nach Art. 158 chStGB sein.

---

[420] Siehe hierzu ausführlich: *Künzle*, in: Der Schweizer Treuhänder 2000, 539 (539 ff.); hierauf eingehend auch: *Grüninger* in: Honsell/Vogt/Geiser (Hrsg.) ZGB I, Art. 83 Rn 11, der so weit geht, dass er dem Stiftungsrat angesichts seiner umfassenden Organisationsverantwortung eine Delegationsbefugnis zubilligt, obwohl das Stiftungsstatut selbst eine solche Befugnis nicht ausdrücklich vorsieht, jedoch auch nicht verbietet.
[421] Siehe hierzu ausführlich: *Baumann Lorant*, Der Stiftungsrat – das oberste Organ gewöhnlicher Stiftungen, S. 387.
[422] *Trechsel*, Schweizerisches StGB, Art. 158, Rn 2; so auch: *Donatsch*, ZStrR 1996, 200 (204); *Stratenwerth*, Schweizerisches Strafrecht BT I, § 19 Rn 10; *Urbach*, Die ungetreue Geschäftsbesorgung, S. 26 ff.

b) Mitglieder der Revisionsstelle

Des Weiteren ist an die Mitglieder der Revisionsstelle zu denken, die ebenfalls als taugliche Täter einer ungetreuen Geschäftsbesorgung in Betracht kommen können. Dabei gilt es zunächst für die Beurteilung der tauglichen Tätereigenschaft die Aufgaben und Verantwortungsbereiche der Revisionsstelle näher zu beleuchten, um zu eruieren, ob sich daraus Befugnisse beziehungsweise Treuepflichten im Sinne der ungetreuen Geschäftsbesorgung ableiten lassen.

Aus Art. 158 Abs. 1 chStGB ergibt sich, dass zu den tauglichen Tätern dieses Tatbestandes auch „der Kreis derjenigen [zählt], die eine Pflicht zur Beaufsichtigung der Vermögensverwaltung haben".[423] Inwiefern dies auf die Mitglieder der Revisionsstelle zutrifft zeigen die nachfolgenden Ausführungen.

Die Aufgaben der Revisionsstelle ergeben sich mangels Sonderregelungen im Zivilgesetzbuch aus den aktienrechtlichen Vorschriften, da die Regelung zur Revisionsstellenpflicht[424] aus Art. 83b chZGB die Vorschriften des Obligationenrechts[425] über die Revisionsstelle bei Aktiengesellschaften auf Stiftungen für entsprechend anwendbar erklärt (Art. 83b Abs. 3 chZGB). Nach dem Obligationenrecht gehört zu den Aufgaben der Revisionsstelle bei Stiftungen ebenso wie bei der Revisionsstelle einer Aktiengesellschaft die Prüfung, „ob die Jahresrechnung und gegebenenfalls die Konzernrechnung den gesetzlichen Vorschriften, den Statuten und dem gewählten Regelwerk entsprechen", siehe

---

[423] *Stratenwerth*, Schweizerisches Strafrecht BT I, § 19 Rn 10.; siehe hierzu auch: *Trechsel*, Schweizerisches StGB, Art. 158, Rn 11.

[424] Die Mitglieder der Revisionsstelle werden durch das oberste Stiftungsorgan, also den Stiftungsrat, bezeichnet und nicht, wie man vielleicht annehmen könnte, durch den Stifter. Ferner wird die Revisionsstelle grundsätzlich in das Handelsregister eingetragen. Für Familienstiftungen und kirchliche Stiftungen besteht hingegen keine Pflicht zur Bezeichnung einer Revisionsstelle, siehe hierzu Art. 87 I chZGB, wobei sie jedoch auf freiwilliger Basis eine Revisionsstelle einrichten können. Eine weitere Ausnahme von der Revisionsstellenpflicht liegt vor, wenn die Bilanzsumme der Stiftung in zwei aufeinander folgenden Geschäftsjahren kleiner ist als 200 000 CHF und wenn die Stiftung nicht öffentlich zu Spenden oder sonstigen Zuwendungen aufruft. Eine ausführliche Würdigung dieser vom Bundesrat in Art. 1 der Verordnung über die Revisionsstellen von Stiftungen normierten Ausnahme findet sich in: *Sprecher/von Salis*, in: Richter/Wachter, Handbuch des internationalen Stiftungsrechts, S. 1344, Rn 115 ff.

[425] Im Folgenden mit chOR abgekürzt.

Art. 728a Abs. 1 Ziff. 1 chOR.[426] *Cavegn*[427] ergänzt, dass bei Stiftungen zudem „die Übereinstimmung mit Reglementen, wie beispielsweise den Anlagereglementen zu beachten ist, da das bloße Abstellen auf die Stiftungsurkunde nicht angemessen sei. Die Revisionsaufgabe umfasst hingegen nicht die Überprüfung der Geschäftsführung. Dies folgt unmittelbar aus Art. 728a Abs. 3 chOR. Eine solche Überprüfung ist aber auf freiwilliger Basis zulässig.[428] Verstöße gegen das Gesetz, die Statuten oder ein Reglement, die die Revisionsstelle festgestellt hat, sind dem Stiftungsrat schriftlich zu melden, Art. 728c Abs. 1 chOR. Eine besondere Nachforschungspflicht besteht nicht.[429]

Auf die Stiftung bezogen geht es bei der Prüfungsaufgabe der Revisionsstelle vornehmlich um die Prüfung der Vermögenslage anhand des Jahresabschlusses. Die Revisionsstelle agiert unabhängig. Zwar ist dies ist für Stiftungsrevisionsstellen im Zivilgesetzbuch nicht ausdrücklich geregelt, jedoch für solche bei Aktiengesellschaften in Art. 728 chOR normiert. Diese Unabhängigkeitsanforderung soll sicherstellen, dass die Revisoren ihr Prüfurteil objektiv und neutral bilden, um die Verlässlichkeit der Jahresrechnung zu gewährleisten.[430]

Wie bereits dargestellt wurde, bildet bezogen auf die Tätereigenschaft der ungetreuen Geschäftsbesorgung das Merkmal des „selbstständigen" und „verantwort-

---

[426] *Grüninger* in: Honsell/Vogt/Geiser (Hrsg.) ZGB I, Art. 83b Rn 21; Siehe hierzu auch: *Sprecher/von Salis*, in: Richter/Wachter, Handbuch des internationalen Stiftungsrechts, S. 1346 Rn 126.

[427] *Cavegn*, Die Revision der Revision von Stiftungen und Vereinen, S. 112.

[428] Näher hierzu: *Watter/Pfiffner*, in: Honsell/Vogt/Watter (Hrsg.) OR II, Art. 728a Rn 50 ff.; siehe auch: *Grüninger* in: Honsell/Vogt/Geiser ZGB I, Art. 83b Rn 21; Siehe hierzu auch ausführlich: *Bruggmann*, Die Verantwortlichkeit der aktienrechtlichen Revisionsstelle im Strafrecht, S. 72 ff.

[429] Näher hierzu: *Watter/Maizar*, in: Honsell/Vogt/Watter (Hrsg.) OR II, Art. 728c Rn 9 ff.; vergleiche auch: *Grüninger* in: Honsell/Vogt/Geiser (Hrsg.) ZGB I, Art. 83b Rn 21; *Sprecher/von Salis*, in: Richter/Wachter (Hrsg.), Handbuch des internationalen Stiftungsrechts, S. 1346 Rn 126 f.

[430] Siehe hierzu: *Watter/Rampini*, in: Honsell/Vogt/Watter (Hrsg.) OR II, Art. 728 Rn 1; der im Übrigen vier Schutzziele der Unabhängigkeitsanforderung festlegt, bei Publikumsgesellschaften, der Investorenschutz, bei allen weiteren wirtschaftlich bedeutenden Unternehmen den Schutz öffentlicher Interessen, in Privatgesellschafen den Schutz von Minderheitsaktionären und bei allen Rechtsformen, bei welchen das Gesellschaftsvermögen einziges Haftungssubstrat darstellt, den Gläubigerschutz.

lichen" Handelns eine maßgebliche Voraussetzung der Begründung der Tätereigenschaft.[431]

Wie sich gezeigt hat, ist es die originäre Aufgabe der Revisionstelle, die Vermögensverwaltung durch den Stiftungsrat anhand des Jahresabschlusses respektive
der jeweiligen Reglementen zu überprüfen und zu überwachen. Dabei kommt
der Revisionsstelle aufgrund des Sinn und Zwecks des Prüfungsauftrags eine
Schutzgarantenstellung zu. Gerade einem Schutzgaranten wird im Rahmen der
Verwaltung respektive Prüfung fremder Vermögenslagen ein erhöhtes Maß an
Selbständigkeit und damit Vertrauen eingeräumt, woraus schließlich auch das
besondere Treueverhältnis resultiert.[432] Übertragen auf die Revisionsstelle bedeutet dies, dass ihr trotz und gerade wegen ihrer Unabhängigkeit eine gewisse
Selbständigkeit bei der Ausführung ihres Prüfauftrags zugebilligt wird. Aus die-
ser Selbständigkeit und der Bedeutung des Prüfauftrages für die Stiftung folgt
ein Treueverhältnis, welches die taugliche Tätereigenschaft einer ungetreuen
Geschäftsbesorgung begründet.

Im Rahmen des Missbrauchstatbestands steht die Betrachtung der zivilrechtlichen Vertretungsmacht im Vordergrund. Eine solche steht den Mitgliedern der
Stiftungsrevisionsstelle im Regelfall nicht zu. Sollte dies ausnahmsweise doch
der Fall sein, beispielsweise, indem den Mitgliedern der Revisionsstelle eine
solche Vertretungsmacht im Rahmen der Stiftungsurkunde oder der Stiftungsreglementen zugestanden wird und die Mitglieder der Revisionsstelle die Stiftung danach rechtmäßig nach außen vertreten dürfen, könnte auch der Missbrauchstatbestand in Betracht gezogen werden. Dies wird aber in praxi selten
der Fall sein.

---

[431] Siehe hierzu bereits oben unter: 2. Kapitel C) I) 3) Taugliche Täter.
[432] So auch schon: *Donatsch*, ZStrR 1996, 200 (204 ff.); ähnlich: *Urbach*, Die ungetreue
Geschäftsbesorgung, S. 26 ff.; vergleiche zu dieser Thematik im Rahmen von Aktiengesellschaften auch: *Schmid*, Die strafrechtliche Verantwortlichkeit des Revisors, S. 136 ff.

c) Mitglieder der Stiftungsaufsichtsbehörde

Schließlich können auch die Mitglieder der Stiftungsaufsichtsbehörde als mögliche, taugliche Täter in der Stiftung in Betracht kommen. Dies zeigt sich anhand der Aufgaben, die der staatlichen Stiftungsaufsichtsbehörde zukommt.

Die staatliche Aufsicht soll sicherstellen, dass der Stiftungszweck nicht verletzt wird, zumal im Einzelfall Stiftungsräte in einen Loyalitätskonflikt zwischen ihren eigenen, individuellen Interessen und dem Stiftungszweck geraten können.[433] Daher bezweckt die staatliche Stiftungsaufsicht den „Schutz der Stiftung vor sich selbst und ihren Organen". Sie tritt als „verlängerter Arm des Stifters auf und wahrt dessen historischen Willen".[434] Bei dieser staatlichen Aufsicht handelt es sich um eine reine Rechtsaufsicht, das heißt ihre Tätigkeit umfasst die Prüfung, ob sich die Stiftung im Rahmen von Gesetz und Stiftungsstatut hält und das Stiftungsvermögen seinen Zwecken gemäß verwendet wird, vergleiche Art. 84 Abs. 2 chZGB. Im Gegensatz zur stiftungsinternen Revisionsstelle ist die Stiftungsaufsichtsbehörde eine staatliche, externe Einrichtung, welche die Stiftung kontrolliert. Im Mittelpunkt der Stiftungsaufsicht steht das Stiftungsvermögen und insbesondere dessen Anlage und Verwendung sowie eine damit einhergehende Zweckgefährdung oder Zweckentfremdung unter Einbezug von Organisationsfragen.[435] Für ihre Aufsichtstätigkeit haftet die Stiftungsaufsichtsbehörde nach den allgemeinen Grundsätzen des Art. 61 Abs. 1 chOR, also nach öffentlichem Recht.[436]

Die Mitglieder der Stiftungsaufsichtsbehörde handeln formell selbstständig und haben die Überwachungsaufgabe kraft Gesetzes übertragen bekommen, so dass insofern ein Treueverhältnis angenommen werden kann. Dagegen spricht auch

---

[433] Siehe: *Schmid*, in: Der Schweizer Treuhänder 1995, 649 (649 f.).
[434] *Sprecher/von Salis*, in: Richter/Wachter (Hrsg.), Handbuch des internationalen Stiftungsrechts, S. 1357 Rn 191; ähnlich hierzu: *Egger* in: Egger/Escher/Haab/Oser (Hrsg.), Kommentar Schweizerisches ZGB, Art. 84 Rn 2.
[435] Vergleiche dazu: Urt. v. 17.12.1986, BGE 112 II 471 (471); *Grüninger* in: Honsell/Vogt/Geiser (Hrsg.) ZGB I, Art. 84 Rn 9.
[436] Beachtlich ist, dass Familienstiftungen und kirchliche Stiftungen von der staatlichen Stiftungsaufsicht befreit sind. Siehe hierzu: *Gutzwiller* in: Gutzwiller u.a. (Hrsg.), Schweizerisches Privatrecht Band II, § 58, S. 615.

nicht, dass die Mitglieder der Stiftungsaufsichtsbehörde aufgrund der Staatshaftung nicht persönlich haften. Indizien für die Selbstständigkeit beziehungsweise Eigenverantwortlichkeit nach Schweizer Recht sind beispielsweise die weitgehende Freiheit in der Organisation der eigenen Tätigkeit.[437] Ferner zählen nach Schweizer Recht auch Personen, die eine Vermögensverwaltung zu beaufsichtigen haben, zum Kreis der möglichen Täter.[438]

Demzufolge kann festgehalten werden, dass auch die Mitglieder der Stiftungsaufsichtsbehörde, die ihre Tätigkeit eigenverantwortlich organisieren und Entscheidungen selbst treffen, aufgrund ihrer Aufsicht über die Vermögensverwaltung der Stiftung taugliche Täter sein können. Folglich können die Mitglieder der Stiftungsaufsichtsbehörde nur taugliche Täter im Rahmen der Treuebruchvariante der ungetreuen Geschäftsbesorgung sein.

Im Ergebnis können neben den Mitgliedern des Stiftungsrats und der Revisionsstelle auch die Mitglieder der Stiftungsaufsichtsbehörde taugliche Täter einer ungetreuen Geschäftsbesorgung gemäß Art. 158 chStGB sein.

4)   Verletzung der Treuepflicht und Befugnis im Rahmen der Stiftungstätigkeit anhand ausgewählter Beispielsfälle

Wie der Tatbestand der Untreue nach deutschem sowie österreichischem Recht zeichnet sich auch der Tatbestand der ungetreuen Geschäftsbesorgung nach Schweizer Recht durch eine gewisse Offenheit aus. Auch nach schweizerischem Recht ist vor diesem Hintergrund jeweils anhand einer Einzelfallbetrachtung zu untersuchen, wann sich Stiftungsorgane einer ungetreuen Geschäftsbesorgung strafbar machen können. Dies soll nachfolgend in Anbetracht des rechtsvergleichenden Charakters dieser Arbeit auf Basis der bereits zum deutschen und österreichischen Recht untersuchten Fallgruppen der Anlagegeschäfte, der zweckwidrigen Verwendung von Stiftungsmitteln sowie der unangemessenen Entgelte analysiert werden.

---

[437] *Donatsch*, in: Donatsch (Hrsg.), Kommentar zum StGB, Art. 158 Rn 2.
[438] *Donatsch*, in: Donatsch (Hrsg.), Kommentar zum StGB, Art. 158 Rn 4.

a) Anlagegeschäfte

Die Vornahme von Vermögensanlagegeschäften gehört, wie bereits dargestellt wurde, zu den essentiellen Aspekten im Rahmen der Sicherung des Fortbestands der Stiftung. Dementsprechend kommt diesem Punkt eine ganz besondere Bedeutung zu. Vor dem Hintergrund eines möglichen Vorwurfs der Strafbarkeit nach Art. 158 chStGB steht dabei für die Stiftungsorgane die Frage im Vordergrund, welches Risiko im Rahmen der Vermögensbetreuung eingegangen werden darf, bevor eine Strafbarkeit in Betracht kommt.

Zur Identifizierung der strafrechtlichen Grenzen der Stiftungsvermögensanlagepolitik, wird nachfolgend zunächst das Stiftungsvermögen im schweizerischen Recht charakterisiert, um aufzuzeigen, welche Vermögensbestandteile des Stiftungsvermögens nach schweizerischem Recht zu verwalten sind. Anschließend werden die stiftungsrechtlichen Vorgaben für den Umgang mit dem Stiftungsvermögen betrachtet. Zuletzt soll gezeigt werden, welchen Vorgaben die Anlagepolitik des handelnden Stiftungsorgans unterliegt und wann bei Anlagegeschäften des Stiftungsvermögens die Grenzen zur Strafbarkeit nach einer ungetreuen Geschäftsbesorgung im Sinne des Art. 158 chStGB überschritten sind.[439]

(1) Stiftungsvermögen im schweizerischen Recht

Auch im Schweizer Recht kommt der Vermögensausstattung der Stiftung maßgebliche Bedeutung zu. Die Wichtigkeit des Stiftungsvermögens für die Stiftung wird von *Riemer*[440] wie folgt, zutreffend mit den Worten beschrieben wird: „Ohne Vermögen, das heißt ohne ein materielles Substrat, kann offensichtlich auch der beste Zweck nicht verwirklicht werden. Eine Stiftungserrichtung ohne gleichzeitige Vermögenswidmung ist daher ausgeschlossen."

---

[439] Wichtig ist dabei, ähnlich kaufmännischen oder industriellen Unternehmen, dass die Grenze der Strafbarkeit nicht allzu eng gezogen wird, um nicht jegliche Initiative im Wirtschaftsleben im Kern zu ersticken. Vergleiche hierzu: *Urbach*, Die ungetreue Geschäftsbesorgung, S. 61.

[440] *Riemer*, in: Meier-Hayoz (Hrsg.), Berner Kommentar zum schweizerischen Privatrecht: Stiftungen, Art. 80 N 19, S. 375.

Gesetzliche Regelungen über das Stiftungsvermögen der schweizerischen Stiftung finden sich in Art. 80 chZGB. Danach bedarf es zur Errichtung einer Stiftung grundsätzlich der Widmung eines Vermögens für einen besonderen Zweck. Eine nähere Ausgestaltung der Vermögenssituation in der Stiftung hat der (Bundes-) Gesetzgeber jedoch nicht vorgenommen.[441]

Insoweit kennt die schweizerische Stiftung auch kein gesetzlich vorgeschriebenes Mindestkapital. Die Entscheidung über die finanzielle Ausstattung der Stiftung liegt vielmehr im freien Ermessen des Stifters, der die Vermögensausstattung der Stiftung aber zumindest so ausrichten muss, dass das gewidmete Vermögen zweckangemessen ist.[442] Das Stiftungsvermögen muss also keinen zwingend vorab festgelegten Wert aufweisen, jedoch muss das Anfangsvermögen in den Augen der Stiftungsaufsichtsbehörde „ausreichend" für die Zweckverfolgung sein. In praxi verlangt die Eidgenössische Stiftungsaufsichtsbehörde in der Regel ein Mindestanfangskapital von 50 000 Schweizer Franken.[443] Ein solcher Ansatz mag vor dem Hintergrund der Sicherstellung der Stiftungszweckerreichung überzeugen, begründet jedoch unweigerlich einen Ermessensspielraum der Eidgenössischen Stiftungsaufsichtsbehörden, was letztlich eine divergierende Handhabung zur Konsequenz hat.

Inhaltlich kann sich das Stiftungsvermögen mangels gesetzlicher Vorgaben aus beliebigen Vermögenswerten, wie dinglichen oder persönlichen Rechten aller Art, Bargeld, Wertpapieren, Grundstücken, Immaterialgüterrechten, Forderungen etc. zusammensetzen.[444]

---

[441] Vergleiche hierzu ausführlich: *Baumann Lorant*, Der Stiftungsrat – das oberste Organ gewöhnlicher Stiftungen, S. 239, der darauf eingeht, dass es zwar keine bundesrechtliche Vermögensanlagevorschriften gibt, jedoch der Stifter in der statutarischen Ausgestaltung weitestgehend frei ist und solchen Vorschriften selbst dann Beachtung zu schenken ist, wenn die kantonalen Anlagevorschriften anderweitige Regelungen enthalten.

[442] Vergleiche hierzu: *Riemer*, in: Meier-Hayoz (Hrsg.), Berner Kommentar zum schweizerischen Privatrecht: Stiftungen, Art. 80 N 29, S. 378f.

[443] Siehe: *Grüninger* in: Honsell/Vogt/Geiser (Hrsg.) ZGB I, Art. 80 Rn 7, der darauf hinweist, dass bei einem geringeren Anfangskapital mindestens mit weiteren Zuwendungen gerechnet werden können muss, da andernfalls die Aufsichtsbehörde die Übernahme der Aufsicht oder die Handelsregisterbehörde den Eintrag ins Handelsregister verweigert.

[444] Vergleiche: *Riemer*, in: Meier-Hayoz (Hrsg.), Berner Kommentar zum schweizerischen Privatrecht: Stiftungen, Art. 80 N 19, S. 376; *Grüninger* in: Honsell/Vogt/Geiser (Hrsg.) ZGB

Im Gegensatz zum deutschen Recht ist dem Schweizer Recht vor diesem Hintergrund auch eine Unterteilung des Stiftungsvermögens in verschiedene Vermögensgruppen, wie zum Beispiel Grundstockvermögen und Erträge fremd. Gerade dieser Aspekt hat, wie nachfolgend noch darzustellen sein wird, unmittelbar Einfluss auf die Verwendung des Stiftungsvermögens sowie die Anlage desselben.

(2) Mittelverwendung

Fehlen im Schweizer Recht konkrete gesetzliche Vorgaben hinsichtlich der Ausgestaltung des Stiftungsvermögens, so überrascht es wenig, dass der schweizerische Gesetzgeber auch darauf verzichtet hat, den Stiftungsorganen klare Leitlinien hinsichtlich der Verwendung des Stiftungsvermögens vorzugeben. Einigkeit herrscht insoweit lediglich dahingehend, dass das Stiftungsvermögen stiftungszweckkonform ausgegeben werden muss.

Vor diesem Hintergrund ist es nach Schweizer Recht zum Beispiel auch nicht per se ausgeschlossen das Stiftungsvermögen im Rahmen der Stiftungstätigkeit auch vollumfänglich zu verbrauchen, wenngleich eine so umfassende Verwendung von Stiftungsmitteln, die faktisch zur Auflösung der Stiftung führt, nur dann zulässig sein soll, wenn der Verbrauch des Vermögens zur Zweckerfüllung unumgänglich ist und unmittelbar in Erfüllung des Stiftungszwecks erfolgt.[445] Der gänzliche oder teilweise Verbrauch des Stiftungsvermögens kann jedoch durch den Stifter in der Stiftungsurkunde ausgeschlossen werden.

Unbeschadet des Fehlens klarer gesetzlicher Vorgaben hinsichtlich der Mittelverwendung der Stiftung nach schweizerischem Recht wird in der Literatur davon ausgegangen, dass die Stiftungsorgane ihre Handlungsweise daran auszurichten haben, das für die Zweckverfolgung zur Verfügung stehende Stiftungs-

---

I, Art. 80 Rn 6; siehe hierzu auch die ausführliche Erörterung zum Vermögensbegriff im schweizerischen Recht am Beispiel des Betrugstatbestands: *Boog*, Die Rechtsprechung des Bundesgerichts zum Begriff des Vermögensschadens beim Betrug, S. 11 ff.
[445] Näher hierzu: *Sprecher/von Salis*, in: Richter/Wachter (Hrsg.), Handbuch des internationalen Stiftungsrechts, S. 1355, Rn 178.

vermögen hoch zu halten und sämtliche Forderungen einzutreiben[446]. Dies impliziert, ähnlich wie auch zum Beispiel im deutschen Recht, eine Verpflichtung in gewissem Umfang für einen Erhalt des Stiftungsvermögens Sorge zu tragen, wenngleich das Schweizer Recht keine vergleichbare starre Verpflichtung zum Erhalt des Grundstockvermögens kennt, wie dies etwa bei der deutschen Stiftung der Fall ist.

Von vorstehendem unberührt bleibt selbstverständlich die Möglichkeit des Stifters im Rahmen der Stiftungsurkunde oder den Reglementen konkrete Vorgaben aufzunehmen, wie mit dem Stiftungsvermögen umzugehen und in welchem Umfang dies zu erhalten ist. Ein gutes Beispiel für eine solche Regelung stellt die bereits dargestellte Regelung in einer Stiftungsurkunde dar, der zufolge das „Stiftungsvermögen nach anerkannten kaufmännischen Grundsätzen sowie nach den Grundsätzen der Verordnung über die berufliche Alters-, Hinterlassenen- und Invalidenvorsorge anzulegen ist"[447].

(3) Anlage des Stiftungsvermögens

Da das Schweizer Recht keine konkreten Vorgaben hinsichtlich der Mittelverwendung kennt, fehlen selbstverständlich auch Vorgaben hinsichtlich der Anlage des Stiftungsvermögens. Dennoch hat die Schweizer Rechtsprechung einige Gesichtspunkte entwickelt, die bei der Anlage von Vermögenswerten zu beachten sind. Wesentliche Schlagworte in diesem Zusammenhang sind *Substanzerhaltung, Sicherheit, Risikoverteilung* sowie *Liquidität* und *Rendite*.[448] Dabei hat das schweizerische Bundesgericht festgestellt[449], dass der Grundsatz der Sicher-

---

[446] So: Sprecher/von Salis, in: Richter/Wachter (Hrsg.), Handbuch des internationalen Stiftungsrechts, S. 1355 Rn 178; Siehe näher zu der Thematik der Anlagegeschäften, jedoch im Rahmen des Betrugs: Cimarolli, Anlagebetrug, S. 109 ff. Vergleiche hierzu auch: Baumann Lorant, Der Stiftungsrat – das oberste Organ gewöhnlicher Stiftungen, S. 244 ff.

[447] Siehe hierzu die exemplarische Darstellung von Regelungen im Rahmen einer Stiftungsurkunde unter: 2. Kapitel C) I) 2) b) (2) Stiftungsurkunde.

[448] Erstmals erwähnt wurden diese Anlagegrundsätze in Urt. v. 04.03.1982, BGE 108 II 352 (352 ff.); Näher hierzu: *Eisenring*, Die Verantwortlichkeit für Vermögensanlagen von Vorsorgeeinrichtungen, S. 61 ff; *Sprecher/von Salis*, in: Richter/Wachter (Hrsg.), Handbuch des internationalen Stiftungsrechts, S. 1355, Rn 175; *Baumann Lorant*, Der Stiftungsrat – das oberste Organ gewöhnlicher Stiftungen, S. 245.

[449] BG Urt. v. 16.02.1973, BGE 99 Ib 255 (255 ff.).

heit der Vermögensanlage bei der Anlage des Stiftungsvermögens die oberste Priorität besitzt, wobei diesem Prinzip dann hinreichend Rechnung getragen sein soll, wenn eine ausreichende Bonität der Schuldner gewährleistet ist und es sich um qualitativ hochwertige Sachanlagen handelt.[450]

Im Übrigen ist bis dato in vieler Hinsicht offen, wie die vorstehend dargestellten, zum Teil „widersprüchlichen" Gesichtspunkte in Einklang zu bringen sind. Es kann insoweit lediglich als gesichert gelten, dass die Stiftungsorgane die Zweckverwirklichung durch die Stiftung oder deren Existenz nicht gefährden dürfen und daher keine zweifelhaften Vermögensanlagen tätigen oder mit dem Stiftungsvermögen spekulieren dürfen. Dies folgt unter anderem daraus, dass die Stiftung auf eine gewisse Dauerhaftigkeit angelegt ist, die sich regelmäßig auch aus dem Willen des Stifters ergibt.

Darüber hinaus spricht vieles dafür, dass wenn man den vom Bundesgericht entwickelten prioritären Grundsatz der Sicherheit ernst nimmt, spekulative Anlagen des Vermögens wohl kaum zulässig sind, sondern eher eine langfristig sichere Anlage mit einer ausgeglichenen Risikoverteilung anzustreben ist.[451] Zudem müssen bei jeder Anlageentscheidung auch der konkrete Bedarf an Liquidität einer Stiftung sowie sonstige Besonderheiten der jeweiligen Stiftung Berücksichtigung finden. Im Übrigen erscheint es angezeigt, die ordnungsgemäße Vermögensanlagepolitik einzelfallbezogen, anhand der Größe der Stiftung, der Vermögenslage der Stiftung, dem Tätigkeitsfeld der Stiftung und der allgemeinen Wirtschaftslage zu bestimmen[452], wobei die Stiftungsorgane ihr Handeln primär am Willen des Stifters und dem Wohle der Stiftung auszurichten haben.

Es lässt sich hieraus ableiten, dass den Stiftungsorganen, mangels konkreter Vorgaben für die Verwaltung des Stiftungsvermögens, ein erheblicher Handlungsspielraum bei der Stiftungsvermögensanlagepolitik zukommt, wobei die

---

[450] BG Urt. v. 16.02.1973, BGE 99 Ib 255 (255 ff.).
[451] Siehe hierzu: Urt. v. 16.02.1973, BGE 99 Ib 255 (259); *Riemer*, in: Meier-Hayoz (Hrsg.), Berner Kommentar zum schweizerischen Privatrecht: Stiftungen, Art. 84 N 68, S. 565; vergleiche hierzu auch: *Sprecher/von Salis*, in: Richter/Wachter, Handbuch des internationalen Stiftungsrechts, S. 1355 Rn 176.
[452] So auch schon Schmid, in: Die Schweizerische Aktiengesellschaft 1974, 101 (113) bezogen auf die Bestimmung „unverantwortbarer Ausgaben" einer Aktiengesellschaft.

Stichworte Substanzerhaltung, Sicherheit, Risikoverteilung, Liquidität und Rendite Aspekte darstellen, die bei jeder Anlageentscheidung mit in die Betrachtung mit einfließen müssen, ohne dass insoweit eine klare Gewichtung oder Rangverhältnis dieser Aspekte besteht.

Zusammenfassend lässt sich vor diesem Hintergrund feststellen, dass es im Schweizer Recht, vergleichbar der Situation in Deutschland und Österreich an klaren Vorgaben dahingehend mangelt, wann bei Anlageentscheidungen ein Übergang zur Strafbarkeit nach Art. 158 chStGB vorliegt. Auch erweist sich die schweizerische Rechtsprechung und Literatur zu dieser Frage als wenig ergiebig. Es darf jedoch letztlich nicht überraschen, dass auch das Schweizer Recht den Stiftungsorganen im Rahmen der Bestimmung der Vermögensanlagepolitik einer Stiftung einen nicht unerheblichen Handlungs- und Ermessensspielraum einräumt, da enge Grenzen und starre Vorgaben für das Tätigen von Anlagegeschäften zur Konsequenz hätte, dass sich die Stiftungsorgane von nicht sicheren Vermögensanlagen vollständig fern halten müssten und mithin eine Vermögensmehrung, die gerade für das Stiftungsvermögen von großer Wichtigkeit ist, nicht stattfinden kann.[453] Konsequenz hieraus wäre letztlich jedoch, dass nur solche Anlagegeschäfte getätigt werden, durch die gerade, respektive wenn überhaupt, ein Inflationsausgleich (gegebenenfalls Tagesgeldkonten) stattfindet. Das Wesen einer erfolgreichen Vermögensanlagepolitik liegt jedoch gerade darin den Interessengegensatz von Rentabilität und Sicherheit derart zu lösen, dass bei angemessener Verteilung der Risiken ein angemessener Ertrag erwirtschaftet wird[454] und die Deckung des Bedarfs an flüssigen Mitteln dennoch stets gewährleistet ist.

---

[453] Ähnlich auch schon: *Donatsch*, ZStrR 1996, 200 (215), der hervorhebt, dass nicht „jegliche wirtschaftliche Initiative sowie ein angemessenes Maß an Risikobereitschaft im Prokrustesbett überdehnter Fürsorgepflichten und minimierter Selbstverantwortung des Opfers bereits im Ansatz erstickt werden soll".
[454] Siehe hierzu: *Eisenring*, Die Verantwortlichkeit für Vermögensanlagen von Vorsorgeeinrichtungen, S. 61 f.

Vergleichbar der Situation im deutschen Recht wird die Strafbarkeit gemäß einer ungetreuen Geschäftsbesorgung jedoch dann bejaht, wenn das Vermögensanlageportfolio einseitig mit hochriskanten Vermögensanlagen gefüllt wird.[455]

Unbeschadet des Fehlens gesetzlicher Leitlinien, bildet jedoch auch im Schweizer Recht der Wille des Stifters die Handlungsrichtschnur für die Geschäftstätigkeit der Stiftungsorgane. Daher müssen die Stiftungsorgane ihr Handeln an den Vorgaben durch die Stiftungsurkunde und die Stiftungsreglemente ausrichten. Gerade aus diesen können sich, wie bereits im Rahmen der Mittelverwendung dargestellt wurde, auch weitergehende Vorgaben hinsichtlich der zu beachtenden Anlagepolitik ergeben, deren Missachtung eine unzulässige Verfügung über die Stiftungsmittel darstellt[456] und vor diesem Hintergrund zu einer Strafbarkeit nach Art. 158 chStGB führen kann.

b)   Zweckwidrige Verwendung der Stiftungsmittel

Es wurde bereits dargestellt, dass der Verstoß der Stiftungsorgane gegen die Stiftungszweckvorgaben geeignet ist, den Tatbestand der Untreue nach deutschem sowie österreichischem Recht zu verwirklichen. Inwiefern dies auch für das schweizerische Recht und den Tatbestand der ungetreuen Geschäftsbesorgung gilt und ob auch in der Schweizer Rechtsordnung die Einhaltung der Vorgaben hinsichtlich des Stiftungszwecks Treuepflichten begründen zeigen die nachfolgenden Ausführungen.

Hierbei gilt es zunächst den Stiftungszweck im schweizerischen Recht und dessen Stellung im Rahmen der schweizerischen Stiftung näher zu betrachten, um herauszufinden, ob dieser in geeigneter Weise eine, im Stiftungsrecht wurzelnde Rechtspflicht aufstellt, die auf die Fürsorge fremder Vermögensinteressen gerichtet ist.[457]

---

[455] Siehe: *Noll*, Schweizerisches Strafrecht BT I, § 55 S. 224; *Rehberg*, Schweizerisches Strafrecht III, § 18 S. 160 f.; ausführlich dazu auch: *Urbach*, Die ungetreue Geschäftsbesorgung, S.62.
[456] Riemer, in: Meier-Hayoz (Hrsg.), Berner Kommentar zum schweizerischen Privatrecht: Stiftungen, Systematischer Teil, N 31, S. 42.
[457] Ähnlich: *Donatsch*, ZStrR 1996, 200 (211).

Auch im schweizerischen Recht verleiht der Stiftungszweck der Stiftung ihre Identität. Der Stiftungszweck legt die Aufgaben sowie Ziele der Stiftung fest, umschreibt die Verhaltensmaximen für die Stiftungsorgane und umreißt den Kreis der Destinatäre der Stiftung, welche die tatsächlichen „Adressaten der Zweckverwirklichung" verkörpern. Hierin zeigt sich die grundlegende Funktion des Stiftungszwecks für die Stiftungstätigkeit. Die inhaltliche Ausgestaltung des Stiftungszwecks gibt letztlich die Handlungsrichtschnur der Stiftungstätigkeit vor und ist für diese bindend. Dabei kann der Stiftungszweck seitens des Stifters einer Stiftung nach Schweizer Recht inhaltlich beliebig gewählt werden, solange der gewählte Zweck die allgemeinen Schranken der Rechtsordnung wahrt. Diese Freiheit bei der Bestimmung des Stiftungszwecks ist Ausfluss der Privatautonomie des Stifters und findet ihre Grenzen dann, wenn der Zweck gegen objektiv zwingendes Recht oder fundamentale sittliche Anschauungen verstößt.

Die Bedeutung des Stiftungszwecks für die Stiftung wird auch daraus ersichtlich, dass das Schweizer Recht anknüpfend an den Stiftungszweck, die gemeinnützige Stiftung, die Familienstiftung, die kirchliche und die Personalvorsorgestiftung sowie die sogenannte Unternehmensstiftung unterscheidet, wobei sich die schweizerische Stiftungskultur anhand ihrer unterschiedlichen „Cluster" (sozialstaatlich, korporatistisch, liberal und wirtschaftsnah) bestmöglich charakterisieren lässt.[458] Blickt man exemplarisch auf die Familienstiftung[459], so findet diese ihre gesetzliche Legitimation in Art. 335 chZGB und ist nur zulässig, wenn sie „zur Bestreitung der Kosten der Erziehung, Ausstattung oder Unterstützung von Familienangehörigen oder zu ähnlichen Zwecken" dient[460]. Ent-

---

[458] Ähnlich: *Purtschert/von Schnurbein/Beccarelli*, in: Egger/Helmig/Purtschert (Hrsg.), Stiftung und Gesellschaft, S. 91 (102).

[459] Familienstiftungen wie die klassischen Stiftungen zu behandeln, mit der Ausnahme, dass ihre Errichtung nicht ins Handelsregister einzutragen ist (Art. 52 Abs. 2 chZGB), sie nicht der staatlichen Aufsicht unterliegen (Art. 87 Abs. 1 chZGB) und somit keine Revisionsstelle benennen müssen. Dies rührt daher, dass diese Stiftungen regelmäßig nicht in den Genuss steuerlicher Vorteile kommen und die Vermögensübertragung daher mit dem maximalen Erbschafts- und Schenkungssteuersatz besteuert wird. Diese Thematik ausführlich erörternd: *Künzle*, in: Breitschmid/Portmann/Rey/Zobl (Hrsg.), Festschrift Riemer 2007, 173 (185 f.).

[460] Diese Aufzählung ist abschließend, weshalb der Stiftungszweck, gerichtet auf eine reine Familienunterhaltsstiftung nicht zulässig ist. Siehe hierzu auch: *Sprecher/von Salis*, in: Richter/Wachter (Hrsg.), Handbuch des internationalen Stiftungsrechts, S. 1360.

scheidet sich der Stifter für eine Familienstiftung und gestaltet er entsprechend dieser Vorgaben den Stiftungszweck aus, so legt er dadurch unmittelbar Pflichten der Stiftungsorgane fest, die diese im Rahmen ihrer Stiftungstätigkeit beachten müssen.

Aus der Formulierung des Stiftungszwecks ergibt sich somit das Leitbild für das Handeln der Stiftungsakteure, an dem diese ihr Handeln ausrichten und messen lassen müssen. Daher legt der Stifter mit dem Stiftungszweck nicht nur die inhaltliche Ausgestaltung und Identität der Stiftung fest, sondern bindet zugleich die Stiftungsorgane daran, diesen einzuhalten. Diese Bedeutung des Stiftungszwecks für die Stiftung und die Bindung der Stiftungsorgane an diesen legt es nahe, dass auch im Schweizer Recht der Verstoß gegen Vorgaben des Stiftungszwecks geeignet ist eine Treupflichtverletzung respektive einen Missbrauch zu begründen und damit den Tatbestand der ungetreuen Geschäftsbesorgung zu verwirklichen.

Demzufolge muss das Mitglied eines Stiftungsorgans, welches die taugliche Tätereigenschaft aufweist[461], mit strafrechtlichen Konsequenzen rechnen, wenn es zum Beispiel vorsätzlich Gelder der Stiftung zweckwidrig ausgibt und dadurch einen vermögensrechtlichen Schaden bei der Stiftung verursacht oder sonst Gelder entgegen dem vorgesehenen Stiftungszweck verwendet.

c)   Unangemessene Entgelte und Leistungen an Dritte

Inwieweit unangemessene Entgelte an Stiftungsorgane oder Leistungen an Dritte im Rahmen der Stiftung nach Schweizer Recht den Tatbestand der ungetreuen Geschäftsbesorgung verwirklichen, wurde soweit ersichtlich seitens der Rechtsprechung bisher nicht entschieden. Jedoch lassen sich wertvolle Hinweise in diesem Zusammenhang aus anderen Rechtsbereichen respektive Verbandformen gewinnen, bezüglich derer die Rechtsprechung bereits Gelegenheit hatte, zu diesem Fragenkreis Stellung zu nehmen.

---

[461] Siehe hierzu im Einzelnen unter: 2. Kapitel C) I) 3) Taugliche Täter.

So hat die schweizerische Rechtsprechung beispielsweise die ungetreue Geschäftsbesorgung bei der Gewährung von Bankgarantien ohne entsprechenden Gegenwert und bei unüblichen Risiken bejaht.[462] Gleiches gilt für die Übernahme von Schulden[463] sowie bei Übertragen von Vermögenswerten an Dritte ohne angemessene Gegenleistung[464]. Ein anderer Sachverhalt, in dem die Rechtsprechung eine ungetreue Geschäftsbesorgung annahm, betraf den Fall, dass auszuführende Arbeiten an den teuersten Anbieter vergeben[465] wurden oder Waren trotz Gewinnmöglichkeit mit Verlust verkauft[466] worden sind.

Aus den vorstehend skizzierten Fällen kann die Schlussfolgerung gezogen werden, dass grundsätzlich die Tathandlung der schweizerischen ungetreuen Geschäftsbesorgung erfüllt ist, wenn es sich um unentgeltliche Zuwendungen oder aber solche ohne entsprechenden Gegenwert an Dritte handelt.[467]

Ähnlich verhält es sich mit Konstellationen, in denen Stiftungsorgane in unzulässiger Weise auf das Stiftungsvermögen zugreifen und sich dadurch bereichern. In diesem Bereich hat die Rechtsprechung unter anderem Fälle entschieden, in denen sich der Vermögensverwalter aus den Mitteln des zu verwaltenden Vermögens selbst bereichert hat, indem er zu seinen privaten Gunsten Spekulationsgeschäfte tätigte oder sich Entschädigungen für angeblich geleistete Arbeiten auszahlen lies.[468] Ferner wurde der Fall entschieden, in dem der Vermögensverwalter mit dem Käufer einen attraktiven Preis vereinbarte, in welchem als Aufschlag ein an ihn zu überweisender Betrag enthalten war.[469]

Es liegt nahe, dass die vorstehend dargestellten Beispiele, die vornehmlich zu anderen Rechtsträgern ergangen sind, auf die Situation der Stiftung entspre-

---

[462] Urt. v. 25.05.1979, BGE 105 IV 189 (190); siehe auch: Urt. v. 03.02.1995, BGE 121 IV 104 (104 ff.).
[463] Urt. v. 21.06.1979, BGE 105 IV 107 (107 ff.).
[464] Urt. v. 05.04.1974, BGE 100 IV 109 (113); vergleiche hierzu auch: Urt. v. 06.04.1971, BGE 97 IV 10 (15).
[465] Urt. v. 21.11.1975, BGE 101 IV 408 (412).
[466] Urt. v. 28.09.1979, BGE 105 Ib 419 (428).
[467] So auch: *Donatsch*, ZStrR 1996, 200 (212 f.).
[468] Urt. v. 22.03.1991, BGE 117 IV 259 (261).
[469] Urt. v. 21.10.1974, BGE 103 IV 227 (238); Urt. v. 26.03.1974, BGE 100 IV 33 (36); siehe näher hierzu auch die Beispiele in: *Donatsch*, ZStrR 1996, 200 (213).

chend übertragen werden können. Insbesondere sind keine Umstände ersichtlich, die bei der Stiftung und deren Organen zu einer anderen Bewertung führen können. Schließlich ist es für die Bewertung, ob die unentgeltliche Hingabe von Vermögenswerten beziehungsweise die Hingabe von Vermögenswerten „unter Preis" eine ungetreue Geschäftsbesorgung begründet letztlich ohne Belang ob es sich bei der Person, zu deren Lasten diese Verfügung erfolgt, um eine Rechtspersönlichkeit handelt, bei der das Vermögen wie bei der Stiftung verselbstständigt ist oder ob es sich insoweit wie bei den entschiedenen Fällen um vorwiegend um „klassische" Gesellschaften handelte.

5)   Vermögensschaden

Wie die deutsche sowie österreichische Untreue knüpft auch die ungetreue Geschäftsbesorgung nach Schweizer Recht die Strafbarkeit an den Umstand, dass durch ein pflichtwidriges beziehungsweise missbräuchliches Verhalten ein Vermögensschaden eingetreten sein muss. Ein Vermögensschaden im Sinne des Tatbestandes der ungetreuen Geschäftsbesorgung wird dabei immer dann angenommen, „wenn sich der Wert des Gesamtvermögens nach der Vermögensverfügung verglichen mit dem Wert, dass es ohne die Verfügung hätte, vermindert hat".[470] Dabei muss im Rahmen der Strafbarkeit der ungetreuen Geschäftsbesorgung der Vermögensschaden in Verletzung gerade derjenigen Pflicht herbeigeführt worden sein, die dem Täter obliegt.[471]

Eine bloße einfache Vermögensgefährdung genügt nicht, da es sich bei Art. 158 chStGB nicht um ein Gefährdungs- sondern um ein Verletzungsdelikt handelt.[472] Allerdings erachtet auch das schweizerische Recht eine sogenannte „schadensgleiche Vermögensgefährdung" für die Annahme eines Vermögens-

---

[470] *Schubarth/Albrecht*, Kommentar zum schweizerischen Strafrecht, Art. 148, Rn. 83; *Donatsch*, in: Donatsch (Hrsg.), Kommentar zum StGB, Art. 146 Rn 24; ausführlich hierzu: *Stratenwerth*, Schweizerisches Strafrecht BT I, § 15 Rn 49 ff.
[471] *Noll*, Schweizerisches Strafrecht BT I, § 55, S. 223, der in diesem Zusammenhang das Beispiel anführt, dass der Finanzdirektor eines Unternehmens im Gegensatz zum technischen Direktor nicht dazu verpflichtet ist, dafür zu sorgen, dass die technischen Anlagen in gutem Zustand erhalten bleiben.
[472] Siehe: *Donatsch*, in: Donatsch (Hrsg.), Kommentar zum StGB, Art. 146 Rn 24; *Stratenwerth*, Schweizerisches Strafrecht BT I, § 15 Rn 54.

schadens als ausreichend[473], soweit die die Gefährdung des Vermögens ein Maß annimmt, welches dieses in seinem wirtschaftlichen Wert vermindert erscheinen lässt.[474] Gleichzeitig ist es unbeachtlich, wenn ein einmal eingetretener Schaden später wieder ausgeglichen wird, da das Delikt mit Eintritt des Schadens vollendet ist.[475]

Problematisch ist die Differenzierung, ob bereits ein Vermögensschaden beziehungsweise eine schadensgleiche Vermögensgefährdung oder aber lediglich eine einfache Vermögensgefährdung vorliegt, bei der Feststellung von Vermögensschäden bei Verlusten aus Anlagegeschäften. Ist in einem verlustreichen Anlagegeschäft schon keine tatbestandsmäßige Handlung zu sehen, zum Beispiel weil die oben dargestellten Grundsätze der Substanzerhaltung, Sicherheit, etc. eingehalten wurden, stellt sich die Frage nach dem Schaden nicht. Verstößt ein Stiftungsorgan jedoch bei Vornahme von Anlagegeschäften gegen diese Grundsätze, stellt sich unweigerlich die Frage, ab welchem Zeitpunkt der Tatbestand der ungetreuen Geschäftsbesorgung in diesem Fall verwirklicht wird, das heißt mit Vornahme der Anlage oder erst zu einem späteren Zeitpunkt.

Klar ist, dass ein Vermögensschaden jedenfalls dann eintritt, wenn sich ein konkreter Verlust aus dem Anlagegeschäft realisiert. Fraglich ist aber, ob ein Schaden bereits dann angenommen werden kann, wenn sich die Anlage negativ entwickelt, ohne dass es zur Realisierung eines Verlustes kommt. Hier ist die Abgrenzung zur bloßen Vermögensgefährdung relevant. Eine nur temporäre Vermögensminderung stellt nach schweizerischem Recht noch keinen Schaden dar.[476] Vielmehr geht das schweizerische Bundesgericht davon aus, dass ein Schaden erst dann anzunehmen ist, wenn eine Anlage „erheblich gefährdet und infolgedessen wesentlich herabgesetzt ist"[477] Ob dies der Fall ist, kann letztlich

---

[473] Siehe: *Donatsch*, ZStrR 1996, 200 (216).

[474] BGE 121 IV 104 (104ff.), ähnlich hierzu auch: *Donatsch*, in: Donatsch (Hrsg.), Kommentar zum StGB, Art. 158 Rn 8.

[475] Hierzu: *Vollmar*, Untreue Geschäftsbesorgung (Art. 159 StGB), S. 86 f., S. 89 mit weiteren Nachweisen.

[476] *Nager*, Die ungetreue Geschäftsführung nach schweizerischem Strafgesetzbuch (Art. 159), S. 114; *Vollmar*, Untreue Geschäftsbesorgung (Art. 159 StGB), S. 88.

[477] Siehe hierzu: Urt. v. 07.03.1956, BGE 82 IV 90 (90 f.), bezogen auf eine Darlehensforderung. Dem zustimmend: *Stratenwerth*, Schweizerisches Strafrecht BT I, § 15 Rn 54; siehe

nur anhand des jeweiligen Einzelfalls beurteilt werden, wobei die vergangene sowie die zu erwartende Entwicklung zu berücksichtigen sind. Die Grenze zwischen nur vorübergehender negativer Entwicklung der Anlage und faktischem Verlust, das heißt Schaden, muss jedenfalls dort gezogen werden, wo aufgrund konkreter Hinweise nicht mehr mit einer positiven Entwicklung gerechnet werden kann.

Zusammenfassend lässt sich vor diesem Hintergrund feststellen, dass unter Anwendung der Figur der „schadensgleichen Vermögensgefährdung" auch im schweizerischen Recht ein Vermögensschaden bereits zu dem Zeitpunkt angenommen werden kann, zu dem eine Anlage wertmäßig deutlich herabgesetzt und mit einer Erholung nicht mehr zu rechnen ist, und nicht der Ablauf der Anlagefrist und damit die tatsächliche Realisation des Verlustes abgewartet werden muss, um die handelnden Stiftungsorgane wegen ungetreuer Geschäftsbesorgung zur Rechenschaft zu ziehen.

6)   Subjektiver Tatbestand

Auch im Rahmen der schweizerischen Stiftung stellt sich ferner die Frage, welche Voraussetzungen vorliegen müssen, damit die Stiftungsorgane den subjektiven Tatbestand der ungetreuen Geschäftsbesorgung erfüllen.

Grundsätzlich erfordert der Straftatbestand der ungetreuen Geschäftsbesorgung nach Art. 158 chStGB in subjektiver Hinsicht für den *Treuebruchtatbestand* „Vorsatz" hinsichtlich Tatmittel, Schädigungserfolg sowie Kausalzusammenhang.[478] Dabei genügt dolus eventualis. Ein Element der überschießenden Innentendenz, wie die Bereicherungsabsicht, ist für die Erfüllung des Grundtatbestandes im Rahmen des Treuebruchtatbestands nicht erforderlich. Dennoch spielt dieses Merkmal eine strafverschärfende Rolle. Wurde der Treuebruchtatbestand

---

auch: *Donatsch*, in: Donatsch (Hrsg.), Kommentar zum StGB, Art. 158 Rn 8, der diese Voraussetzungen dann erfüllt sieht, wenn „der Gefährdung nach den Grundsätzen der sorgfältigen Bilanzierung durch Wertberichtigung oder Rückstellungen Rechnung getragen werden muss".

[478] *Stratenwerth*, Schweizerisches Strafrecht BT I, § 19 Rn 18.

nämlich vorsätzlich erfüllt und liegt zusätzlich die Bereicherungsabsicht vor, so erfüllt dies den Qualifikationsgrund gemäß Art. 158 Ziffer 1 Abs. 3 chStGB.

Der Grundtatbestand gelangt mithin auch dann zur Anwendung, wenn der Täter ohne Bereicherungsabsicht gehandelt hat[479], erfüllt er aber dieses Merkmal der überschießenden Innentendenz, hat er auch den Qualifikationsgrund der ungetreuen Geschäftsbesorgung verwirklicht.

Untersucht man die subjektiven Voraussetzungen für den *Missbrauchstatbestand*, so fällt auf, dass neben dem Vorsatz auch die Absicht ungerechtfertigter Bereicherung vorliegen muss, damit dass der Tatbestand erfüllt ist.[480] Eine Unterteilung in Grundtatbestand und Qualifikation anhand des Merkmals der Bereicherungsabsicht gibt es insofern nicht.

Das schweizerische Recht stellt daher unterschiedliche Anforderungen an den subjektiven Tatbestand des Treuebruch- und des Missbrauchstatbestands.

II) Bewertung des strafrechtlichen Vermögensschutzes in schweizerischen Stiftungen

1) Umfang des strafrechtlichen Vermögensschutzes

Das schweizerische Strafrecht sanktioniert Angriffe auf das Vermögen der Stiftung mit dem Straftatbestand der ungetreuen Geschäftsbesorgung aus Art. 158 chStGB sehr umfassend. Dies wird aus materiell-rechtlicher Sicht durch die Existenz des Treuebruchtatbestandes begünstigt, welcher es aufgrund seines weitreichenden Anwendungsbereichs gestattet, die Verhaltensweisen sämtlicher Personen zu erfassen und gegebenenfalls zu sanktionieren, die im Rahmen einer Stiftung in Erscheinung treten können. Zudem gestattet der Missbrauchstatbestand nach Schweizer Recht, eine Bereicherungsabsicht vorausgesetzt, auch die strafrechtliche Sanktionierung von Verhaltensweisen von Personen, denen aufgrund ihrer Stellung nicht per se Treuepflichten gegenüber der

---

[479] *Trechsel*, Schweizerisches StGB, Art. 158 Rn 14.
[480] *Stratenwerth*, Schweizerisches Strafrecht BT I, § 19 Rn 24; *Trechsel*, Schweizerisches StGB, Art. 158 Rn 22.

Gesellschaft obliegen, die jedoch nichtsdestotrotz, und sei es auch nur im Einzelfall (zum Beispiel als Bevollmächtigte), in eine Situation kommen, in der sie ermächtigt sind, über Stiftungsvermögen zu verfügen beziehungsweise die Stiftung zu verpflichten.

Auch im Hinblick auf den zeitlichen Anwendungsbereich gewährt das Schweizer Recht einen, wenn auch nicht umfassenden, so doch einen ausreichenden Schutz, indem es die Möglichkeit der Vollendungsstrafbarkeit im Zeitpunkt der Annahme einer „schadensgleichen Vermögensgefährdung" vorsieht. Konsequenz dieser Sichtweise ist, dass die Strafbarkeit zwar noch nicht unmittelbar mit Abschluss eines mit den Stiftungsregularien unvereinbaren Rechtsgeschäftes einsetzt, jedoch auch nicht bis zu dem Zeitpunkt mit strafrechtlicher Aufarbeitung gewartet werden muss, bis sich tatsächlich ein Schaden realisiert. Einschränkungen weist das schweizerische Recht nur insoweit auf, als durch das Fehlen konkreter gesetzlicher Vorgaben hinsichtlich der Mittelverwendung gerade in diesem Bereich ein erheblicher Ermessensspielraum der Stiftungsorgane zu konstatieren ist. In Summe lässt der Straftatbestand der ungetreuen Geschäftsbesorgung als solcher somit, abgesehen von der zuletzt dargestellten Schwäche hinsichtlich der Mittelverwendung, die weniger im Strafrecht als vielmehr im Zivilrecht wurzelt, aufgrund seines umfassenden Anwendungsbereiches, kaum materiell-rechtliche Schutzlücken hinsichtlich der Sanktionierung unzulässiger Verhaltensweisen von Stiftungsorganen entstehen.

Wie bereits eingehend im Rahmen der Bewertung des deutschen Rechts dargestellt wurde, können sich unbeschadet des materiellen Strafrechts Schutzlücken jedoch auch aus stiftungsrechtlichen Besonderheiten ergeben. Dies betrifft insbesondere die Durchsetzbarkeit des Strafrechts. So kann diese dadurch beeinträchtigt werden, dass sich das Delikt der ungetreuen Geschäftsbesorgung im Rahmen der Stiftung hauptsächlich in einer Sphäre abspielt, die für Außenstehende teilweise sehr schwer einsehbar ist. Im Rahmen der Begehung von Straftaten in verborgenen Bereichen gestaltet sich die Strafverfolgung jedoch schwierig.

Dass es sich auch bei der Stiftung nach Schweizer Recht grundsätzlich um einen Bereich mit lediglich beschränktem Einblick handelt, ergibt sich bereits aus der klassischen Struktur des schweizerischen Stiftungsrechts. So folgt auch das Schweizer Stiftungsrecht dem Grundsatz der „Trennung von Stifter und Stiftung" nach der Stiftungsgründung, so dass dem Stifter keine beziehungsweise nur solche Rechte zustehen, die er sich im Rahmen der Stiftungsurkunde und den Reglementen vorbehalten hat und auch vorbehalten durfte. Stiftung und Stifter sind sich juristisch fremd.[481] Der Hinweis, dass dem Stifter keine Rechte nach Stiftungsgründung mehr zustehen, „soweit sich der Stifter solche nicht ausdrücklich vorbehalten hat", weist jedoch bereits auf eine Besonderheit des schweizerischen Stiftungsrechts hin, die darin liegt, dass das Schweizer Recht nicht uneingeschränkt, wie zum Beispiel das deutsche Recht, dem Trennungsprinzip folgt, sondern eine Art Kompromisslösung gewählt hat, um auch der Privatautonomie eine gewisse Bedeutung beizumessen.

Dies verdeutlicht sich anhand des Art. 86a chZGB. Danach kann der Stifter den Zweck der Stiftung nachträglich ändern, sofern er sich dies im Rahmen der Stiftungsurkunde vorbehalten hat oder aber seit der Stiftungserrichtung oder der letzten Zweckänderung mindestens zehn Jahre verstrichen sind und die Stiftung einen gemeinnützigen Charakter bewahrt.[482] Insoweit kann sich der Stifter einer Stiftung nach Schweizer Recht auch noch nach Gründung in begrenztem Umfang Einfluss auf die Stiftung sichern. Selbst wenn der Stifter von dieser Befugnis Gebrauch machen sollte zeigen nachfolgende Darstellungen, dass es sich auch bei der Stiftung nach Schweizer Recht weitestgehend doch noch um einen „verborgenen Bereich" handelt, so dass auch insoweit weitergehende Instrumente notwendig beziehungsweise sinnvoll sind, um den strafrechtlichen Schutz des Stiftungsvermögens zu verbessern.

---

[481] Siehe hierzu: *Aebi-Müller*, in: ZBJV 2005, 721 (726 f.); *Riemer* in: Stiftungsrecht in Europa, 511 (517). In Bezug auf die Stellung des Stifters können vor diesem Hintergrund gravierende Interessenkonflikte entstehen. Ist der Stifter noch am Leben und möchte er auch weiterhin Einfluss auf die Stiftung ausüben, kommt es nach *Jakob* zum „Urkonflikt allen stiftungsrechtlichen Denkens"; siehe: *Jakob*, ZEV 2009, 165 (167).

[482] *Jakob* stellt zu Recht fest, dass diese Regelung das Trennungsprinzip in seiner ursprünglichen Form durchbricht, jedoch der Privatautonomie nur den vom Gesetzgeber gesetzten Rahmen zubilligt, siehe: *Jakob*, ZEV 2009, 165 (167); siehe hierzu auch: *Jakob* in: Saenger/Bayer/Koch/Körber (Hrsg.), FS Werner, S. 101 (105).

Auch die schweizerische Stiftung hat nämlich keine Mitglieder oder Teilhaber im körperschaftsrechtlichen Sinne, das heißt sie gehört nur sich selbst und stellt im Grunde ein personifiziertes Zweckvermögen dar[483], so dass derartige Akteure, die auf das Stiftungsgeschehen Einfluss nehmen könnten nicht existieren. Mangels Einblicke seitens Gesellschafter und daher mangels einer gewissen Kontrolle durch diese stellt die Stiftung vor diesem Hintergrund in gewissem Umfang einen „verborgenen Bereich" dar, in den nur Wenige einen Einblick haben. Zwar ist die schweizerische Stiftung, anders als bei Stiftungen im deutschen Recht, unter gewissen Prämissen dennoch für die Mitwirkung seitens des Stifters geöffnet, jedoch bleibt diese Mitwirkung letztlich beschränkt.

Gleichzeitig gilt es zu beachten, dass auch in der schweizerischen Stiftung den Mitgliedern des Stiftungsrats, denen die Geschäftsführung obliegt, eine starke Stellung zukommt. Der Stiftungsrat als zentrales Entscheidungsorgan bestimmt die Geschicke der Stiftung. Dabei obliegt ihm, wie sich beispielsweise im Rahmen der Anlagegeschäfte gezeigt hat, ein großer Handlungs- und Entscheidungsspielraum.

Zwar wird jener durch eine weitere obligatorische Instanz innerhalb der schweizerischen Stiftung kontrolliert, deren Aufgabe es ist, die Jahresrechnung mit den gesetzlichen Vorschriften, des Statuten, dem Regelwerk und insbesondere der Stiftungsurkunde sowie den Reglementen zu revidieren und damit den „verborgenen Bereich" zu durchdringen. Diese obligatorische Revisionsstelle unterzieht also die Handlungen des Stiftungsrats einer weiteren Prüfung[484], sie hat jedoch keine Kompetenz die Geschäftsführung durch den Stiftungsrat zu kontrollieren.

Ergänzt wird die interne Revisionsinstanz bei der Stiftung nach Schweizer Recht durch eine staatliche Stiftungsaufsicht, welche eine Kontrollfunktion wahrnimmt, die es bezweckt, die Stiftung vor sich selbst und ihren Organen zu schüt-

---

[483] Siehe hierzu: *Jakob*, ZEV 2009, 165 (165), der die Stiftung als Anstalt im System der juristischen Personen des privaten Rechts bezeichnet (Art. 52 ZGB) in Abgrenzung zu körperschaftlich organisierten Personenverbindungen. Siehe auch: *Riemer* in: Stiftungsrecht in Europa, 511 (516).
[484] So auch schon: *Baumann Lorant*, Der Stiftungsrat – das oberste Organ gewöhnlicher Stiftungen, S. 385, der die Einführung der Revisionsstelle im Ergebnis durchaus begrüßt, obwohl er grundsätzlich die Organisationsfreiheit des Stiftungsrats hochhalten möchte.

zen sowie als verlängerter Arm des Stifters auftritt.[485] Deren reine Rechtsaufsicht – verbunden mit dem teils mangelnden Spezialwissen über die internen Stiftungsabläufe[486] – vermag jedoch keine umfassende Überwachungsfunktion und damit keinen umfassenden Schutz des Stiftungsvermögens zu begründen. Dem ist auch nicht durch die Vorgabe, dass diese Stelle Strafanzeige erstatten muss, sobald der Verdacht oder die Gewissheit besteht, dass strafbare Handlungen begangen wurden, Genüge getan.[487] Auch eine solche Strafanzeige setzt nämlich voraus, dass zuvor mögliche Straftaten identifiziert wurden.

Um dieser Schwäche des schweizerischen Stiftungsrechts entgegenzuwirken, hat der schweizerische Gesetzgeber die Möglichkeit der sogenannten Stiftungsaufsichtsbeschwerde gemäß Art. 84 Abs. 2 chZGB geschaffen. Mit der Stiftungsaufsichtsbeschwerde können pflichtwidrige Verhaltensweisen von Stiftungsorganen gerügt werden, wobei dieses Rechtsmittel sui generis dem Beschwerdeberechtigten einen Anspruch auf Entscheid einräumt[488].

Zur Erhebung einer Stiftungsaufsichtsbeschwerde ist ermächtigt, „wer der Stiftung besonders nahe steht, sei es, dass er in seiner Betätigung mit ihr ideell verbunden ist, sei es, dass er als potentieller Destinatär mit einer gewissen Wahrscheinlichkeit in den Genuss kommt, Stiftungsvorteile zu nutzen"[489]. Die Stiftungsaufsichtsbeschwerde stellt somit eine Möglichkeit dar, das Handeln der Organe einer externen Kontrolle zu unterwerfen. Dadurch wird deren pflichtgemäßes Handeln in den Fokus genommen und von Dritten, in Form des Gerichtes, betrachtet. Diese vom Gesetzgeber geschaffene Möglichkeit versucht, eine

---

[485] *Sprecher/von Salis*, in: Richter/Wachter (Hrsg.), Handbuch des internationalen Stiftungsrechts, S. 1357.

[486] Dies auch so beurteilend: *Burckhardt*, Leitfaden für Stiftungen und die Funktion der Bank bei deren Errichtung, S. 44, der überdies von einer Überforderung der Aufsichtsbehörde mit der Aufsichtstätigkeit spricht.

[487] Ausführlich hierzu: *Riemer*, in: Meier-Hayoz (Hrsg.), Berner Kommentar zum schweizerischen Privatrecht: Stiftungen, Art. 84 N 103, S. 584.

[488] Vergleiche: Grüninger in: Honsell/Vogt/Geiser (Hrsg.), ZGB I, Art. 84 Rn 17.

[489] Liver, ZBJV 1983, 57 (63). Bei der Beschwerdeberechtigung kommt es darauf an, dass der Beschwerdeführer ein eigenes Interesse geltend machen kann. Daran sind zwar keine allzu hohen Voraussetzungen zu knüpfen, aber dennoch soll dadurch eine Popularbeschwerde ausgeschlossen werden. Siehe hierzu: Grüninger in: Honsell/Vogt/Geiser (Hrsg.) ZGB I, Art. 84 Rn 17; Riemer, in: Meier-Hayoz (Hrsg.), Berner Kommentar zum schweizerischen Privatrecht: Stiftungen, Art. 84 N 119ff. S. 592.

Schwachstelle des Trennungsprinzips, die mangelnde Kontrolle, auszugleichen und dieser gezielt entgegenzuwirken.

Im Hinblick auf den strafrechtlichen Vermögensschutz in der schweizerischen Stiftung und insbesondere den Tatbestand der ungetreuen Geschäftsbesorgung kann dies insofern zur Aufklärung beitragen, als die handelnden Stiftungsorgane einer weiteren Stelle Rechenschaft, respektive Offenlegung der Geschäftstätigkeit, gewähren müssen, was eine Offenlegung von Straftaten erleichtert.

2) Maßnahmen zur Schließung von Schutzlücken

Um den nichtsdestotrotz noch bestehenden Schwächen des schweizerischen Stiftungsrechts entgegenzuwirken empfiehlt es sich zusätzliche Kontrollen durch die Reglemente der Stiftung vorzusehen, zum Beispiel indem Kontrollgremien geschaffen werden, die Einblick in die Geschäfte des Stiftungsrates erhalten, beziehungsweise deren Zustimmung für den Abschluss bestimmter Rechtsgeschäfte einzuholen ist, da nur auf diese Art und Weise der „verborgene Bereich" etwas aufgebrochen werden kann. Zudem empfiehlt sich die Aufnahme klarer Vorgaben hinsichtlich des Umgangs mit dem Stiftungsvermögen, das heißt der Art und Weise der Mittelverwendung, um den sehr weiten Ermessensspielraum der Stiftungsorgane, der aufgrund des Fehlens klarer gesetzlicher Vorgaben zur Mittelverwendung besteht, substantiell einzuengen.

III) Fazit

Das Strafrecht sanktioniert dem Stiftungsvermögen zuwider laufende Handlungsweisen mit dem Straftatbestand der ungetreuen Geschäftsbesorgung aus Art. 158 chStGB im Grundsatz ausreichend. Zwar basiert das schweizerische Stiftungsrecht auf dem Trennungsprinzip, das heißt der Trennung von Stifter und Stiftungsvermögen nach der Stiftungserrichtung, womit die Stiftungstätigkeit auch bei der Stiftung nach Schweizer Recht primär von den Entscheidungen der Mitglieder des Stiftungsrates abhängt. Dennoch tragen die internen und externen Überwachungsmaßnahmen, wie die obligatorische Revisionsstelle, die staatliche Stiftungsaufsichtsbehörde und die Stiftungsaufsichtsbeschwerde, dazu bei, den großen Handlungsspielraum des Stiftungsrats einer besseren Kontrolle zu unterwerfen. Diese Überwachungsmöglichkeiten dienen letztlich dazu, strafrechtliche Handlungsweisen zu identifizieren und damit die effektive Durchsetzbarkeit des Strafrechts zu erreichen. Dies gelingt dem schweizerischen Recht etwas besser als die zum Beispiel im Rahmen der deutschen Stiftung der Fall ist.

3. Kapitel **Vergleich und Bewertung des strafrechtlichen Vermögens-schutzes in den drei untersuchten Rechtsordnungen**

Nachfolgend soll auf Basis der bis zu diesem Zeitpunkt gewonnenen Erkenntnisse ein Vergleich des strafrechtlichen Vermögensschutzes am Beispiel des Untreuetatbestands respektive der ungetreuen Geschäftsbesorgung in Deutschland, Österreich und der Schweiz vorgenommen werden.

Zu diesem Zweck wird in einem ersten Schritt anknüpfend an die Darstellung des im jeweiligen Rechtsraum untersuchten Straftatbestandes ein Vergleich des materiellen strafrechtlichen Vermögensschutzes angestellt.

Im Anschluss daran wird eine Bewertung des Vermögensschutzes in den untersuchten Rechtsordnungen vorgenommen. Da ein strafrechtlicher Vermögensschutz immer nur dann effektiv ist, wenn gewährleistet ist, dass etwaige Straftatbestände auch tatsächlich verfolgt werden, wird in diesem Zusammenhang auch mit in die Betrachtung einbezogen werden, wie in den untersuchten Rechtsordnungen jeweils sichergestellt ist, dass etwaige Verstöße gegen die Belange des Vermögensschutzes auch tatsächlich entdeckt werden und vor diesem Hintergrund auch tatsächlich sanktioniert werden können. Das ist von evidenter Wichtigkeit, weil sich viele Vorgänge innerhalb einer Stiftung aufgrund deren privaten Charakters eher im Verborgenen abspielen. Der strafrechtliche Vermögensschutz wird jedoch immer dann versagen, wenn die Wahrscheinlichkeit, dass Straftaten aufgedeckt werden, eher als gering einzustufen ist. Zu diesem Zweck soll anlehnend an die Erkenntnisse der vorangegangenen Kapitel hinsichtlich der Organisationsstruktur der Stiftung im Rahmen der Bewertung des materiellen Vermögensschutzes ein Vergleich gezogen werden, welche Kontrollmechanismen in den jeweils untersuchten Rechtsordnungen zur Flankierung des materiellen strafrechtlichen Vermögensschutzes zur Verfügung stehen.

Im Anschluss an diese vergleichende und bewertende Darstellung sollen sodann Ausführungen zu Schutzlücken in den untersuchten Rechtsordnungen hinsichtlich des Vermögensschutzes angestellt werden und Lösungsmöglichkeiten aufgezeigt werden, wie diese Schutzlücken gegebenenfalls geschlossen werden können.

Anschließend wird im 4. Kapitel ausgeführt, welche Lehren aus dem Vergleich der untersuchten Rechtsordnungen für die Fortentwicklung des deutschen Stiftungsrechts gezogen werden können.

Die Arbeit schließt sodann mit einem Ausblick auf Entwicklungen, die gegenwärtig auf Ebene der EU stattfinden, wenngleich sich diese Überlegungen noch in einem sehr frühen Stadium befinden, so dass diese Pläne, deren konkrete Umsetzung noch in den Sternen steht, lediglich kurz gestreift werden.

A) Vergleich des materiellen strafrechtlichen Vermögensschutzes am Beispiel der Untreue beziehungsweise ungetreuen Geschäftsbesorgung in der jeweiligen Stiftung

I) Untreue gemäß § 266 dStGB, gemäß § 153 öStGB und ungetreue Geschäftsbesorgung gemäß § 158 chStGB

1) Taugliche Täter

Während im deutschen und im schweizerischen Recht derjenige tauglicher Täter sein kann, dem eine Vermögensbetreuungspflicht zukommt, kennt das österreichische Recht engere Grenzen. Hiernach kann, mangels Treuepflichttatbestand, nur der tauglicher Täter sein, dem eine rechtliche Befugnis zukommt, über fremdes Vermögen zu verfügen.

Die im deutschen und schweizerischen Strafrecht vorgesehene Vermögensbetreuungspflicht wird in der juristischen Praxis sehr extensiv ausgelegt, weswegen vor allem die Bestimmtheit des deutschen Untreuetatbestands in strafrechtlichen Abhandlungen immer wieder kritisch hinterfragt wird.[490] Demgegenüber

---

[490] Zuletzt wurde der deutsche Untreuetatbestand im Jahre 2010 vom Bundesverfassungsgericht für verfassungsgemäß und hinreichend konkret bestimmt erachtet:

ist nach österreichischem Recht eine gesetzliche oder rechtsgeschäftlich verliehene Befugnis erforderlich, über fremdes Vermögen zu verfügen, was dem österreichischen Recht deutlich mehr Konturen verleiht. Das Fehlen eines Treuepflichttatbestandes im Rahmen der österreichischen Untreue wirkt sich jedoch, wie nachfolgend dargestellt wird, unmittelbar begrenzend auf die Beurteilung der tauglichen Tätereigenschaft einzelner Stiftungsorgane aus.

a) Stiftungsvorstand / Stiftungsrat

Auf die Stiftung bezogen ergibt sich trotz unterschiedlicher Ausgestaltung des Untreuetatbestands in den einzelnen Rechtsordnungen eine einheitliche Bewertung in Bezug auf die taugliche Tätereigenschaft der Mitglieder des Stiftungsvorstands (deutsche und österreichische Rechtslage) respektive der Mitglieder des Stiftungsrats (schweizerische Rechtslage). Allen untersuchten Rechtssystemen liegt die Wertung zugrunde, dass die Mitglieder des Führungsorgans, welches die Geschicke der Stiftung lenkt und in den Händen hält, als taugliche Täter einer Untreue in Betracht kommen können. Dies ist maßgeblich darauf zurückzuführen, dass dem Führungsorgan einer Stiftung und damit auch seinen Mitgliedern eine sehr einflussreiche Stellung innerhalb der Stiftung zukommt, insbesondere auch in Hinblick auf die finanziellen Geschäfte der Stiftung. Dem Stiftungsvorstand beziehungsweise dem Stiftungsrat kommt nach allen Rechtsordnungen im Vergleich zu den anderen Akteuren in der Stiftung ein beträchtlicher Handlungsspielraum zu, der neben den Vorgaben durch die Stiftungssatzung, dem Stiftungsgeschäft und dem gesetzlichen Stiftungsrecht weitere Grenzen in den Strafvorschriften findet. Eine dieser Grenzen stellt der Untreuetatbestand respektive die ungetreue Geschäftsbesorgung dar, im Rahmen dessen die einzelnen Mitglieder des Stiftungsvorstands beziehungsweise des Stiftungsrats taugliche Täter sein können.

BVerfG Beschl. v. 23.06.2010, 2 BvR 2559/08, 2 BvR 105/09, 2 BvR 491/09, BVerfGE 126, 170 (170 ff.).

b) Kontrollorgane

Anders stellt sich die Beurteilung in Bezug auf das beziehungsweise die jeweiligen Kontrollorgane der einzelnen Stiftungsformen dar. Insgesamt ergibt sich in den untersuchten Rechtsordnungen ein vielfältiges Bild, das einerseits durch den Unterschied in der Struktur der einzelnen Untreuetatbestände (wie beispielsweise des fehlenden Treuebruchtatbestands im österreichischen Recht) geprägt ist und das andererseits aufgrund der unterschiedlichen Ausgestaltung der Kontrollorgane im jeweiligen Stiftungsrecht unterschiedliche Ergebnisse hervorruft.

Im deutschen Recht existieren zwei unterschiedliche Kontrollorgane, das fakultative Kuratorium und die obligatorische staatliche Stiftungsaufsichtsbehörde, wobei sich im Ergebnis der strafrechtlichen Beurteilung kein Unterschied ergibt. Sowohl die Mitglieder des Kuratoriums, sofern ein solches in der Stiftung existiert, also auch die Mitglieder der staatlichen Stiftungsaufsichtsbehörde können taugliche Täter einer Untreue gemäß § 266 dStGB sein. Beiden Organen beziehungsweise ihren Mitgliedern kommt grundsätzlich eine Vermögensbetreuungspflicht zu.

Im österreichischen Recht gestaltet sich die Situation anders beziehungsweise zum Teil konträr.

Im österreichischen Stiftungsrecht ist zu berücksichtigen, dass die österreichische Untreue gemäß § 153 öStGB keinen Treuebruchtatbestand kennt. Somit kommt es bei der Beurteilung der tauglichen Tätereigenschaft, wie bereits gezeigt, nur auf das Innehaben einer rechtlichen Befugnis an. Sowohl den Mitgliedern des Stiftungsaufsichtsrats, als auch dem Stiftungsprüfer fehlt es an einer solchen Befugnis. Sie kommen daher als taugliche Täter einer österreichischen Untreue nicht in Betracht. Die Frage nach der Täterqualität eines staatlichen Aufsichtsorgans stellt sich im österreichischen Recht erst gar nicht, da das österreichische Privatstiftungsrecht ein staatliches Aufsichtsorgan nicht vorsieht. Daraus lässt sich die Erkenntnis gewinnen, dass das liberal gestaltete österreichische Privatstiftungsrecht, welches eine staatliche Kontrolle nicht vorsieht, auf die eingeschränkte Fassung des Untreuetatbestands trifft, mit der Konsequenz, dass bereits der taugliche Täterkreis nach österreichischem Recht überschaubarer ist als der potentielle Täterkreis nach der deutschen Rechtsordnung.

Das schweizerische Recht schließlich ist vergleichbar dem deutschen Recht ausgestaltet, wobei sowohl die Mitglieder der internen Revisionsstelle, als auch die Mitglieder der Stiftungsaufsichtsbehörde taugliche Täter der schweizerischen Untreue sein können.

c) Fazit

Im Ergebnis kann festgehalten werden, dass eine begrenzte Fassung des Untreuetatbestands, wie ihn das österreichische Recht mit § 153 Abs. 1 öStGB vorsieht, sowie das Fehlens einer staatlichen Stiftungsaufsicht nach österreichischem Recht in der Konsequenz zu einem begrenzten Täterkreis im Rahmen von Stiftungen führt.

Anders gestaltet sich die Situation im deutschen Recht, wonach der Kreis der tauglichen Täter aufgrund des weit gefassten Untreuetatbestands und einer extensiven Auslegung des Begriffs der Treuepflicht deutlich weiter ist. Diese strafrechtliche Verantwortlichkeit kann grundsätzlich jeden, der mit der Stiftung und ihren Vermögensentscheidungen in Berührung kommt, treffen.

Vergleichbar dem deutschen Recht ist die Rechtslage im schweizerischen Recht. Das schweizerische Recht kennt mit dem Tatbestand der ungetreuen Geschäftsbesorgung gemäß § 158 chStGB einen Tatbestand, der vergleichbar der deutschen Untreue ausgestaltet ist und in Form des Missbrauchstatbestandes sogar darüber hinaus geht, indem im Einzelfall auch solche Personen strafrechtlich belangt werden können, denen aufgrund ihrer "untergeordneten" Stellung nicht zwangsläufig Vermögensbetreuungspflichten obliegen, die jedoch für die Stiftung rechtsgeschäftlich tätig werden.

2) Tathandlung

a) Tatbestandsvarianten

Die tatbestandlichen Voraussetzungen für Pflichtverletzungen im Sinne des jeweiligen Untreuetatbestands sind im Einzelnen sehr unterschiedlich ausgestaltet, was in Verbindung mit den Vorschriften des Stiftungsrechts in den jeweiligen Rechtsordnungen zu sehr unterschiedlichen Ergebnissen hinsichtlich der strafbaren Verhaltensweisen führt.

Wie dargestellt wurde, differenzieren das deutsche und das schweizerische Recht zwischen den Pflichtverletzungen Treuebruchvariante und Missbrauchsvariante, wobei beide Varianten verschieden ausgestaltet sind. Das schweizerische Strafrecht lässt der jeweiligen Tatbestandsvariante einen eigenen Anwendungsbereich zukommen, wohingegen im deutschen Recht das Verhältnis umstritten ist und letztlich der Missbrauchstatbestand als Spezialform des Treuebruchtatbestands angesehen wird.

Eine solche Einteilung kennt das österreichische Strafrecht im Rahmen der Untreue nicht. Im österreichischen Recht gibt es lediglich den Missbrauchstatbestand. Konsequenz hieraus ist, wie bereits bei der Ermittlung des tauglichen Täters dargestellt wurde, dass das österreichische Recht der Untreue deutlichere Grenzen setzt, als dies nach deutschem und schweizerischem Recht der Fall ist.

Über diese strukturelle Thematik der unterschiedlichen Ausgestaltung der Tatbestandvarianten hinaus, unterscheiden sich die untersuchten Rechtsordnungen jedoch auch im Hinblick auf die Frage, wann eine strafrechtlich relevante Pflichtverletzung vorliegt und welchen Entscheidungsspielraum Stiftungsorgane im Rahmen der Verrichtung ihrer Tätigkeit für die Stiftung haben.

b) Beispiele für Treuepflichtverletzungen und Missbrauch von Befugnissen

Wie sich die unterschiedlichen Fassungen der Untreue beziehungsweise ungetreuen Geschäftsbesorgung im Ergebnis in Hinblick auf das Vorliegen pflichtwidrigen respektive pflichtgemäßen Verhaltens auswirken, wird im Folgenden dargestellt. Exemplarisch werden dabei die im 2. Kapitel dargestellten Bereiche – Anlagengeschäfte, zweckwidrige Verwendung von Stiftungsmitteln sowie unangemessene Entgelte – verglichen.

(1) „Anlagegeschäfte" im Vergleich

Im Rahmen der Anlagegeschäfte respektive dem Umgang mit Risikogeschäften zeigen sich die Unterschiede und Gemeinsamkeiten der Rechtsordnungen beispielhaft. Die Unterschiede in diesem Bereich resultieren dabei vornehmlich aus den in den Rechtsordnungen verschiedenen Ansätzen hinsichtlich der Vermögensausstattung und Vermögensverwaltung. Insbesondere durch die unterschiedlichen Vorgaben hinsichtlich der Vermögensverwaltung ergibt sich je nach Rechtsordnung im Einzelfall eine differente Beurteilung, wann im Rahmen von Anlagegeschäften die Grenzen einer ordnungsgemäßen Verwaltung des Stiftungsvermögens überschritten werden.

Vor diesem Hintergrund werden nachfolgend die wesentlichen Grundzüge der Vorgaben für die Vermögensausstattung und Vermögensverwaltung vergleichend dargestellt. Hieran schließt sich eine Darstellung der Konsequenzen dieser unterschiedlichen Ansätze für den Umgang mit Anlagegeschäften an.

(aa) Vermögensausstattung in Stiftungen im Vergleich

Die Vermögensausstattung der jeweiligen Stiftung ist einer der wichtigsten Aspekte im Stiftungsrecht und dies gilt für jede der untersuchten Rechtsordnungen gleichermaßen. Für die strafrechtliche Beurteilung ist die Vermögensausstattung insbesondere dann relevant, wenn, wie im deutschen Recht, unterschiedliche Vermögenssphäre existieren an welche verschiedene Vorgaben für die Vermögensverwaltung geknüpft sind. Die Darstellungen der einzelnen Rechtsordnungen haben diesbezüglich gezeigt, dass jeder Gesetzgeber eine andere Vermögensausstattung der Stiftung vorsieht.

Während im deutschen Recht das Stiftungsvermögen in zwei unterschiedliche Kategorien eingeteilt wird, das sogenannte Grundstockvermögen (Vermögen, das der Stiftung zugewendet wurde, um aus seiner Nutzung den Stiftungszweck dauernd und nachhaltig zu erfüllen[491]) und die daraus erwachsenden Erträge, wird eine solche Differenzierung weder im österreichischen noch im schweizerischen Recht vorgenommen.

Das deutsche Recht verfolgt in Bezug auf die Einteilung des Vermögens in unterschiedliche Vermögenssphären den Zweck, an die jeweilige Vermögenssphäre unterschiedliche Vorschriften hinsichtlich dessen Verwaltung und Verwendung zu knüpfen. Im Vordergrund steht dabei der Gedanke der Kapitalerhaltung im Sinne der Aufrechterhaltung der dauerhaften Stiftungstätigkeit.[492]

Weder das österreichische noch das schweizerische Recht teilt das Stiftungsvermögen in solche unterschiedlichen Vermögenssphären ein.

Wie die unterschiedlichen Vorgaben hinsichtlich der Verwaltung des Stiftungsvermögens und der Verwendung dieses im Vergleich der Rechtsordnungen aussehen zeigen die nachfolgenden Ausführungen.

(bb) Verwaltung des Stiftungsvermögens im Vergleich

Die gesetzlichen Vorgaben hinsichtlich der Verwaltung des Stiftungsvermögens in den Stiftungen der einzelnen Länder könnten unterschiedlicher kaum sein. Diese Regelungen stellen im Grunde Grenzen des Handelns der Stiftungsorgane in Hinblick auf Anlageentscheidungen dar. Hierdurch wird der Ermessensspielraum, der den Stiftungsorganen in allen untersuchten Rechtsordnungen bei der Vornahme von Anlageentscheidungen grundsätzlich zugebilligt wird, begrenzt mit der Konsequenz, dass bei Überschreiten dieser Grenzen eine Strafbarkeit im Rahmen des Untreuetatbestands respektive der ungetreuen Geschäftsbesorgung Relevanz erlangen kann.

Das deutsche Recht hat mit einer Einteilung des Vermögens in unterschiedliche Vermögenssphären eine sehr diffizile Regelung gefunden. Hinzu kommt eine

---

[491] Siehe hierzu oben unter: 2. Kapitel A) I) 4) a) (3) Vermögenserhaltung und Mittelverwendung.
[492] Eine Ausnahme hiervon stellt die sog. Verbrauchsstiftung gemäß § 80 Abs. 2 Satz 2 BGB dar.

unterschiedliche Behandlung dieser Vermögenssphären, wobei das Grundstockvermögen einen besonderen Schutz genießt. In Gestalt einer Vermögenserhaltungspflicht hat der Stiftungsvorstand besonderes Augenmerk auf den Umgang mit dem Grundstockvermögen zu legen, wohingegen er in Bezug auf die daraus erwachsenden Erträge eine zeitnahe Mittelverwendung anstreben muss. Dies führt dazu, dass der Stiftungsvorstand im deutschen Recht verpflichtet ist, Vorgaben hinsichtlich Mittelerhalt- und Mittelverwendung stringent umzusetzen und diese bei jeder Anlageentscheidung genauestens zu beachten.

Demgegenüber kennt das österreichische Stiftungsrecht keine vergleichbare Vorschrift, die eine Kapitalerhaltung vorsieht. Als Konsequenz dieses sehr weiten Ansatzes hat der Stiftungsvorstand in der österreichischen Stiftung einen umfangreicheren Handlungsspielraum in Bezug auf die Vermögensgeschäfte der Stiftung. Er unterliegt weder einer, dem deutschen Recht vergleichbaren Restriktion in Hinblick auf eine Kapitalerhaltung, noch einer solchen hinsichtlich einer zeitnahen Mittelverwendung.

Der schweizerische Gesetzgeber hat, ähnlich dem österreichischen Gesetzgeber, keine konkrete gesetzliche Vorschrift hinsichtlich der Verwaltung des Stiftungsvermögens eingeführt. Dennoch sind auch dem schweizerischen Recht Vorgaben bezüglich Substanzerhaltung nicht fremd. Diese Vorgaben resultieren jedoch weniger aus den Vorgaben des Gesetzgebers, vielmehr wurden diese erst in Folge von Seiten der Rechtsprechung entwickelt.

Zusammenfassend lässt sich festhalten, dass von allen verglichenen Rechtsordnungen das österreichische Recht, zum Teil jedoch auch das Schweizer Recht, dem Stiftungsvorstand den umfassendsten Handlungsspielraum in Bezug auf die Vermögensgeschäfte der Stiftung zubilligen. Im Gegensatz hierzu hat der deutsche Gesetzgeber den Handlungsspielraum des Stiftungsvorstandes mit sehr ausdifferenzierten Regelungen begrenzt. Dies beginnt bei der Aufteilung in unterschiedliche Vermögenssphären und geht über in deren differenzierte Behandlung.

(cc) Folgerung für Anlagegeschäfte im Vergleich

Das deutsche Stiftungsrecht gibt dem Stiftungsvorstand auf den ersten Blick eine klare Handlungsmaxime vor, an die dieser sich bei seiner Anlageentscheidung halten muss. Dazu gehört insbesondere der Grundsatz der Vermögenserhaltungspflicht, dem er in Bezug auf das Grundstockvermögen Rechnung tragen muss und der den Spielraum des Stiftungsvorstandes bei Anlageentscheidungen beschränkt. Eine Verletzung dieses Grundsatzes führt im Ergebnis zu einer untreuerelevanten Pflichtverletzung. Unbeschadet dieses Grundsatzes bleibt jedoch vom Gesetzgeber ungeregelt, welche Risiken der Stiftungsvorstand im Einzelfall eingehen darf, um die Vermögenserhaltung zu gewährleisten. Eine Konkretisierung des zulässigen Risikos wurde jedoch in der Zwischenzeit seitens des BGH mittels der sogenannten „Spielerformel" entwickelt. Danach sind die Grenzen des zulässigen Risikos jedenfalls bei solchen Anlagen überschritten, die eine „äußerst gesteigerte Verlustgefahr" bei einer „höchst zweifelhaften Gewinnaussicht " versprechen.

Im Vergleich hierzu kann die österreichische und schweizerische Rechtsordnung weder auf klare gesetzliche Vorgaben noch, insbesondere was das österreichische Recht anbelangt, auf eine diese weiterentwickelnde Rechtsprechung zurückgreifen. Dennoch sind auch in diesen Rechtsordnungen Beschränkungen anerkannt. Wenngleich diese im österreichischen Recht hinsichtlich Anlageentscheidungen gesetzlich nicht bestimmt sind und zudem im Einzelfall von den jeweiligen Rahmenbedingungen und der Kapitalkraft der Stiftung beeinflusst werden, besteht Einigkeit, dass zumindest Spekulationsgeschäfte mit exorbitanten Risiken die Grenzen der „Untreue" überschreiten. Das schweizerische Recht zieht die Grenzen zulässiger Vermögensverwaltung spätestens dort, wo das Vermögensanlageportfolio einseitig mit hochriskanten Vermögensanlagen, die exorbitante Renditen in Zeiten instabiler Wirtschaft versprechen, gefüllt ist. Auch in diesen Rechtsordnungen greifen vor diesem Hintergrund strafrechtliche Sanktionen bei dem Tätigen von Risikogeschäften „mit äußerst gesteigerter Verlustgefahr bei höchst zweifelhaften Renditen" ein.

Es lässt sich damit feststellen, dass trotz unterschiedlicher Vorgaben seitens des Stiftungsrechts, die strafrechtliche Sanktion in Form des Untreuetatbestands in allen Rechtsordnungen jedenfalls dann eingreift, wenn Geschäfte mit gesteigerter Verlustgefahr bei zweifelhaften Gewinn- beziehungsweise Renditeaussichten getätigt werden. Hinzu kommen für das deutsche Recht aufgrund der gesteigerten Anforderungen an den Schutz des Grundstockvermögens weitere Restriktionen. Der Stiftungsvorstand einer deutschen Stiftung muss sich aus diesem Grund eingehender mit der Anlageentscheidung befassen und sorgfältiger darauf achten, ob er die vorgegebenen Handlungsgrundsätze nicht verletzt, da dies sonst zu einer untreuerelevanten Pflichtverletzung führen kann.

Davon unbenommen bleibt in allen Rechtsordnungen die Befugnis des Stifters, durch die Aufnahme von Regelungen zur Verwaltung des Stiftungsvermögens, den Stiftungsorganen konkrete Handlungsanweisungen zu geben, bei deren Verletzung strafrechtliche Sanktionen eingreifen können.

(2) „Stiftungszweckvorgaben" im Vergleich

Der Stiftungszweck ist in allen Rechtsordnungen das identitätsbildende Merkmal der Stiftung und damit unerlässlich für die Bestimmung der Fördertätigkeit der Stiftung. Der Kreis der in Betracht kommenden Destinatäre wird durch den Stiftungszweck umrissen und näher bestimmt. Ebenso wie das Aufgabenfeld der Stiftung. In dieser Hinsicht stimmen die Vorgaben der untersuchten Rechtsordnungen überein.

Eklatante Unterschiede bestehen jedoch hinsichtlich der Abänderbarkeit des Stiftungszwecks. Während das deutsche Recht streng die Linie des Trennungsprinzips verfolgt und damit keine Abänderbarkeit des Stiftungszwecks von Seiten des Stifters nach der Errichtung der Stiftung vorsieht, gestattet das österreichische Stiftungsrecht in gewissem Umfang die Abänderbarkeit des Stiftungszwecks durch den Stifter. In diesem Kontext nimmt das schweizerische Recht eine Position ein, die zwischen der des deutschen und der des österreichischen Rechts steht. Der schweizerische Gesetzgeber sieht eine Abänderbarkeit des Stiftungszwecks durch die zuständige Behörde vor, sofern eine solche Zweckänderung in der Stiftungsurkunde vorbehalten wurde.

Hinsichtlich der strafrechtlichen Betrachtung fällt auf, dass in allen Rechtsordnungen die Verwendung von finanziellen Mitteln der Stiftung für satzungswidrige Zwecke eine strafrechtliche Sanktionierung des handelnden Organs nach sich zieht. Trotz unterschiedlich lautender Untreuetatbestände und unterschiedlicher Anforderungen an den Stiftungszweck beziehungsweise, wie vorstehend dargestellt, dessen Abänderbarkeit, besteht in allen untersuchten Rechtsordnungen eine strafrechtliche Verantwortung für den Fall der zweckwidrigen Mittelverwendung des Stiftungsvermögens. Das deutsche Recht weitet dies sogar dergestalt aus, dass auch schon die zweckgemäße Mittelverwendung strafbar ist, wenn hierdurch nur ein Teilbereich des Stiftungszwecks gefördert wird und der Umfang der finanziellen Mittelverwendung für diesen Teilbereich die Förderung der übrigen vom Stiftungszweck umfassten Bereichen unmöglich macht.

Diese Wertung der Rechtsordnungen überzeugt. Der Stiftungszweck offenbart den objektivierten Stifterwillen am deutlichsten und bindet daher zu Recht das handelnde Organ. Ein Zuwiderhandeln gegen diesen Zweck stellt folglich im deutschen und schweizerischen Recht eine Treuepflichtverletzung dar und erfüllt im österreichischen Recht den Missbrauchstatbestand. Eine strafrechtliche Verantwortlichkeit ist für diesen Fall auch notwendig, da die Stiftungstätigkeit in ihrem Kern betroffen ist, wenn Gelder zweckwidrig verwendet werden. Alleine der zivilrechtliche Vermögensschutz in Form von Schadensersatzansprüchen gegenüber der handelnden Person ist kein ausreichendes Instrumentarium, solchen Handlungen vorzubeugen. Insoweit ist überzeugend, dass allen untersuchten Rechtsordnungen die Wertung zugrunde liegt, solche Handlungen strafrechtlich zu sanktionieren.

(3) „Unangemessene Entgelte" im Vergleich

Es wurde im zweiten Kapitel dieser Arbeit eine weitere Fallkonstellation untersucht, die den Tatbestand der Untreue gemäß § 266 Abs. 1 dStGB, gemäß § 153 öStGB beziehungsweise der ungetreuen Geschäftsbesorgung gemäß Art. 158 chStGB erfüllt. Namentlich handelt es sich bei dieser Konstellation um die „unangemessenen Entgelte".

Wie auch im Rahmen der zweckwidrigen Mittelverwendung wirkt sich die unterschiedliche Ausgestaltung der Straftatbestände in den einzelnen Ländern im Ergebnis nicht auf die Strafwürdigkeit dieser Konstellation aus. Auch im österreichischen Recht, das den am engsten gefassten Straftatbestand aufweist, unterfallen diese Verhaltensweisen der Strafbarkeit.

3)   Vermögensnachteil respektive Vermögensschaden

Die Untreuetatbestände der deutschen, österreichischen und schweizerischen Rechtsordnung sind als Erfolgsdelikte ausgestaltet und setzen als Taterfolg einen eingetretenen Vermögensnachteil (deutscher und österreichischer Untreuetatbestand) respektive Vermögensschaden (schweizerische ungetreue Geschäftsbesorgung) voraus. Dieser wird nach den Vorgaben der untersuchten Rechtsordnungen im Wesentlichen ähnlich, durch einen Vergleich der Vermögenslagen vor und nach der Vornahme der schädigenden Handlung bestimmt. Berücksichtigt man dies, so ergibt sich hinsichtlich der Fallkonstellationen, in denen sich ein tatsächlicher Vermögensschaden realisiert hat, keine abweichende Bewertung in den jeweiligen Rechtsordnungen.

Die Rechtsordnungen unterscheiden sich jedoch in einem ganz wesentlichen Punkt. Nach der deutschen Rechtslage wird dem Vermögensnachteil auch eine hinreichend konkrete Vermögensgefährdung (schadensgleiche Vermögensgefährdung) gleichgestellt. Obwohl noch kein tatsächlicher Schaden eingetreten ist, genügt bereits die hinreichende Wahrscheinlichkeit, dass ein solcher eintreten wird, um von einem Vermögensnachteil zu sprechen. Daher kann auch bei Vorliegen einer „nur" schadensgleichen Vermögensgefährdung bereits wegen vollendeter Untreue bestraft werden.

Anders ist dies im österreichischen Recht. Dort ist Voraussetzung der Strafbarkeit das Vorliegen eines Vermögensschadens. Das österreichische Recht lehnt eine Erweiterung des Vermögensschadensbegriffs auf schadensgleiche Vermögensgefährdungen ab. Dies macht der OGH mit der Formel vom „effektiven Verlust der Vermögenssubstanz" in Bezug auf die Schadensermittlung deutlich.[493] Er sowie die Verfechter dieser Auffassung stützen sich dabei auf den Wortlaut des § 153 Abs. 1 öStGB, der von „Vermögensnachteil" und nicht von einer „Vermögensgefährdung" spricht.

Das schweizerische Recht verhält sich im Kern wie das deutsche Recht. Nach Schweizer Recht genügt ebenfalls eine schadensgleiche Vermögensgefährdung, wenn diese „so erheblich [ist], dass sich das Vermögen – unter wirtschaftlichen Gesichtspunkten – bereits als vermindert darstellt"[494]. Folglich kann es auch hier zu einer zeitlich vorgelagerten Strafbarkeit kommen.

Diese Unterschiede schlagen sich auch in praxi vor allem im Umgang mit Anlagegeschäften nieder.

Betrachtet man das deutsche Recht, so liegt bereits zum Zeitpunkt des Eingehens eines Anlagengeschäfts, das die Voraussetzungen des Risikogeschäfts erfüllt, eine schadensgleiche Vermögensgefährdung vor. Dies führt dazu, dass bereits zu diesem Zeitpunkt eine vollendete Untreue angenommen werden kann, unterstellt alle weiteren Tatbestandsvoraussetzungen sind erfüllt.

Anders ist dies nach der österreichischen Rechtslage. Mangels eingetretenem Vermögensnachteil zum Zeitpunkt der Eingehung des Risikoanlagengeschäfts kann zu diesem Zeitpunkt noch nicht wegen vollendeter Untreue bestraft werden. Eine Vollendungsstrafbarkeit ist erst zu dem Zeitpunkt in Betracht zu ziehen, zu dem sich das Risiko tatsächlich in Form von finanziellen Verlusten für das Stiftungsvermögen realisiert hat. Mithin führt dies zu einer zeitlichen Verzögerung des Eintritts der Strafbarkeit aus dem vollendeten Untreuedelikt im Vergleich zu der deutschen Rechtslage.

Nach schweizerischem Recht kann eine Vermögensgefährdung frühestens dann eintreten, wenn zum Zeitpunkt des Abschlusses eines Anlagengeschäftes bereits feststeht, dass sich die Verwirklichung des Risikos in Form eines erheblichen

---

[493] OGH Urt. v. 08.08.2002, 15Os72/02, EvBl 2002, 852; OGH Urt. v. 08.06.1989, 12 Os 38/89, JBl 1990, 262; OGH Urt. v. 17.05.1983, 12 Os 121/82, JBl 1983, 545; OGH Urt. v. 22.05.1980, 13 Os 179/79, JBl 1980, 663; siehe hierzu auch: *Kienapfel/Schmoller*, Studienbuch Strafrecht BT II, § 146 Rn 155.
[494] *Stratenwerth*, Schweizerisches Strafrecht BT I, §15 Rn 54.

Verlustes mit an Sicherheit grenzender Wahrscheinlichkeit realisiert. Kann davon bei anfänglicher Betrachtung der Kapitalanlage, trotz Vorliegen der Tathandlung, noch nicht ausgegangen werden, kommt es spätestens dann zur Strafbarkeit, wenn hinsichtlich der Kapitalanlage nicht mehr mit einer positiven Entwicklung gerechnet werden kann.[495]

4)   Subjektiver Tatbestand

Der subjektive Tatbestand der Untreue beziehungsweise der ungetreuen Geschäftsbesorgung ist in den einzelnen Rechtsordnungen sehr unterschiedlich ausgestaltet. Während im deutschen Recht bedingter Vorsatz genügt, muss im österreichischen Recht die Befugnis wissentlich missbraucht worden sein. In beiden Rechtsordnungen ist jedoch ein die überschießende Innentendenz ausdrückendes Merkmal nicht erforderlich.

Anders ist dies nach schweizerischem Recht. Im Rahmen des Missbrauchstatbestands wird sowohl bedingter Vorsatz als auch eine Absicht ungerechtfertigter Bereicherung in subjektiver Hinsicht verlangt. Demgegenüber differenziert der Gesetzgeber im Rahmen des Treuebruchtatbestands der ungetreuen Geschäftsbesorgung zwischen Grundtatbestand und Qualifikation. Für die Erfüllung des Grundtatbestandes wird ähnlich dem deutschen Recht ebenfalls nur bedingter Vorsatz vorausgesetzt. Jedoch liegt die Besonderheit des schweizerischen Rechts darin, dass im Rahmen des Treuebruchtatbestands der ungetreuen Geschäftsbesorgung eine Qualifikation erfüllt ist, wenn der Täter mit Bereicherungsabsicht gehandelt hat. Insofern stellt die Bereicherungsabsicht des Täters einen zusätzlichen Qualifikationsgrund im Rahmen des Treuebruchtatbestands der schweizerischen ungetreuen Geschäftsbesorgung dar.

---

[495] Siehe hierzu oben unter: 2. Kapitel C) I) 5) Vermögensschaden.

II) Vergleichende Zusammenfassung des materiellen strafrechtlichen Vermögensschutzes

1) Zusammenfassung des deutschen Rechts

Für die deutsche Rechtsordnung hat sich gezeigt, dass der Untreuetatbestand ausgehend von seiner weiten Formulierung grundsätzlich geeignet wäre, das Vermögen der Stiftung vollumfassend zu schützen. Durch die Entscheidung des Gesetzgebers für einen umfassenden Treuebruchtatbestand werden Abstriche bei der Bestimmtheit des Tatbestands in Kauf genommen, um das für den Gesetzgeber höher gewichtige Ziel, eines umfassenden strafrechtlichen Schutzes und das Vermeiden von Straflücken zu erreichen. Demzufolge ist der strafrechtliche Vermögensschutz grundsätzlich so konzipiert, dass das Stiftungsvermögen zumindest in der Theorie umfassend geschützt wird. Hinzu kommen sehr ausdifferenzierte Regelungen bezüglich der Vermögensausstattung sowie der Vermögenserhaltung und ein sehr früh eingreifender Schutz, wodurch bereits Vermögensgefährdungen strafrechtlich sanktioniert werden können.

2) Zusammenfassung des österreichischen Rechts

Der österreichische Gesetzgeber hat sich im Rahmen der Untreue für eine begrenzte Fassung des Tatbestands entschieden. Dieser sieht als Tathandlung nur den „Missbrauch einer Befugnis" vor und keinen weitläufigen Treuebuchtatbestand. Das führt im Ergebnis dazu, dass § 153 Abs. 1 öStGB klare Grenzen vorgibt, welches Verhalten der Strafbarkeit unterliegt. Konsequenz hieraus sind jedoch Schutzlücken im Rahmen des strafrechtlichen Vermögensschutzes. Die begrenzte Fassung des Tatbestands führt dazu, dass Verhaltensweisen, die nach dem Rechtsgefühl aller billig und gerecht Denkenden bestraft werden sollen, gegebenenfalls nicht die Voraussetzungen des Missbrauchstatbestands erfüllen und damit nicht vom Straftatbestand des § 153 Abs. 1 öStGB umfasst sind. Weiterhin zeichnet sich das österreichische Recht durch eine Limitierung des strafrechtlichen Vermögensschutzes auf zeitlicher Ebene aus, indem erst mit Eintritt und Realisation eines Vermögensnachteils strafrechtliche Sanktionen möglich werden. Demzufolge können auch hierdurch Schutzlücken im Rahmen des strafrechtlichen Vermögensschutzes entstehen.

Der strafrechtliche Vermögensschutz am Beispiel der Untreue ist mithin bereits aufgrund seiner Konzeption nicht derart umfassend, wie etwa im deutschen Recht.

3) Zusammenfassung des schweizerischen Rechts

Das schweizerische Recht gewährt mit dem Tatbestand der ungetreuen Geschäftsbesorgung, Art. 158 chStGB, einen umfassenden strafrechtlichen Vermögensschutz. Der objektive Tatbestand dieser Strafnorm kennt sowohl einen Missbrauchstatbestand, als auch einen Treuebruchtatbestand als taugliche Tathandlung. Nach schweizerischem Recht ist der Tatbestand umfassend ausgestaltet, wobei vergleichbar des Schutzes in Deutschland Probleme hinsichtlich der Bestimmtheit des Tatbestandes auftreten können, was zum Teil dazu führt, dass sich in gewissen Fällen Abgrenzungsschwierigkeiten bei der Beurteilung, ob ein strafwürdiges Verhalten im Sinne des Art. 158 chStGB vorliegt, ergeben.

Vorteil dieser Ausgestaltung ist jedoch die umfassende Schutzwirkung der ungetreuen Geschäftsbesorgung, die mit ihrer Konzeption eines unabhängigen Missbrauchs sowie Treubruchtatbestandes, den umfassendsten strafrechtlichen Schutz in den untersuchten Rechtsordnungen vermittelt Ergänzt wird der strafrechtliche Vermögensschutz durch die Möglichkeit der Sanktion von Vermögensgefährdungen.

B) Bewertung des materiellen Vermögensschutzes in den untersuchten Rechtsordnungen

I) Tatbestand der Untreue gemäß § 266 d StGB, gemäß § 153 öStGB und der ungetreuen Geschäftsbesorgung gemäß § 158 chStGB

1) Tatbestandsvarianten

Dem Vergleich der unterschiedlichen Ausgestaltung der Untreuetatbestände respektive der ungetreuen Geschäftsbesorgung im deutschen, österreichischen und schweizerischen Recht ist zu entnehmen, dass die Entscheidung für beziehungsweise gegen die Aufnahme einer Treuepflichtverletzungsvariante im objektiven Tatbestand gravierende Auswirkungen für den Anwendungsbereich der „Untreue" und damit den Umfang des strafrechtlichen Vermögensschutzes innerhalb der Stiftung hat.

Das deutsche und schweizerische Recht haben sich mit der Treuepflichtvariante für eine unbestimmte Tatbestandsausgestaltung entschieden. Vorteil dieser unbestimmteren Tatbestandsausgestaltung ist die Möglichkeit, sozial missbilligende Verhaltensweisen, die wertungsmäßig, das heißt nach dem Rechtsempfinden aller billig und gerecht Denkenden, sanktioniert werden sollten, der Treuebruchvariante und damit dem Tatbestand der Untreue zu unterwerfen.[496] Hierfür liefert insbesondere die deutsche Rechtsprechung teils prominente Beispiele[497], in

---

[496] Diesen Vorteil gewichtet vor allem *Schmid*, in: Müller-Gugenberger/Bieneck (Hrsg.), Wirtschaftsstrafrecht, § 31 Rn 6, 8 sehr hoch, der darauf abstellt, dass der Tatbestand, der fremdes Vermögen in ausgereiften gesellschaftsrechtlich komplexen Unternehmen mit komplizierten Verantwortungs- und Haftungssystemen schützen soll, so allgemein und flexibel formuliert sein muss, „dass er zukünftige Entwicklungen und neuartige Pflichtverstöße erfassen kann". *Schmid* stört sich auch nicht daran, dass an ein „Treueverhältnis" angeknüpft wird, da ihm zufolge gerade Vertrauensverhältnisse eine wesentliche Grundlage unserer Wirtschaftsgesellschaft darstellen, was sich nicht zuletzt anhand der letzten Finanzkrise belegen lässt.

[497] So etwa der Fall der Bestechung von Betriebsratsmitgliedern des VW-Konzerns, der im Jahr 2005 publik wurde, siehe: BGH Urt. v. 17.09.2009, 5 StR 521/08, BGHSt 54, 148 (148 ff.).

denen die Treuebruchvariante bejaht wurde.[498] Unbeschadet des gesetzlich sehr weiten Regulierungsansatzes findet jedoch auch in Deutschland und der Schweiz keine uferlose Ausdehnung des Tatbestandes der Untreue respektive der ungetreuen Geschäftsbesorgung statt. Vielmehr wird zum Beispiel im deutschen Recht eine Eingrenzung des Treuebruchtatbestands nicht zuletzt durch die Rechtsprechung vorgenommen, die dem Tatbestand insofern notwendige Grenzen verleiht.

Unter Berücksichtigung des rechtsstaatlich gebotenen Bestimmtheitsgebots ist diese Vorgehensweise, wie jede Eingrenzung eines konturenlosen Tatbestands, begrüßenswert, jedoch überzeugt sie aus Gründen der Rechtssicherheit nicht. Einen Tatbestand hinreichend bestimmt auszugestalten ist weniger die Aufgabe der Rechtsprechung als vielmehr die des Gesetzgebers. Gerade wenn die Bestimmtheit einer Rechtsnorm und insbesondere einer Strafnorm in die Hände der Rechtsprechung gelegt wird, beeinträchtigt dies die Rechtssicherheit, da es in diesem Falle letztlich von Unwägbarkeiten wie der Besetzung des Gerichts und dem Rechtsempfinden der zuständigen Richter abhängt, ob die Verwirklichung der Treuebruchvariante im Einzelfall bejaht respektive vereint wird. Überzeugender wäre es daher, den Gesetzgeber dazu anzuhalten, auch „Grenzfälle", wie die Treuebruchvariante, konkreter zu fassen, um jegliche Diskussion über die Bestimmtheit im Kern zu ersticken beziehungsweise diese auf Einzelfälle zu begrenzen, auch wenn in der Konsequenz eines solchen den Tatbestand des Treubruches konkretisierenden Ansatzes in einzelnen Fällen Strafbarkeitslücken hingenommen werden müssen.

---

[498] Die Treuebruchvariante wurde u.a. für folgende Sachverhalte außerhalb der Stiftung bejaht: Veranlassung eines Vorstandsmitglied einer AG durch ein Aufsichtsratsmitglied, aus dem Vermögen der Gesellschaft Zuwendungen an ihn auszureichen, vergleiche BGH Urt. v. 06.12.2001, 1 StR 215/01, BGHSt 47, 187 (187 ff.), Bewirkung einer vermeintlichen Kreditgewährung an eine Person und daraus resultierend ein Abfluss von Kapital von der Bank an einen Dritten durch Täuschung des Kreditausschusses der Bank durch den Vorstandsvorsitzenden, vergleich BGH Beschl. v. 27.06.2006, 3 StR 403/05, wistra 2006, 426 (426 ff.), Bewirkung der Erstattung von nicht betrieblich veranlassten Zuwendungen an Betriebsratsmitglieder und Dritte durch einen Abteilungsleiter, vergleiche: BGH Urt. v. 17.09.2009, 5 StR 521/08, BGHSt 54, 148 (148 ff.).

Das österreichische Strafrecht kennt hingegen nur den Missbrauchstatbestand, der konkret bestimmt ist und die Beurteilung strafwürdigen Verhaltens erleichtert. In Kauf genommen werden müssen bei diesem Regulierungsansatz jedoch etwaig entstehende Straflücken. Wenngleich dieser engere Ansatz im Einzelfall zu Ergebnissen führen kann, die gegen das Rechtsempfinden aller billig und gerecht Denkenden sprechen, überzeugt dies im Ergebnis, solange wie keine wirklich bestimmtere Alternative anstelle der Treuebruchvariante existiert. Dies gilt vor allem vor dem Hintergrund der Schwierigkeiten, die eine weitläufige jedoch unbestimmte Treubruchvariante für die Rechtsanwender nach sich zieht.

In Bezug auf die Stiftungsuntreue hat sich gezeigt, dass ob und in welchem Umfang Treuepflichten existieren, maßgeblich von der jeweiligen Ausgestaltung des Stiftungsrechts abhängt. Hieran zeigt sich eine Gemeinsamkeit der Ausgestaltung aller Untreuetatbestände respektive des Tatbestands der ungetreuen Geschäftsbesorgung der verglichenen Rechtsordnungen, nämlich die Zivilrechtsakzessorietät des Strafrechts auch im Bereich von Stiftungen. Im Rahmen der Beurteilung, welche Treuepflichten bestehen, sind für alle untersuchten Rechtsordnungen die gesetzlichen Vorgaben des jeweiligen Stiftungsrechts maßgeblich. Die Treuepflicht respektive das Innenverhältnis des Missbrauchstatbestands folgert sich für das deutsche Recht aus den Vorgaben des Stiftungsrechts, den Landesstiftungsgesetzen und den Steuergesetzen, für das österreichische Recht aus den Vorgaben des Privatstiftungsgesetzes und für das schweizerische Recht aus den Vorgaben des Stiftungsrechts und den Steuergesetzen. Ergänzend sind in den untersuchten Rechtsordnungen Vorgaben, zum Beispiel in Form des Stiftungsgeschäfts, der Stiftungssatzung, des Stiftungszwecks, der Stiftungsurkunde sowie den Stiftungsreglementen zu beachten.

Hierbei wird deutlich, dass je mehr Freiraum ein Recht im Rahmen der Ausgestaltung der Stiftung dem Stifter lässt, dies unmittelbar Auswirkungen auf den strafrechtlichen Vermögensschutz haben kann. Legt der Stifter restriktive Vorgaben beispielsweise für die Verwaltung des Stiftungsvermögens fest, so führt dies dazu, dass das Innenverhältnis und damit die Befugnisse der Organe reglementiert werden. Denkbar sind zum Beispiel Vorgaben, die festlegen, wie Stiftungsorgane Anlagegeschäfte ausführen müssen. Der Untreuetatbestand gewinnt dadurch an praktischer Relevanz, da bei Überschreiten dieser Grenzen und dem Vorliegen der weiteren Tatbestandsvoraussetzungen die Stiftung schädigende Verhaltensweisen in diesem Falle strafrechtlich sanktioniert werden können. Dies ist jedoch nicht der Fall, wenn der Stifter die Stiftungsorgane walten lässt, ohne ihnen restriktive Grenzen im Innenverhältnis zu setzen. In diesem Fall findet der Untreuetatbestand, aufgrund der weitgehenden Handlungsfreiheit im Innenverhältnis, in deutlich engerem Maße Anwendung. Folglich liegt es in gewisser Weise im Ermessen des Stifters, wann der strafrechtliche Vermögensschutz in den untersuchten Rechtsordnungen jeweils zum Tragen kommt. Diese Ausgestaltung und die Flexibilität bei der Ausgestaltung durch den Stifter sind grundsätzlich begrüßenswert, da sich Stiftungen, abhängig von ihrer Größe, von der Art der von den jeweiligen Stiftung verwalteten Vermögenswerten und von ihrer internen Struktur bisweilen stark unterscheiden. Dies bedingt jedoch auch, dass der Gesetzgeber dennoch an den richtigen Stellen Grenzen vorgibt, um sicherzustellen, dass auch dann ein Mindestmaß eines strafrechtlichen Vermögensschutzes im Stiftungsrecht gewährleistet ist, wenn sich ein Stifter nicht zu detaillierten Vorgaben zum Beispiel hinsichtlich der Grundsätze der Vermögensverwaltung durchringen kann. Dies erfordert, dass im Rahmen der Gesetze Grenzen zumindest für solche Konstellationen vorgesehen werden, die für die Stiftung existenzbedrohend sein können. Zu denken ist dabei insbesondere an finanzielle Geschäfte der Stiftung, durch die die Stiftungstätigkeit eingeschränkt beziehungsweise gefährdet wird.

Zusammenfassend lässt sich festhalten, dass die Ausgestaltung der österreichischen Untreue gegenüber der Ausgestaltung der deutschen Untreue und der schweizerischen ungetreuen Geschäftsbesorgung am ehesten überzeugt. Ein bestimmt gefasster Tatbestand ist für den Rechtsanwender aus rechtsstaatlichen Gesichtspunkten besser und begrenzt gegebenenfalls aufkommende Auslegungsschwierigkeiten. Ferner überzeugt das österreichische Recht auch unter Berücksichtigung von dessen besonderer Flexibilität. Diese ermöglicht es dem Stifter durch die Ausgestaltung der Stiftung nicht nur deren Besonderheiten in besonderem Maße Rechnung zu tragen, sondern damit auch das Ausmaß der strafrechtlichen Verantwortlichkeit mit zu gestalten. Dem „ultima ratio-

Charakter" des strafrechtlichen Vermögensschutzes wird damit am besten Rechnung getragen.

2) Vermögensnachteil respektive Vermögensschaden

Im Rahmen des Vergleichs hat sich gezeigt, dass in Hinblick auf den Vermögensnachteil unterschiedliche Interpretationsansätze in den untersuchten Rechtsordnungen bestehen. Während das deutsche und schweizerische Recht eine Vermögensgefährdung als ausreichend erachten, muss nach österreichischem Recht ein Vermögensnachteil tatsächlich eingetreten sein.

Diese enge, streng am Gesetzeswortlaut orientierte Auslegung des Vermögensschadens nach österreichischem Recht führt zu einer konkreten Vorgabe, ab welchem Zeitpunkt mit dem Eintritt der Strafbarkeit zu rechnen ist. Abgrenzungsprobleme, wann von dem Eintritt einer Gefährdung ausgegangen werden kann, kennt das österreichische Recht nicht. Andererseits führt diese Begrenzung dazu, dass trotz tatsächlicher Vorhersehbarkeit des Verlusteintritts erst bei dessen Realisation bestraft werden kann. In Bezug auf Anlagegeschäfte führt dies zu dem wertungsmäßig unbilligen Ergebnis, dass selbst wenn die Kapitalanlage deutlich herabgesetzt ist und eine schadensgleiche Vermögensgefährdung vorliegt, der Anlagezeitraum jedoch noch Dekaden läuft, die Strafbarkeit erst nach Ablauf der Anlagefrist möglich ist, weil sich erst dann der Verlust tatsächlich realisiert hat. Systematisch ist der vom österreichischen Gesetzgeber gewählte Ansatz in sich konsequent, da der Gesetzgeber auch in diesem Fall der Bestimmtheit des Tatbestandes den Vorzug vor der Schließung von Strafbarkeitslücken gibt, wie sich bereits bei Begrenzung der Tatbestandsvarianten der Untreue auf den Missbrauchstatbestand und der Außerachtlassung der Treuebruchvariante zeigte. Insoweit ist es aus Sicht des österreichischen Rechts auch folgerichtig, auch auf Ebene des Vermögensnachteils zu keiner Ausdehnung des Tatbestands zu kommen und schadensgleiche Vermögensgefährdungen nicht ausreichen zu lassen, um bereits zu diesem Zeitpunkt strafrechtliche Sanktionen ergreifen zu können. Inhaltlich entstehen jedoch, vor allem unter Berücksichtigung obig genannten Beispiels hinsichtlich langer Anlagezeiträume, wertungsmäßige Unbilligkeiten und zeitliche Straflücken. Dieser Nachteil ist derart schwerwiegend, dass er wertungsmäßig häufig als sehr unbillig empfunden wird. Berücksichtigt man zudem, dass die Abgrenzungsprobleme aus einer Vorverlagerung der strafrechtlichen Verantwortlichkeit auf das Stadium des Eintritts einer Vermögensgefährdung deutlich geringer ausfallen, als die Abgrenzungsprobleme, die im Rahmen eines unbestimmten Treubruchtatbestandes auftreten, so erscheint es vorliegend gerechtfertigt, etwaig entstehende Abgrenzungsprobleme und Diskussionen über den tatsächlichen Eintritt der „schadensgleichen Vermögensgefährdung" als das geringere Übel anzusehen, als schwerwiegende, wertungsmäßig unbillige Straflücken. Nur durch den Schutz des Stiftungsvermögens vor Vermögensgefährdungen lässt sich vermeiden, dass ein eigentlich zu bestrafender Täter nur deshalb nicht bestraft wird, weil beispielsweise der Anlagezeitraum der Kapitalanlage nicht abgelaufen ist, womit der Eintritt der Strafbarkeit von äußeren Umständen abhängig gemacht würde, die keineswegs überzeugen.

II) Vermögenserhaltung und Vermögensverwaltung

Hinsichtlich der stiftungsrechtlichen Vorgaben zur Vermögenserhaltung und Vermögensverwaltung hat sich gezeigt, dass die Rechtsordnungen von einem unterschiedlichen Regulierungsansatz ausgehen.

Gerade das deutsche Recht hält diverse Handlungsmaxime für den Umgang mit dem Stiftungsvermögen bereit.

Diese ausgereiften Vorgaben des deutschen Stiftungsrechts sind begrüßenswert und dem Vermögensschutz in der Stiftung dienlich. Verbunden mit dem Eingreifen strafrechtlicher Sanktionen im Falle des Verstoßes gegen diese Maxime führt dies zu einem tauglichen Vermögensschutzsystem. In diesem Punkt spielen die zivilrechtlichen Vorgaben verbunden mit den strafrechtlichen Sanktionsmechanismen beispielhaft zusammen. Lediglich in Bezug auf die Sinnhaftigkeit einer „nominalen" oder „realen" Vermögenserhaltungspflicht lässt sich streiten. Selbst wenn man von einer realen Kapitalerhaltungspflicht ausgehen würde, ließen sich jedoch wertungsmäßig unbillige Ergebnisse über den subjektiven Tatbestand korrigieren. Dies ist zum Beispiel dann der Fall, wenn sich der Stiftungsvorstand bewusst für eine kurzzeitige Geldanlage entscheidet, die mit ihren Zinsen die Inflation nicht ausgleicht, um dem Dilemma zu entgehen, gezwungener Maßen risikoreiche Anlagen bei ungewissem Ausgang tätigen zu müssen sowie die Gelder kurzzeitig für sicherere Anlagen aufgrund der Besserung der wirtschaftlichen Verhältnisse verfügbar zu halten. In diesen Fällen würde zwar eine untreuerelevante Pflichtverletzung aufgrund Verstoßes gegen die reale Kapitalerhaltungspflicht, sofern man eine solche als maßgeblich unterstellt und damit eine Erfüllung des Missbrauchstatbestands vorliegen, jedoch wird es dem Stiftungsvorstand auf subjektiver Tatbestandsseite regelmäßig an einem Vorsatz fehlen, einen Vermögensnachteil zu bewirken. Nichtsdestotrotz spricht auch der hierfür nötige „Umweg" über den subjektiven Tatbestand letztlich für die, in dieser Arbeit bevorzugten Ansicht einer nominalen Kapitalerhaltung.[499]

Wozu diese umfangreichen Vorgaben für die Verwaltung des Vermögens einer deutschen Stiftung bei der täglichen Wahrnehmung der finanziellen Geschäfte führen, soll nachfolgend bewertet werden.

Während sich ein Stiftungsvorstand einer deutschen Stiftung der zeitaufwändigen Aufgabe des richtigen Umgangs mit der entsprechenden Vermögenssphäre widmen muss, sind die Stiftungsvorstände einer österreichischen und schweizerischen Stiftung mangels dieser Vielzahl unterschiedlicher Vorgaben nicht in diesem Umfang gehalten, unterschiedliche Vermögensanlagestrategien für entsprechende Teile des Vermögens auszuwählen. In deren Vordergrund steht vielmehr die Betrachtung des Vermögens als Ganzem und weniger eine differenzierte Betrachtung von „Grundstockvermögen" und „Erträge". Daher begegnen sie eher der Gefahr, „leichtfertig" das gesamte Vermögen der Stiftung gleich zu behandeln und keinen gesicherten Grundstock zu bewahren, der fähig wäre, ausreichend Ertrag zur nachhaltigen Verfolgung der Stiftungszwecke abzuwerfen.

Es spricht viel dafür, dass der deutsche Gesetzgeber vor allem durch den Erhalt des Grundstockvermögens in besonderem Maße eine Regelung getroffen hat, die die Existenz der Stiftung nicht nur nachhaltig fördert, sondern langfristig auch

---

[499] Siehe hierzu oben unter: 2. Kapitel A) I) 4) a) (3) Vermögenserhaltung und Mittelverwendung.

die Stiftungstätigkeit sichert. Insbesondere sollte dieser Ansatz darauf hinwirken, dass der begrenztere Handlungsspielraum des Stiftungsvorstands bei finanziellen Geschäften einer deutschen Stiftung dazu führt, dass durch den Stiftungsvorstand keine unsachgemäßen, weil zu riskanten, Geschäfte getätigt und damit die richtigen Weichen für einen stabilen Fortbestand der Stiftung gestellt werden.

Misst man die österreichischen und schweizerischen Rechtsordnungen an dem deutschen Vermögensschutzsystem, so fällt auf, dass sich die fehlenden zivilrechtlichen Vorgaben hinsichtlich Umfang und Ausmaß der Vermögensbetreuung negativ auf den Vermögensschutz auswirken. Trotz wirksamer strafrechtlicher Mechanismen in Form der Untreue respektive ungetreuen Geschäftsbesorgung fehlt es an einer tauglichen Begrenzung des Innenverhältnisses durch Vorgaben des Zivilrechts. Demzufolge muss sich ein österreichischer oder schweizerischer Stiftungsvorstand keine Gedanken über eine „nominale" oder „reale" Vermögenserhaltung und hinsichtlich einer unterschiedlichen Anlage des Grundstockvermögens beziehungsweise der daraus resultierenden Erträge machen und hat mithin einen größeren Handlungsspielraum. Dies wirkt sich aber im Ergebnis ungünstig auf den Vermögensschutz in der Stiftung aus, da letztlich nicht in dem Maße wie im deutschen Stiftungsrecht gewährleistet ist, dass wenn Stiftungsvermögen durch falsche Anlageentscheidungen geschmälert wird, dem mittels strafrechtlicher Sanktion in angemessenem Umfang entgegengewirkt werden kann.

Zwar mag das deutsche System an der einen oder anderen Stelle und in gewissen Situationen über das Ziel „hinausschießen" sowie in der Praxis Probleme bei der tatsächlichen Umsetzung aufwerfen, so überzeugt es dennoch. Unter normalen Umständen, beziehungsweise in Zeiten stabiler Wirtschaft, legt dieses ausgereifte System die richtigen Verpflichtungen zugunsten des in der Stiftung so wichtigen Vermögens fest. Im österreichischen und schweizerischen Recht wäre zumindest eine Vorschrift wünschenswert, die einen Vermögensteil (ähnlich dem deutschen Grundstockvermögen) sichert, sodass die Stiftungstätigkeit auf Dauer garantiert wird.

III) Subjektiver Tatbestand

Das schweizerische Recht hat hinsichtlich des subjektiven Tatbestands der ungetreuen Geschäftsbesorgung von der Möglichkeit Gebrauch macht, danach zu differenzieren, ob ein Täter lediglich vorsätzlich und/oder darüber hinaus mit Bereicherungsabsicht handelt und unterwirft beide Verhaltensweisen der Strafbarkeit, unter Berücksichtigung eines gegebenenfalls abgestuften Strafrahmens.

Der österreichische Gesetzgeber verlangt in Hinblick auf den subjektiven Tatbestand, dass ein Stiftungsorgan zumindest mit dolus directus zweiten Grades gehandelt haben muss, um eine Strafbarkeit nach dem Missbrauchstatbestand auszulösen.

Der deutsche Gesetzgeber sieht die geringste Hürde für den subjektiven Tatbestand vor, indem im deutschen Recht bereits Eventualvorsatz als ausreichend zu erachten ist, um zu einer Strafbarkeit zu gelangen.

Auch wenn prinzipiell das Element der überschießenden Innentendenz, wie die Bereicherungsabsicht, im Prozess gegebenenfalls schwer nachweisbar ist und daher zu großen Unsicherheiten und damit zu Strafbarkeitslücken führen kann, ist dennoch empfehlenswert mehr als nur Eventualvorsatz zu fordern, um zu einer Strafbarkeit wegen Untreue zu gelangen. Insbesondere im Kontext von Anlagegeschäften besteht sonst das Risiko, dass sich in Grenzfällen eine strafrechtliche Verantwortlichkeit des Stiftungsvorstandes auch in solchen Konstellationen realisiert, in denen dies vor dem Hintergrund des mit dem strafrechtlichen Vorwurf verbundenen Unwerturteils, nicht gerechtfertigt erscheint. Dies birgt letztlich die Gefahr, dass die Bereitschaft sinkt, ein entsprechendes Amt zu übernehmen.

IV) Flankierung des materiellen strafrechtlichen Vermögensschutzes durch Kontrollorgane

Betrachtet man das materielle Strafrecht isoliert, so lässt dies noch keinen Schluss dahingehend zu, in welchem Umfang der strafrechtliche Vermögensschutz auch in praxi wirkt. Ein Ungewissheitsfaktor ist die tatsächliche Durchsetzbarkeit des strafrechtlichen Vermögensschutzes. Gerade in Hinblick auf „Wirtschaftskriminalität" ist dies, wie sich auch im Rahmen der Stiftung gezeigt hat, ein nicht zu verachtendes Problem. Wenn sich Delikte „im Verborgenen" abspielen, kommen die Straftaten meist nicht an die Öffentlichkeit und können daher nicht verfolgt und sanktioniert werden. Aus den vorigen Darstellungen ergibt sich, dass auch die Stiftung mit dieser Schwäche konfrontiert ist. Eine Möglichkeit, diese Schwäche zu beheben, kann darin liegen, entsprechende Kontrollsysteme zu etablieren, die in der Lage sind, strafwürdige Handlungsweisen zu identifizieren und diese der Strafverfolgung zugänglich zu machen. Nachfolgend wird diese Problematik im jeweiligen Recht nochmals verdeutlicht und die Situation der einzelnen Länder diesbezüglich bewertet.

1)   Kontrollorgane des deutschen Rechts

Die Trennung zwischen Stifter und Stiftung führt im deutschen Recht dazu, dass der Stifter als bestimmendes Organ nach der Errichtung der Stiftung wegfällt und daher dem Stiftungsvorstand die Leitung der Stiftung überlassen wird. Dies hat eine große Verantwortung beziehungsweise einen großen Handlungsspielraum für den Stiftungsvorstand zur Konsequenz. Dabei mangelt es dem deutschen Stiftungsrecht jedoch an gesetzlich vorgeschriebenen Kontrollsystemen, die in der Lage wären, die Handlungen des Stiftungsvorstands zu überprüfen. Dieser Mangel im zivilrechtlichen System der Stiftung ist jedoch nicht nur nachteilig zu bewerten. Vorteilhaft an diesen mangelnden Kontrollsystemen ist die dadurch bedingte Steigerung der Handlungsfähigkeit der Stiftung, die Ersparnis hoher finanzieller Ausgaben für Gremien und die Vermeidung von Problemen, wie sie hinsichtlich der Auswahl geeigneter Kontrollgremiumsmitglieder üblicherweise verbunden sind. Ein Stiftungsvorstand trifft seine Entscheidungen schneller und ungezwungener, wenn diese nicht von der Zustimmung diverser Gremien abhängen oder einer nachträglichen Kontrolle unterworfen werden. Daher stehen aus rein zivilrechtlicher Sicht der mangelhaften Kontrolle auch zu beachtende vorteilhafte Erwägungen gegenüber.

Kritisch ist jedoch die Situation zu würdigen, wenn der Mangel des zivilrechtlichen Stiftungssystems Probleme im strafrechtlichen Vermögensschutz verursacht. Betrachtet man das Zusammenspiel zwischen Zivilrecht und Strafrecht am Beispiel der deutschen Stiftung, so fällt auf, dass sich die unzureichende Kontrolle des Stiftungsvorstands auch auf den strafrechtlichen Vermögensschutz auswirkt. Dies geschieht dergestalt, dass der Tatbestand der Untreue, der sich größtenteils im Verborgenen abspielt und nur durch gute interne sowie externe Kontrollmechanismen erkannt werden kann, nur selten enthüllt wird. Sind die internen Kontrollmechanismen, wie in der deutschen Stiftung, nicht zwingend gesetzlich vorgeschrieben und die externe Kontrollinstanz (Stiftungsaufsichtsbehörde) nicht in der Lage, eine taugliche Kontrolle durchzuführen, so stellt sich die Frage, wie eine Straftat überhaupt erkannt werden soll. Nicht nur solche repressive Strafverfolgungsprobleme wirken sich negativ auf den strafrechtlichen Vermögensschutz aus. Auch die präventive Wirkung, die von Strafnormen ausgeht, wird ausgeschaltet, wenn offensichtlich ist, dass ein strafbares Verhalten mangels tauglicher Kontrolle selten an die Öffentlichkeit gelangen wird. Einzige Möglichkeit des Stifters zur Verbesserung des Vermögensschutzes ist daher, ein solches fakultatives Kontrollorgan, wie beispielsweise das Kuratorium, einzurichten. Dies empfiehlt sich jedoch nicht für jede Stiftung, sondern muss individuell in der Ausrichtung seiner Aufgaben und Kontrollbefugnisse auf die jeweilige Stiftung abgestimmt werden. Bei kleinen Stiftungen bietet sich eine solche Maßnahme zudem nur selten an, was daran liegt, dass solche Stiftungen meist nicht die nötige Kapitalkraft aufweisen und zusätzliche Kontrollmechanismen mit präventivem Charakter wie Zustimmungsvorbehalte für den Ablauf der Geschäftstätigkeit der Stiftung eher hinderlich sind.

Es zeigt sich also exemplarisch am Beispiel des Vermögensschutzes in deutschen Stiftungen, dass ein ausgereiftes strafrechtliches Vermögensschutzsystem alleine nicht genügt. Möchte man den Vermögensschutz umfassend beurteilen, so müssen auch die maßgeblichen zivilrechtlichen Komponenten beleuchtet werden, um aus dem Zusammenspiel zwischen Strafrecht und Zivilrecht ableiten zu können, ob ein taugliches Vermögensschutzsystem in der Stiftung existiert. Für das deutsche Stiftungsrecht ist dies aufgrund der Schwächen des Zivilrechts in Form des Fehlens gesetzlich vorgeschriebener Kontrollgremien nicht vollumfänglich zu bejahen und muss letztlich durch den Stifter korrigiert werden. Das

Kontrolldefizit der Stiftung, also die Schwäche des Zivilrechts, führt im deutschen Recht zu Lücken im Rahmen des strafrechtlichen Vermögensschutzes.

2)   Kontrollorgane des österreichischen Rechts

Nach dem österreichischen Recht kann sich der Stifter bei der Stiftungsgründung unter Lebenden die Möglichkeit vorbehalten auch weiterhin Einfluss auf das Stiftungsgeschehen zu nehmen. Einem Stifter ist grundsätzlich von außerordentlicher Wichtigkeit, dass die Gelder der Stiftung nicht veruntreut werden und die Geschicke der Stiftung ordnungsgemäß bestimmt werden. Er hat ein großes Interesse daran, die Fördertätigkeit durch die Stiftung dauerhaft zu sichern. Aus diesem Grund wird der Stifter, sofern die Stiftung unter Lebenden gegründet wurde, alles in seiner Macht stehende unternehmen, nachteilige Folgen für das Stiftungsvermögen abzuwenden. Er wird daher eher geneigt sein, Maßnahmen zu ergreifen, die Straftaten durch eigene Organe zulasten der Stiftung (beispielsweise Untreue, § 153 öStGB) unterbinden, als dies Stifter in Deutschland oder Österreich aufgrund ihrer distanzierteren Stellung können. Der Stifter wird sich daher regelmäßig Einsichtnahmerechte vorbehalten, durch die er solchen Straftaten jedenfalls zu seinen Lebzeiten eher vorbeugen beziehungsweise eine begangene Untreue aufklären kann.

Ein strukturelles Defizit des österreichischen Rechts könnte jedoch daraus folgen, dass es keine staatliche Kontrollinstanz vorsieht. Dieser Mangel fällt, anders als vielleicht erwartet, jedoch nicht sonderlich negativ ins Gewicht. Wie sich aus dem deutschen Recht entnehmen lässt, ist die Effektivität der Überwachung durch ein solches staatliches Gremium fragwürdig. Im Zweifel stehen einem solchen Gremium weder die Expertise, noch die entsprechenden Ressourcen und Befugnisse zur Verfügung, dass dieses in der Lage wäre, einer solchen Kontrolle umfassend gerecht zu werden.

Die Interessen des Stifters an einer ordnungsgemäßen Stiftungsverwaltung hingegen sind hoch anzusiedeln, sodass durch ihn bereits eine Revisionsinstanz geschaffen wird, die die Interessen der Stiftung nachhaltig verfolgt.

Darüber hinaus bleibt es dem Stifter auch im österreichischen Recht unbenommen, beziehungsweise empfiehlt es sich, ab dem Tod des Stifters auf freiwilliger Basis weitere Kontrollinstanzen vorzusehen oder einzurichten, um den Vermögensschutz zusätzlich zu verstärken. Insoweit kann auf die Ausführungen zum deutschen Recht verwiesen werden.

3)   Kontrollorgane des schweizerischen Rechts

Obwohl das schweizerische Recht im Grunde eine Trennung zwischen Stifter und Stiftung vorsieht, kann sich der Stifter auch nach dieser Rechtsordnung unter gewissen Prämissen weitere Rechte zur Einflussnahme vorbehalten.[500]

Im schweizerischen Recht kommt dem Stiftungsrat, wie sich gezeigt hat, eine bedeutende Stellung zu. Dies führt auch hier dazu, dass ihm ein großer Handlungs- und Verantwortungsbereich obliegt. Eine Einschränkung des Handlungs- und Verantwortungsbereichs erfolgt jedoch durch obligatorische interne und externe Kontrollmaßnahmen. Im schweizerischen Stiftungsrecht sind dies, wie bereits ausführlich dargestellt, namentlich die Revisionsstelle sowie die staatliche Stiftungsaufsichtsbehörde.

Hinsichtlich der staatlichen Stiftungsaufsichtsbehörde ist auszuführen, dass diese ähnlich der deutschen staatlichen Stiftungsaufsichtsbehörde ebenfalls nur eine Rechtsaufsicht vornimmt. Daher ist auch in dieser Hinsicht die Effektivität dieser Aufsicht in Zweifel zu ziehen. Staatliche Kontrollinstanzen sind insofern kein geeignetes Vehikel, die Interessen des Stifters vollumfänglich wahrzunehmen. Häufig fehlt es ihnen bereits an den für eine umfassende Kontrolle erforderlichen Befugnissen. Eine bloße Rechtsaufsicht ist hierfür nicht ausreichend. Um eine effektive Kontrolle zu gewährleisten, müsste die Befugnis bestehen, die tatsächliche Geschäftspolitik des Stiftungsrats zu kontrollieren, was aber nicht vorgesehen ist und auch nicht Aufgabe des Staates sein kann.

---

[500] Dadurch kommt es zu einer partiellen Durchbrechung des im schweizerischen Recht geltenden Trennungsprinzips.

Darüber hinaus sieht das schweizerische Recht obligatorisch eine Revisionsstelle vor, deren Aufgabe darin besteht, unter anderem den Jahresabschluss der Stiftung zu prüfen. Diese wird dabei seitens des Stiftungsrats mit den dafür erforderlichen Informationen ausgestattet. Eine solche obligatorische Revisionsstelle wirkt sich positiv auf den Vermögensschutz aus, da dieser Informationen offenbart werden müssen und daher ein Einblick in die Geschäfte des Stiftungsrats gewährt wird. Im Einzelnen kann natürlich in praxi bei dem Bereitstellen der Informationen eine gewisse „Vorauswahl" durch den Stiftungsrat getroffen werden, so dass vorsätzlichem Verhalten nur in sehr begrenztem Umfang begegnet werden kann. Dennoch ist dieser Einrichtung zugute zu halten, dass sie wenigstens in gewissem Umfang Einblick in die Geschäfte des Stiftungsrats bekommt und Unregelmäßigkeiten daher gegebenenfalls erkennen kann.

Für das Zusammenspiel von strafrechtlichem Vermögensschutz und zivilrechtlicher Ausgestaltung ergibt sich, dass der umfassende Schutz des strafrechtlichen Vermögensschutzsystems in der Schweiz ergänzt wird durch ein ausgereiftes Stiftungssystem, welches im Ergebnis dazu führt, dass auch die Durchsetzung des strafrechtlichen Schutzes nicht vernachlässigt wird. Selbstverständlich besteht auch in der Schweiz die Problematik, dass trotz verstärkter gesetzlicher Kontrolle das Delikt der ungetreuen Geschäftsbesorgung in der Stiftung häufig im Verborgenen stattfindet, so dass auch im Schweizer Recht kein vollumfänglicher Vermögensschutz gewährleistet werden kann.

C) Schutzlücken in den einzelnen Rechtsordnungen

I) Schutzlücken der einzelnen Rechtsordnungen aufgrund strafrechtlicher respektive stiftungsrechtlicher Besonderheiten

Aus den oben gewonnenen Ergebnissen lässt sich folgern, dass Schutzlücken in allen Rechtsordnungen existieren. Diese resultieren sowohl aus der strafrechtlichen Konzeption des Tatbestands als auch aus den stiftungsrechtlichen Besonderheiten, vor allem was die Einrichtung geeigneter Kontrollgremien anbelangt, abhängig davon, welche Rechtsordnung betrachtet wird.

In der österreichischen Rechtsordnung ergeben sich Schutzlücken im Rahmen des strafrechtlichen Vermögensschutzes aus der Konzeption des Tatbestands der Untreue sowie hinsichtlich des Umgangs mit Verhaltensweisen, die lediglich eine Vermögensgefährdung bewirken. Insbesondere das Fehlen des Treuebruchtatbestands hat zur Konsequenz, dass gewisse Konstellationen, die nicht vom Missbrauchstatbestand erfasst sind, aber dennoch nach dem Rechtsgefühl einer Strafbarkeit unterliegen sollten, nicht gemäß Art. 153 öStGB bestraft werden können. Daher liegen hier Schutzlücken aufgrund strafrechtlicher Besonderheiten vor. Inwieweit eine Verfolgung strafbaren Verhaltens gewährleistet ist, ist abhängig von den, auf freiwilliger Basis eingerichteten Kontrollmechanismen, wobei diese aufgrund der starken Stellung des Stifters zumindest zu dessen Lebzeiten durch umfassende Kontrollrechte des Stifters flankiert werden können.

Anders ist dies in der deutschen und schweizerischen Rechtsordnung. Hier ergeben sich Schutzlücken weniger aufgrund der Konzeption des Straftatbestands der Untreue respektive ungetreuen Geschäftsbesorgung, sondern aufgrund der mangelhaften Verfolgung solcher Delikte. Die stiftungsrechtlichen Besonderheiten erschweren die Strafverfolgung wesentlich durch die Schwächen im Rahmen der zivilrechtlichen Kontrolle des Stiftungsvorstands beziehungsweise des Stiftungsrats. Gerade die Aufdeckung eines Delikts, das sich von Natur aus im verborgenen Bereich abspielt, wird dadurch erschwert. Im Ergebnis führt dies dazu, dass sich Schutzlücken im Bereich der Strafverfolgung und Strafprävention offenbaren. Diese sind jedoch, abhängig davon, ob man die deutsche oder schweizerische Rechtsordnung betrachtet, unterschiedlich ausgeprägt. In der deutschen Rechtsordnung sind die gesetzlich vorgeschriebenen Kontrollmaßnahmen des Stiftungsrechts nicht derart effektiv gestaltet wie im schweizerischen Stiftungsrecht, so dass die Kontrolle in Deutschland schwächer ausfällt als in der Schweiz. Dies führt im Ergebnis dazu, dass es im deutschen Rechtsraum noch problematischer ist, die Verwirklichung des Tatbestands der Untreue aufzudecken, diese entsprechend zu verfolgen und den Täter entsprechend zu sanktionieren. Dies gilt jedenfalls für den Fall, dass nicht der Stifter im Rahmen der Gründung entsprechende Vorkehrungen zur Verbesserung des Vermögensschutzes durch zum Beispiel Errichtung von Kontrollorganen auf freiwilliger Basis getroffen hat.

II) Strafrechtliche sowie stiftungsrechtliche Maßnahmen zur Schließung von Schutzlücken

In einem nächsten Schritt stellt sich die Frage, wie solche Schutzlücken in den jeweils untersuchten Rechtsordnungen behoben werden können, um dem Ziel eines effektiven Vermögensschutzes in strafrechtlicher Hinsicht einen Schritt näher zu kommen. Hierzu werden die Möglichkeiten der einzelnen Rechtsordnungen nachfolgend gesondert dargestellt.

1) Österreichische Rechtslage

Betrachtet man das *österreichische System,* so ist festzustellen, dass sich für die Schließung von Schutzlücken in dieser Rechtsordnung zunächst eine Maßnahme aufdrängt. Dies betrifft eine Änderung auf Seiten des Strafrechts, das heißt eine umfassendere Strafbarkeit in Form eines umfassenderen Untreuetatbestands sowie eine Vorverlagerung der Strafbarkeit auf Vermögensgefährdungen. Die Strafbarkeit wird jedoch nur dann umfassender gestaltet, wenn der Tatbestand der Untreue ausgeweitet wird, was in Form der Aufnahme des Treuebruchtatbestands umgesetzt werden könnte.

Der österreichische Gesetzgeber müsste mit der Aufnahme des Treuebruchtatbestands seinen bisher bestimmt gefassten Tatbestand zugunsten der umfassenderen Strafbarkeit opfern. Ob dies im Ergebnis empfehlenswert ist, bleibt fragwürdig. Kontrovers wurde dies bereits im Zusammenhang mit dem deutschen und schweizerischen Recht diskutiert.[501] Es zeigte sich in diesem Zusammenhang, dass im Falle der Aufnahme eines Treuebruchtatbestandes weitere Probleme entstehen, so dass dies keine unproblematische Lösung darstellt.

Den perfekten Ausgleich zwischen umfassender Strafbarkeit und Bestimmtheit des Tatbestands kann es nicht geben. Der österreichische Gesetzgeber hat sich für eine Lösung entschieden, die zulasten der umfassenden Strafbarkeit, aber

---

[501] Siehe hierzu ausführlich oben unter: 2. Kapitel A) I) 4) Verletzung der Vermögensbetreuungspflicht im Rahmen der Stiftungstätigkeit anhand ausgewählter Beispielsfälle und 2. Kapitel C) I) 4) Verletzung der Treuepflicht und Befugnis im Rahmen der Stiftungstätigkeit anhand ausgewählter Beispielsfälle.

dafür zugunsten der Bestimmtheit des Tatbestands und unter Heranziehung des Stiftungsrechts auch zugunsten der effektiven Durchsetzbarkeit des Strafrechts geht.

Diese Lösung hat für den Rechtsanwender den Vorzug, dass es weniger Auslegungsprobleme und weniger Probleme bei der Bestimmung gibt, ob ein rechtswidriges respektive strafbares Verhalten vorlag oder nicht. Ob dieser Ansatz zu mehr Rechtszufriedenheit beiträgt, ist fragwürdig. Spätestens wenn es sich um Verhaltensweisen handelt, die nach gesundem Menschenverstand nicht straffrei sein können, kommen Zweifel an der gewählten Lösung auf. Wägt man die Vor- und Nachteile beider Lösungsansätze ab, so erscheint es dennoch vorzugswürdig, eine Lösung zu haben, die strafbares Verhalten in berechenbarer Weise sanktioniert. Eine Erweiterung der Strafbarkeit hinsichtlich des Umgangs mit Vermögensgefährdungen könnte jedoch erwogen werden. Auch erscheint es denkbar, soweit sich in der Zukunft konkrete Verhaltensweisen abzeichnen sollten, die nicht vom engen österreichischen Missbrauchstatbestand erfasst werden, die jedoch häufiger zu beobachten sind, punktuelle Ergänzungen hinsichtlich der strafrechtlichen Verantwortlichkeit vorzunehmen.

Gegebenenfalls könnte darüber nachgedacht werden, konkretisierende Bestimmungen hinsichtlich der Vermögenserhaltung aufzunehmen. Unbeschadet dessen, steht es dem Stifter jedoch auch bis dato nach österreichischem Recht frei, entsprechende Regelungen bei Gründung der Stiftung zu verankern.

Im Hinblick auf etwaig bestehende Schutzlücken was die Verfolgung von Straftaten anbelangt, könnte die Einführung zwingender gesetzlicher Kontrollorgane, externer oder interner Struktur, vorgesehen werden. Es wurde jedoch bereits dargestellt, dass staatliche Kontrollorgane nur einen begrenzten Mehrwert zu leisten im Stande sind und es dem Stifter grundsätzlich unbenommen ist, bei Errichtung der Stiftung auf freiwilliger Basis solche Organe und oder besondere Kontrollmechanismen zu schaffen, so dass ein zwingender gesetzlicher Reformbedarf insoweit nicht besteht. Auf die Vor- und Nachteile zusätzlicher Kontrollorgane wird nachfolgend im Rahmen der Darstellung der deutschen und schweizerischen Rechtslage noch einmal gesondert eingegangen werden.

2) Deutsche und schweizerische Rechtslage

Stellt man hingegen das *deutsche und schweizerische System* in den Fokus der Betrachtung, so fällt auf, dass die Schutzlücken dort abweichend gelagert sind.

Diese liegen, anders als beim österreichischen Recht, nicht primär im Strafrecht, sondern in Defiziten bei der Kontrolle der Stiftung und ihrer Organe. Dabei zeigt sich, dass strafrechtliche Schutzlücken, die ihren Ursprung im Zivilrecht haben und sich aufgrund der Zivilrechtsakzessorietät auswirken, nicht einfach zu schließen sind. Diese zu schließen, ist Aufgabe des Zivilrechts, in Bezug auf Stiftungen, die des Stiftungsrechts. Jedoch müssen bei einer solchen Reformierung zugunsten des strafrechtlichen Vermögensschutzes immer auch die Resultate abgewogen werden, die eine solche Änderung im Zivilrecht hervorruft. Es muss bestimmt werden, ob eine solche Änderung zugunsten des strafrechtlichen Vermögensschutzes unter Berücksichtigung aller Folgen tatsächlich vertretbar ist. Im Folgenden wird dies für das schweizerische und deutsche Recht gesondert bewertet.

Betrachtet man das *schweizerische Recht,* so zeigt sich, dass auf Seiten des Stiftungsrechts diverse Kontrollstrukturen vorhanden sind, die einen großen Bereich der Stiftung überblicken und effektiv abdecken. Aufgrund dieser Überwachung ist die Wahrscheinlichkeit vorhanden, dass strafrechtliche Handlungen in den Fokus der Kontrollinstanz und mithin auch in den Fokus der Strafverfolgungsbehörde und der Öffentlichkeit gerückt werden. In Kombination mit dem offenen Straftatbestand werden daher die Lücken im Strafrechtsschutz durch ein ausgereiftes Stiftungsrecht mit guten Kotrollmechanismen zum größten Teil minimiert.

Dennoch ist es eine Überlegung wert, ob durch weitere Kontrollmaßnahmen und weitere Regulierungen auf Ebene des Stiftungsrechts, die Durchsetzbarkeit des Strafrechts nicht weiter erhöht werden kann.

Würde man jedoch weitergehende Gesetzesänderungen vornehmen, bedeutet dies für die zivilrechtliche Ebene, dass sich das Stiftungsrecht von der ursprünglichen Idee der Stiftung nach Schweizer Recht weiter verabschiedet. Die Konsequenz wäre eine weitere Entfernung vom Gedanken des Trennungsprinzips, um dem Stifter Kontrollrechte oder den Destinatären weitergehende Befugnisse (über die Möglichkeit der Stiftungsaufsichtsbeschwerde hinaus) einzuräumen. Sodann würde die Stiftung allmählich einer Kapitalgesellschaft gleichgestellt und deren Kontrollinstanzen übertragen. Gerade eine solche Entwicklung in Form der Einführung obligatorischer Kontrollorgane gefährdet jedoch das Institut der Stiftung und drängt deren ursprüngliche Idee in den Hintergrund.

Anhand des österreichischen Stiftungsrechts lässt sich dies bereits ansatzweise nachvollziehen. Ursprünglich existierte nur die Stiftung gemäß dem Bundesstiftungs- und Fondsgesetz für die das strikte Trennungsprinzip maßgebend war. Die Einführung des Privatstiftungsgesetzes setzte reformierend genau an diesem Punkt an und hat im Ergebnis dazu geführt, dass die gesamte österreichische Stiftungslandschaft fundamental verändert wurde.

Eine Reformierung hin zu einer Übertragung der Kontrollmechanismen aus dem Aktienrecht und damit einer in dieser Hinsicht Gleichstellung oder zumindest Annäherung von Kapitalgesellschaft und Stiftung ist daher aus rechtspolitischen Gründen abzulehnen. Schließlich bleibt es dem Stifter auch nach schweizerischem Recht unbenommen, sofern er dies für geboten oder wünschenswert erachtet, die bereits bestehenden Kontrollmechanismen durch flankierende Maßnahmen, wie beispielsweise Zustimmungsvorbehalte, zu ergänzen.

Legt man den Schwerpunkt der Betrachtung auf das *deutsche Stiftungsrecht*, so zeigt sich, dass dem Trennungsprinzip noch immer stringent Rechnung getragen wird. Anders als im schweizerischen Stiftungsrecht gibt es weniger gesetzlich zwingend vorgeschriebene Kontrollmechanismen zur Überwachung der Tätigkeit des Stiftungsvorstands. Erhöht man die Anforderungen an die zivilrechtliche Kontrolle und Überwachung der Stiftungstätigkeit, so führt dies dazu, dass Straftaten wahrscheinlicher entdeckt, verfolgt und solchen vorgebeugt werden kann. Eine solche zwingende Erhöhung der Kontrollmechanismen in unbeschränkten Umfang ist jedoch aus den oben dargestellten Gründen abzulehnen. Eine verstärkte Kontrolle lähmt nicht nur die Handlungsfähigkeit des Stiftungsvorstands, sondern zugleich auch die Stiftungstätigkeit. Hinzu kommt eine Abschreckung des Stifters bei einer verstärkten staatlichen Kontrolle und damit verbundener behördlicher Einflussnahme. In der Folge würde das Instrument der

Stiftung in seiner Attraktivität für den Stifter einbüßen, was zur Konsequenz hat, dass zukünftig von der Möglichkeit der Stiftungsgründung weniger Gebrauch gemacht würde oder Stiftungen nach einer anderen Rechtsordnung (wie beispielsweise der Österreichischen) gegründet werden. Daher müssen Änderungen im zivilrechtlichen Stiftungssystem bewusst gewählt und hinsichtlich ihrer Konsequenzen ausgesucht werden.

Ergebnisse für das *deutsche Recht* und auf das deutsche Recht übertragbare Erkenntnisse lassen sich aus der vorangegangenen Rechtsvergleichung nur zum Teil gewinnen. Dies liegt daran, dass besonders darauf geachtet werden muss, keine der stiftungsrechtlichen Struktur widersprechenden Ansätze zu übertragen. Daher kommen Ideen aus dem österreichischen Recht, zumal dieses tendenziell hinter dem deutschen Stiftungsrecht zurückbleibt, nicht in Betracht. Diese, insbesondere die starke Stellung des Stifters auch nach Gründung der Stiftung, basieren nicht auf der Grundprämisse des Trennungsprinzips, sodass eine Übertragung solcher Ansätze nicht in das System der deutschen Stiftung passt. In Betracht zu ziehen sind gegebenenfalls Instrumentarien aus dem schweizerischen Recht. Aber auch hierbei müssen die Besonderheiten des schweizerischen beziehungsweise des deutschen Rechts beachtet werden. Eine Übertragung der Ansätze des schweizerischen Rechts darf im deutschen Recht keinen Systembruch verursachen, denn die Regelungen innerhalb der jeweiligen Rechtsordnung sind bisher in sich schlüssig und aufeinander abgestimmt.

Um die Schutzlücken des deutschen Rechts zu schließen, sollten dennoch in gewissem Umfang Maßnahmen ergriffen werden, die in ihren zivilrechtlichen Folgen vertretbar sind und strafrechtlich den gewünschten Erfolg herbeiführen. Die aus dem schweizerischen Recht bekannte Stiftungsaufsichtsbeschwerde käme als Maßnahme in Betracht, den Einfluss von außen auf die Stiftung zu stärken und dem Stiftungsvorstand dadurch das Gefühl zu vermitteln, nicht in einem unüberwachten, „rechtsfreien" Raum zu agieren.

Weitere Regulierungsvorschläge, wie zum Beispiel die zwingende Einrichtung von Kontrollorganen, sollten jeweils kritisch betrachtet und daraufhin untersucht werden, ob sie tatsächlich geeignet sind, den gewünschten Erfolg herbeizuführen und welche weiteren Konsequenzen sich hieraus für die zivilrechtliche Seite der Stiftung ergeben. Dies betrifft insbesondere zusätzliche Kostenbelastungen sowie Erschwernisse im Rahmen der täglichen Arbeit.

Im Übrigen erscheint es ratsam *Montesquieu*[502] zu folgen, der schon früh erkannt hat, dass „wenn es nicht notwendig ist ein Gesetz zu machen, dann [...] notwendig [ist], kein Gesetz zu machen". Folgt man diesem Ansatz, erscheint es sinnvoll, von einer weitergehenden Regulierung der Stiftung im deutschen Recht zur Verbesserung des strafrechtlichen Vermögensschutzes abzusehen und lediglich dann und insoweit Unzulänglichkeiten zu beseitigen, wenn sich zeigt, dass hierfür eine zwingende Notwendigkeit besteht. Die Stiftung verlöre durch eine weitergehende Regulierung ihre Eigenheit und gerade diese muss bewahrt werden, denn sie macht die Rechtsform der Stiftung für Stifter und damit auch zugunsten der Wohltätigkeit interessant.

Die aus den Schutzlücken entstehenden Gefahren müssen daher mit den zur Verfügung stehenden Mitteln gebannt werden, zum Beispiel durch freiwillige Maßnahmen bei der Errichtung der Stiftung. Diese Entscheidung liegt im Ermessen des Stifters, wie etwa die Einrichtung eines internen Kontrollgremiums mit an die Art und Größe der Stiftung angepassten umfangreicheren oder weniger umfangreicheren Kompetenzen, sowie die Aufstellung von Vorgaben hinsichtlich der Eigenschaften und Fähigkeiten eines Stiftungsvorstands. Kontraproduktiv wäre es, weitere staatliche Kontrollinstanzen zu initiieren, da diese kein taugliches Instrumentarium sind, derartige Schutzlücken zu schließen.[503]

Außen vorgelassen wurde bisher die Kontrolle durch das Finanzamt, gegebenenfalls im Rahmen der Gemeinnützigkeitsprüfung. In dieser Hinsicht besteht über die bisher bestehende Stiftungsaufsichtsbehörde hinaus eine weitere Möglichkeit der Überprüfung der finanziellen Verhältnisse der Stiftung. Dadurch kann gleichfalls Missbrauch vorgebeugt werden. In Bezug auf den Vermögensschutz eignet sich diese Prüfung sogar stärker als die Kontrolle durch die staatliche Stiftungsaufsichtsbehörde.

---

[502] Charles de Montesquieu (1689 – 1755), frz. Staatstheoretiker und Schriftsteller, Begründer der modernen Staatswissenschaft und der Lehre von der Gewaltenteilung.
[503] Siehe näher hierzu auch schon oben unter: 3. Kapitel B) IV) Flankierung des materiellen strafrechtlichen Vermögensschutzes durch Kontrollorgane.

Demzufolge empfiehlt sich für die deutsche Rechtslage die Schließung etwaiger Schutzlücken primär in die Hände des Stifters zu legen. Die konkrete Bestimmung der Schutzlücken und deren Konsequenzen wurden in dieser Arbeit hinreichend beschrieben und herausgearbeitet. Eine Lösung seitens des Gesetzgebers mit weiteren Regulierungsmaßnahmen ist nicht zu empfehlen. Stattdessen sollte die Schließung dieser Lücken dem Stifter überantwortet werden, der im Rahmen der Stiftungsgründung mit internen Vorgaben, die auf den individuellen Charakter der jeweils in Frage stehenden Stiftung angepasst sind, den Vermögensschutz stärken kann, ohne den gesamten Charakter des Rechtsinstituts der Stiftung zu verändern.

D) Bewertung des strafrechtlichen Vermögensschutzes

Wie sich gezeigt hat, kann der strafrechtliche Vermögensschutz am Beispiel der Untreue respektive ungetreuen Geschäftsbesorgung nur dann umfassend bewertet werden, wenn neben der strafrechtlichen Komponente die zivilrechtliche Komponente in Form des jeweiligen Stiftungsrechts Berücksichtigung findet. Nur derart lässt sich neben der Begehung des Delikts auch dessen Sanktionierung erkennen und durchsetzen.

Der *deutsche und der schweizerische Gesetzgeber* haben sich im Rahmen des strafrechtlichen Tatbestands der Untreue respektive der ungetreuen Geschäftsbesorgung für eine weite Fassung durch Einfügung des Treuebruchtatbestands entschieden. Dadurch wird die Bestimmtheit des Tatbestands zugunsten der umfassenden Strafbarkeit geopfert.

Ein gegenteiliges Konzept hat der *österreichische Gesetzgeber* im Untreuetatbestand verwirklicht. Dieser hat der Bestimmtheit des Tatbestands durch Beschränkung auf einen Missbrauchstatbestand den Vorrang eingeräumt und damit einer ausufernden Weite des strafbaren Verhaltens durch einen Treuebruchtatbestand vorgebeugt.

Die gesetzgeberische Konzeption der Untreue beziehungsweise der ungetreuen Geschäftsbesorgung variiert daher zwischen einerseits der österreichischen und andererseits der schweizerischen und deutschen Rechtsordnung.

Ähnlich verhält es sich mit dem Stiftungsrecht. Auch hier verfolgen der deutsche und der schweizerische Gesetzgeber mit dem zugrundeliegenden Trennungsprinzip eine Linie, die der des österreichischen Stiftungsrechts widerspricht. Während der deutsche Gesetzgeber stringent am Trennungsprinzip festhält, lässt der schweizerische Gesetzgeber partiell Ausnahmen hiervon zu. Der österreichische Gesetzgeber sieht diesen Punkt liberaler, indem er sich von dem Trennungsprinzip gelöst hat und dem Stifter stattdessen weitergehende Rechte zur Einflussnahme einräumt. Diese Entscheidung charakterisiert das Stiftungsrecht der einzelnen Rechtsordnung und zieht sich stringent durch die jeweiligen Normen und das Gesetz.

Führt man diese Teilaspekte zusammen, zeigt sich, dass der strafrechtliche Vermögensschutz am Beispiel des Untreuetatbestands in den Stiftungen eine unterschiedliche Effektivität aufweist. Während der weit gefasste Straftatbestand des deutschen Rechts eine umfassende Strafbarkeit theoretisch sicherstellt, ist diese dennoch mit den „Mängeln" auf Seiten des Zivilrechts behaftet, die sich auf die Prävention, die Erkennung und die Durchsetzung der Untreue auswirken. Das schweizerische Strafrecht hat einen ebenso umfassenden Tatbestand der ungetreuen Geschäftsbesorgung und das Stiftungsrecht baut mit dem Trennungsprinzip auf derselben Grundprämisse auf wie das deutsche Stiftungsrecht. Dennoch ist die Wirkung anders als im deutschen Recht. Durch umfassendere Kontrollmechanismen wirkt sich der zivilrechtliche Mangel des Stiftungsrechts, das Kontrollproblem, nicht so stark aus, wie im deutschen Recht. Die entsprechende Gestaltung des Stiftungsrechts wirkt also mittelbar auch auf den strafrechtlichen Vermögensschutz ein und kann diesen beeinflussen und mithin effektiver oder weniger effektiv ausgestalten.

Vergleicht man diese beiden ähnlich gelagerten Rechtsordnungen mit der des österreichischen Rechts, so stellt man fest, dass sich ein signifikanter Unterschied ergibt. Die Schwäche im österreichischen Recht liegt vor allem auf Ebene des Strafrechts. Während das Zivilrecht, zumindest auf freiwilliger Basis, Maßnahmen und Möglichkeiten offeriert, den strafrechtlichen Vermögensschutz umzusetzen und durchzusetzen, scheitert die Strafbarkeit in vielen Konstellationen an der Hürde des Tatbestands der Untreue. Hierunter fallen nämlich nur solche Verhaltensweisen, die vom Missbrauchstatbestand erfasst werden.

Anders als im deutschen und schweizerischen Recht scheitert der strafrechtliche Vermögensschutz nicht aus Gründen, die außerhalb des Strafrechts liegen, sondern liegt in Defiziten im Bereich des Strafrechts begründet.

Die vorstehenden Ausführungen machen deutlich, dass Anknüpfungspunkt eines effektiven strafrechtlichen Vermögensschutzes zwar die Normen des Strafrechts sein können, es müssen jedoch nicht immer die Normen des Strafrechts sein. Vielmehr lässt sich ein Vermögensschutzsystem bereits dadurch effektiveren, indem an der Ausgestaltung des Zivilrechts Änderungen vorgenommen werden. Beispielhaft zeigt dies bereits die marginal unterschiedliche Ausgestaltung des Stiftungsrechts in Deutschland und der Schweiz.

4. Kapitel   **Ergebnisse der Arbeit für die Fortentwicklung des deutschen strafrechtlichen Schutzes des Stiftungsvermögens sowie Ausblick auf Reformbestrebungen im Rahmen der EU**

A) Erkenntnisse für das deutsche Stiftungsrecht

Die aus der Rechtsvergleichung gewonnenen Ergebnisse für das deutsche Stiftungsrecht wurden zum Teil bereits unter den vorangegangenen Punkten behandelt. Dabei wurde vor allem hervorgehoben, dass kein weiterer Reformbedarf auf Seiten des Stiftungsrechts besteht, um dem strafrechtlichen Vermögensschutz zu stärken. Hierfür Vorkehrungen zu treffen, sollte im Sinne der Stifterautonomie in die Hände des Stifters gelegt werden, der aus dieser Arbeit die auf den strafrechtlichen Vermögensschutz nachteilig wirkenden Schwachstellen des Stiftungsrechts aufgezeigt bekommen hat. Vergegenwärtigt sich der Stifter einerseits diese Schwachstellen und andererseits die ihm zur Verfügung stehenden Maßnahmen, so kann er diese entsprechend einsetzen, um im Zuge der Stiftungsgründung angepasst auf die jeweilige Stiftungssituation adäquate Regelungen zu treffen, die den strafrechtlichen Vermögensschutz stärken.

Wesentliche Schwachstelle des deutschen Stiftungsrechts ist das Kontrollproblem der deutschen Stiftung, das seitens des Gesetzgebers durch eine staatliche Stiftungsaufsicht ausgeglichen werden könnte. Jedoch hat bereits *Nowotny* das Problem der staatlichen Aufsicht (im Kontext des österreichischen Bundesstiftungs- und Fondsgesetz, BStFG) zutreffend erkannt und den Anspruch an diese Aufsicht zutreffend mit den Worten formuliert, dass „das Einrichten einer adäquaten staatlichen Aufsicht, die nicht in überbordende Bürokratie ausartet, aber doch in Notsituationen eingreift, […] ein rechtstechnisches Problem [ist]".[504] Diese Aussage deckt sich mit den zuvor gefundenen Ergebnissen, wonach die staatliche Aufsicht kein taugliches Mittel darstellt, das Kontrollproblem der Stiftung zu lösen. Insofern sollte Anknüpfungspunkt weiterer Reformüberlegungen sein, ob die staatliche Stiftungsaufsicht nicht obsolet ist und stattdessen eine ver-

---

[504] *Nowotny*, GesRZ 1994, 1 (2).

stärkte staatliche Kontrolle durch das Finanzamt, bei gemeinnützigen Stiftungen im Zuge der Gemeinnützigkeitsprüfung, durchgeführt wird. Dadurch würde zumindest das Ziel, Bürokratisierung abzubauen, erreicht. Auch stellt die staatliche Stiftungsaufsicht, trotz ihrer sehr untergeordneten Bedeutung in der Praxis, eine psychologische Hürde im Entscheidungsprozess, ob man eine Stiftung gründen möchte und wenn ja nach welcher Rechtsordnung, dar. Zuviel Mitsprache des Staates schreckt Stifter grundsätzlich ab und wertet dadurch gegebenenfalls den Stiftungsstandort Deutschland ab.

In Bezug auf die Stärkung des strafrechtlichen Vermögensschutzes in Stiftungen trägt zwar grundsätzlich eine vermehrte Kontrolle zu einer genaueren Betrachtung der Geschehnisse in der Stiftung bei und kann dadurch strafrechtliche Handlungen leichter erkennen und verfolgen. Dies gilt jedoch nur, wenn die Kontrolle auch tauglich ist, solche Verhaltensweisen überhaupt aufzudecken und zu erkennen, was bei der staatlichen Stiftungsaufsicht im Rahmen dieser Arbeit angezweifelt wird. Die Reduzierung der staatlichen Stiftungsaufsicht würde daher an dem Status quo des strafrechtlichen Vermögensschutzes keine große Änderung bedeuten. Daher könnte der Gesetzgeber sogar Überlegungen anstellen, ob eine solche staatliche Aufsicht entweder anders ausgestaltet werden sollte, im Sinne einer Verbesserung ihrer Effektivität, oder aber gänzlich obsolet ist.

B) Erkenntnisse für das deutsche Strafrecht

Hinsichtlich der Ausgestaltung des deutschen Strafrechts in Bezug auf den Vermögensschutz in Stiftungen gestattet die vom Gesetzgeber gewählte Fassung der Untreue, insbesondere in Form des Treuebruchtatbestandes, die Erfassung der meisten Fälle, in denen eine Stiftung um Teile ihres Vermögens gebracht wird. Dieser weitläufige Tatbestand erfasst nahezu sämtliche Varianten rechtswidrigen Verhaltens in Stiftungen. Es zeigt sich daher, dass das deutsche Strafrecht von seiner Konzeption heraus einen umfassenden Schutz bereithält. Lediglich unter Berücksichtigung des Bestimmtheitsgebotes könnte man Zweifel an der Rechtmäßigkeit des Tatbestands äußern. Solange aber die höchsten deutschen Gerichte keinen Verstoß des offen gefassten Tatbestandes gegen das Bestimmtheitsgebot feststellen, können Gedanken über eine begrenztere Fassung des Tatbestandes und die damit verbunden Konsequenzen für den Vermögensschutz in Stiftungen zurückgestellt werden.

Ein zweiter wichtiger Punkt im Rahmen der Erkenntnisse für das deutsche Strafrecht betrifft die Durchsetzbarkeit des Strafrechts. In diesem Zusammenhang treten Lücken auf, die aber generell bei Wirtschaftsdelikten bekannt sind. Aufgrund der Tatbegehung im, meist verborgenen Bereich, treten diese nur selten an die Öffentlichkeit und können daher nur selten entsprechend sanktioniert werden. Dieses strukturelle Problem ist, wie bereits oben dargestellt, im Rahmen von Stiftungen nur durch Maßnahmen zu lösen, die der Stifter im Rahmen der Stiftungsgründung treffen muss. Nur so kann der Stifter einen „rechtsfreien" Raum vermeiden und dadurch das Vermögen der Stiftung dem strafrechtlichen Schutz zugänglich lassen.

Zusammenfassend ergibt sich daher für das deutsche Strafrecht, dass dessen derzeitige Gestaltung keinen zwingenden Reformbedarf als notwendig erachten lässt.

C) <u>Ausblick (EU-Recht)</u>

Gerade eine rechtsvergleichende Arbeit wirft die Frage auf, wie dieses Thema aus Sicht der Europäischen Union bewertet wird. Die schweizerische Rechtsordnung außen vor gelassen, lässt sich feststellen, dass die Stiftungssysteme der Mitgliedstaaten Österreich und Deutschland unterschiedlicher kaum sein könnten. Aber nicht nur die Stiftungssysteme, sondern auch die Straftatbestände der Untreue und das Subjekt der Strafbarkeit könnten kaum gegenteiliger ausgestaltet sein. Dies wirft die Frage auf, wie auf Ebene der Europäischen Union damit umgegangen wird und welche Änderungen in naher Zukunft in Hinblick auf diese Situation zu erwarten sind. Im Folgenden wird daher ein kurzer Ausblick gegeben, inwiefern der strafrechtliche Vermögensschutz in Stiftungen sowohl auf Seite des Strafrechts als auch auf Seite des Stiftungsrechts, gegebenenfalls aus dem Blick der Europäischen Union Änderungen erfahren könnte.

I) Europäische Stiftung (FE)

Auf Ebene der Europäischen Union liegt seit dem 08. Februar 2012 ein Entwurf über die Fassung eines europäischen Stiftungsrechts vor. Darin wird eine neue supranationale Stiftungsrechtsform geschaffen, die, ganz nach dem Vorbild der Europäischen Aktiengesellschaft (Societas Europaea SE), neben die in den Mitgliedstaaten bestehenden inländischen Stiftungen treten soll. Hintergrund der Errichtung einer Europäischen Stiftung ist es, „die unionsweit gemeinnützige Tätigkeit zu fördern"[505], sowie nach Aussage des Binnenmarktkommissars *Barnier* „Hindernisse zu beseitigen, die [die] grenzüberschreitende Arbeit [...] [der Stiftungen] behindern".[506] Wesentliche Merkmale dieser Europäischen Stiftung sollen die notwendige grenzüberschreitende Tätigkeit, die Gemeinnützigkeit und ein Stiftungskapital von mindestens 25 000 Euro sein.[507] Beurteilt werden soll die Stiftung nach dem Steuerrecht des ansässigen Mitgliedsstaates. Gegründet werden soll sie durch Umwandlung oder aber Verschmelzung nationaler Stiftungen. Dadurch wird im Ergebnis ein Produkt geschaffen, das für Stifter, die eine europaweit tätige Stiftung gründen möchten, gegebenenfalls attraktiv sein kann. Ob jedoch in praxi die Europäische Stiftung, sofern sie denn überhaupt kommen sollte, mit den nationalen Stiftungsrechtsformen wird konkurrieren können, wird sich erst noch zeigen müssen. Gerade Stifter, die eine europäische Vernetzung suchen, werden sich die Vorteile der unterschiedlichen Stiftungsrechtsformen vergegenwärtigen und sich sodann für entweder eine bestimmte Stiftung eines bestimmten Mitgliedsstaates entscheiden oder aber eine Europäische Stiftung in Betracht ziehen, wobei dann in einem zweiten Schritt noch die Entscheidung zu treffen wäre, in welchem Mitgliedsstaat diese ansässig sein soll. Wie genau der Schutzumfang des strafrechtlichen Vermögensschutzes in

---

[505] Pressemitteilung der Europäischen Kommission vom 08.02.2012: *„Förderung von Projekten, die dem Gemeinwohl im weiteren Sinne dienen: das Statut der Europäischen Stiftung"*, IP/12/112.

[506] Pressemitteilung der Europäischen Kommission vom 08.02.2012: *„Förderung von Projekten, die dem Gemeinwohl im weiteren Sinne dienen: das Statut der Europäischen Stiftung"*, IP/12/112.

[507] Diese Merkmale wurden dem Verordnungsvorschlag für eine Europäische Stiftung entnommen, sie sind noch kein geltendes Recht. Im Rahmen des Gesetzgebungsverfahrens können sich diese Parameter auch noch ändern (Verordnungsvorschlag vom 08.02.2012).

dieser Stiftung dann beurteilt wird, hängt einerseits von der konkreten Ausgestaltung der Europäischen Stiftung ab, andererseits jedoch auch von dem geltenden nationalen Strafrecht.

II) Entwicklung eines Europäischen Strafrechts

Ein Europäisches Strafrecht gibt es derzeit nicht. Es gibt zwar viele Reformbestrebungen, ein solches aufzubauen, jedoch existiert bis heute noch kein einheitliches Strafrecht auf EU Ebene. Demzufolge wird auch, sofern der Verordnungsvorschlag umgesetzt wird, die Europäische Stiftung (FE) nach dem Strafrecht des ansässigen Mitgliedsstaates beurteilt. Wie sich im Rahmen dieser Arbeit gezeigt hat, gibt es insoweit jedoch eklatante Unterschiede. Der Stifter sollte sich, sofern die Verordnung in Kraft treten sollte und er sich für die Gründung einer Europäischen Stiftung entscheidet, vor diesem Hintergrund auch Gedanken darüber machen in welchem Mitgliedstaat diese ansässig sein soll. Die Rahmenbedingungen, wie das geltende Strafrecht, spielen bei der Bewertung des strafrechtlichen Vermögensschutzes in der Stiftung letztlich eine ausschlaggebende Rolle. Hier können die Ergebnisse dieser Arbeit in Bezug auf die untersuchten Rechtsordnungen Deutschland und Österreich[508] herangezogen werden und mit den Vorgaben der Europäischen Stiftung (FE) modifiziert werden.

D) <u>Zusammenfassung der Ergebnisse der Arbeit</u>

Der strafrechtliche Vermögensschutz in den einzelnen Rechtsordnungen ist differenziert zu bewerten, was einerseits dadurch bedingt ist, dass die Straftatbestände unterschiedlich gefasst sind und andererseits dadurch, dass das Stiftungsrecht divergenten Grundprämissen folgt. Zieht man nach diesem Vergleich der Rechtsordnungen ein abschließendes Fazit für die deutsche Rechtsordnung, so lässt sich festhalten, dass der strafrechtliche Vermögensschutz Schwächen aufweist, die jedoch weniger in der Konzeption begründet sind, sondern bei der

---

[508] Die Ergebnisse der Schweiz bleiben außen vor, da diese nicht Mitgliedsstaat der Europäischen Union ist und damit auch die später erlassene Verordnung über das Statut einer Europäischen Stiftung (FE) dort keine Geltung erlangt.

Identifikation und Verfolgung strafrechtlich relevanter Handlungsweisen. Diese Problematik resultiert gerade aus der Besonderheit der Stiftung. Reformierungsvorschläge des Stiftungsrechts haben sich als nicht sinnvoll erwiesen.

Zur Abschwächung der Schutzlücken tragen jedoch solche Maßnahmen bei, die der Stifter im Rahmen der Stiftungsgründung beachten sollte. Indem er die Stiftungssatzung entsprechend gestaltet und diese auf die Rahmenbedingungen der jeweiligen Stiftung exakt anpasst, hat er die Möglichkeit, Vorkehrungen für derartige, das Stiftungsvermögen gefährdende Straftaten zu treffen. Erst wenn diese Maßnahmen umgesetzt wurden, lässt sich auch in strafrechtlicher Hinsicht davon sprechen, dass die Stiftung ihrem Ruf als Mittel zu „Vermögensperpetuierung" gerecht wird.

Bei der Entscheidung für die Stiftungsgründung spielt der Aspekt des Vermögensschutzes eine wichtige Rolle, wenngleich in der Mehrheit der Fälle letztlich gemeinnützige, mildtätige und ideelle Motive überwiegen mögen, die den Stifter davon überzeugen, eine Stiftung zu gründen. Der Aspekt des Vermögensschutzes nimmt diesen Motiven gegenüber meist nur eine dienende Funktion ein, um letztlich das Vermögen für die gemeinnützigen Zwecke auch zukünftig verfügbar zu halten.

Ganz im Sinne des eingangs dargestellten Zitats begreifen es viele Stifter als eine Aufgabe, die über ihre eigene Lebenszeit hinausgeht, mit ihrer Stiftungsgründung auch später „noch etwas zu bewegen". Diesen Menschen muss man zugutehalten, dass sie u.a. mit der Stiftungsgründung erreicht haben, „etwas zu schaffen, das [ihrem] Leben Sinn und Bedeutung verleiht"[509], mit der schönen Besonderheit, dass der Sinn und die Bedeutung nicht mit ihrem Tode erlöschen und gegebenenfalls für die Gesellschaft von Belang sein kann.

Die zunehmende Bedeutung, welche Stiftungen aus den dargestellten Gründen zukommt, zeigt sich auch daran, dass bereits auf EU Ebene ein erster Verordnungsvorschlag für eine Europäische Stiftungsform (FE) vorliegt. Diese Bedeu-

---

[509] *Albom*, Tuesdays with Morrie, S. 127.

tung wird durch die Einführung einer Europäischen Stiftung weiter steigen und insbesondere europäische Stiftungstätigkeiten fördern.

Literaturverzeichnis

Aebi-Müller, Regina; Die Zweckänderung bei der Stiftung nach der Stiftungsrechtsrevision vom 8. Oktober 2004 und nach In-Kraft-Treten des Fusionsgesetzes, in: ZBJV – Zeitschrift des Bernischen Juristenvereins 2005, Seiten 721 – 749. (Zit.: *Aebi-Müller*, ZBJV 2005, 721 (S.).).

Albom, Mitch; Tuesdays with Morrie – An Old Man, a Young Man, and Life´s Greatest Lesson, New York 2002. (Zit.: *Albom*, Tuesdays with Morrie, S.).

Althuber, Franz; Kirchmayr, Sabine; Toifl, Gerald; Österreich, in: Richter, Andreas; Wachter, Thomas; Handbuch des internationalen Stiftungsrechts, Angelbachtal 2007. (Zit.: *Althuber/Kirchmayr/Toifl*, in: Richter/Wachter (Hrsg.), Handbuch des internationalen Stiftungsrechts, S.).

Andrick, Bernd; Das modernisierte Stiftungsrecht, in: RNotZ – Rheinische Notarzeitschrift 2002, Seiten 441 – 444. (Zit.: *Andrick*, RNotZ 2002, S.).

Arnold, Arnd; Die zivil- und steuerrechtlichen Schranken der Rücklagenbildung bei Stiftungen, in: NZG – Neue Zeitschrift für Gesellschaftsrecht 2007, Seiten 805 – 809. (Zit.: *Arnold,* NZG 2007, 805 (S.).).

Arnold, Nikolaus; Privatstiftungsgesetz Kommentar, 2. Auflage, Düsseldorf 2007. (Zit.: *Arnold*, PSG-Kommentar, § Rn.).

Barth, Ignaz; Die ungetreue Geschäftsführung insbesondere nach dem zukünftigen schweizerischen Strafrecht (Entwurf 1918), München 1922. (Zit.: *Barth*, Die ungetreue Geschäftsführung, S.).

Baumann Lorant, Roman; Der Stiftungsrat – Das oberste Organ gewöhnlicher Stiftungen, Zürich 2009. (Zit.: *Baumann Lorant*, Der Stiftungsrat – das oberste Organ gewöhnlicher Stiftungen, S.).

Becker, Christian; Walla, Fabian; Endert, Volker; Wer bestimmt das Risiko? – Zur Untreuestrafbarkeit durch riskante Wertpapiergeschäfte in der Banken AG, in: WM – Wertpapier-Mitteilung 2010, Seiten 875 – 881. (Zit.: *Becker/Walla/Endert*, WM 2010, 875 (S.).).

Bertel, Christian; Schwaighofer, Klaus; Österreichisches Strafrecht Besonderer Teil I - §§ 75 bis 168b StGB, 9. Auflage, Wien 2006. (Zit.: *Bertel/Schwaighofer*, Österreichisches Strafrecht BT I, § Rn.).

Bertel, Christian; Untreue und Geschenkannahme durch Machthaber, in: WBl – wirtschaftsrechtliche Blätter 1989, Seiten 239 – 256. (Zit.: *Bertel*, WBl 1989, 239 (S.)).

Berthel, Reto; Stiftungsurkunde und Stiftungsreglement – Zweiteilung empfehlenswert, in: Jahrbuch des Handelsregisters 1998, Seiten 107 – 118. (Zit.: *Berthel*, Jahrbuch des Handelsregisters, S.).

Bisle, Michael; Asset Protection durch den Einsatz inländischer Familienstiftungen, in: DStR – Deutsches Steuerrecht 2012, Seiten 525 – 527. (Zit.: *Bisle*, DStR 2012, 525 (S.).).

Bittmann, Folker; Dogmatik der Untreue, insbesondere des Vermögensnachteils, in: NStZ – Neue Zeitschrift für Strafrecht 2012, Seiten 57 – 63. (Zit.: *Bittmann*, NStZ 2012, 57 (S.).).

Böhler, Elisabeth; Die Stiftung in Österreich, Wien 1996. (Zit.: *Böhler*, Die Stiftung in Österreich, S.).

Boog, Markus; Die Rechtsprechung des Bundesgerichts zum Begriff des Vermögensschadens beim Betrug, Baseler Studien zur Rechtswissenschaft, Basel 1991. (Zit.: *Boog*, Die Rechtsprechung des Bundesgerichts zum Begriff des Vermögensschadens beim Betrug, S.).

Bosch, Nikolaus; Zur Untreue durch vermögensgefährdende Kreditvergabe in Fällen von Scheckreiterei, in: wistra – Zeitschrift für Wirtschafts- und Steuerstrafrecht 2001, Seiten 257 – 259. (Zit.: *Bosch*, wistra 2001, 257 (S.).).

Bräunig, Alexander; Untreue in der Wirtschaft – Eine funktionale Interpretation des Untreuestrafrechts, Berlin 2011. (Zit.: *Bräuning*, Untreue in der Wirtschaft, S.).

Brückner, Christian; Schweizerisches Beurkundungsrecht, Zürich 1993. (Zit.: *Brückner*, Schweizerisches Beurkundungsrecht, N.).

Bruggmann, Uwe; Die Verantwortlichkeit der aktienrechtlichen Revisionsstelle im Strafrecht – Unter Berücksichtigung steuerstrafrechtlicher Aspekte, Zürich 1996.

(Zit.: *Bruggmann*, Die Verantwortlichkeit der aktienrechtlichen Revisionsstelle im Strafrecht, S.).

Büch, Markus; Anmerkung zu BGH v. 24.6.2010 – 3 StR 90/10, in: wistra – Zeitschrift für Wirtschafts- und Steuerstrafrecht 2011, Seiten 20 – 22. (Zit.: *Büch*, wistra 2011, 20 (S.).).

Bundesverband Deutscher Stiftungen; Fakten zu Stiftungen in Deutschland – von A bis Z, Stand: August 2010, abrufbar unter: www.stiftungen.org/uploads/tx_leonhardtfebecm/downloads/Fact_Sheet_Stiftunge n.pdf. (Zit.: *Bundesverband Deutscher Stiftungen*, Fakten zu Stiftungen in Deutschland, S.).

Burgard, Ulrich; Das neue Stiftungsprivatrecht, in: NZG – Neue Zeitschrift für Gesellschaftsrecht 2002, Seiten 697 - 702. (Zit.: *Burgard*, NZG 2002, 697 (S.).).

Carstensen, Carsten; Vermögensverwaltung, Vermögenserhaltung und Rechnungslegung gemeinnütziger Stiftungen, Frankfurt am Main 1994. (Zit.: *Carstensen*, Vermögensverwaltung, Vermögenserhaltung und Rechnungslegung gemeinnütziger Stiftungen, S.).

Cavegn, Diego; Die Revision der Revision von Stiftungen und Vereinen, Zürich 2008. (Zit.: *Cavegn*, Die Revision der Revision von Stiftungen und Vereinen, S.).

Cimarolli, Sara; Anlagebetrug – Spannungsverhältnis zwischen Anlegerschutz und freiem Kapitalmarktrecht, Zürcher Studien zum Strafrecht, Zürich 2000. (Zit.: *Cimarolli*, Anlagebetrug, S.).

Conrad, Michael; Verfahren und Protokolle für sicheren Rechtsverkehr auf dezentralen und spontanen elektronischen Märkten, 2010. (Zit.: *Conrad*, Verfahren und Protokolle für sicheren Rechtsverkehr, S.).

Cramer, Peter; Perron, Walter; § 263 StGB, in: Schönke, Adolf; Schröder, Horst (Hrsg.), Strafgesetzbuch Kommentar, 28. Auflage, München 2010. (Zit.: *Cramer/Perron*, in: Sch/Sch StGB, § 263 Rn.).

Csoklich, Peter; Die Haftung des Stiftungsvorstandes, in: Gassner, Wolfgang; Göth, Philip; Gröhs, Bernhard/Lang, Michael (Hrsg.), Privatstiftungen Gestaltungsmöglichkeiten in der Praxis, Wien 2000, Seiten 97 – 114. (Zit.: *Csoklich*, in: Gassner/Göth/Gröhs/Lang (Hrsg.), Privatstiftungen Gestaltungsmöglichkeiten in der Praxis, 97 (S.).).

Dannecker, Gerhard; 1. Kapitel: Die Entwicklung des Wirtschaftsstrafrechts in der Bundesrepublik Deutschland, in: Wabnitz, Heinz-Bernd; Janovsky, Thomas (Hrsg.), Handbuch des Wirtschafts- und Steuerstrafrechts, 3. Auflage 2007. (Zit.: *Dannecker*, in: Wabnitz/Janovsky (Hrsg.), 1. Kapitel, Rn.).

Dannecker, Gerhard; Die strafrechtsautonome Bestimmung der Untreue als Schutzgesetz im Rahmen des § 823 II BGB – Kommentar zu OLG Dresden, NZG 2000, 259, in: NZG – Neue Zeitschrift für Gesellschaftsrecht 2000, Seiten 243 – 247. (Zit.: *Dannecker*, NZG 2000, 243 (S.).).

Degel, Peter; Haase, Michael; Steuerliche Berücksichtigung von Strafverteidigungskosten im Zusammenhang mit dem Vorwurf der Untreue, in: DStR – Deutsches Steuerrecht 2005, Seiten 1260 – 1265. (Zit.: *Degel/Haase*, DStR 2005, 1260 (S.).).

Deutsche Bundesbank; Monatsbericht: November 2012, 64. Jahrgang Nummer 11, Frankfurt am Main 2012. (Zit.: Deutsche Bundesbank (Hrsg.), Monatsbericht: November 2012, 64. Jg Nr. 11, S.).

Dierlamm, Alfred; Neue Entwicklungen bei der Untreue – Loslösung des Tatbestandes von zivilrechtlichen Kategorien? In: StraFo – Strafverteidiger Forum 2005, Seiten 397 – 404. (Zit.: *Dierlamm*, StraFo 2005, 397 (S.).).

Dierlamm, Alfred; Untreue – ein Auffangtatbestand?, in: NStZ – Neue Zeitschrift für Strafrecht 1997, Seiten 534 – 537. (Zit.: *Dierlamm*, NStZ 1997, 534 (S.).).

Donatsch, Andreas (Hrsg.); Schweizerisches Strafgesetzbuch und JStG inkl. V-StGB-MStG und AT aStGB mit Kommentar zum StGB, 18. Auflage, Zürich 2010. (Zit.: *Donatsch*, in: Donatsch (Hrsg.), Kommentar zum StGB, Art. 146 Rn.).

Donatsch, Andreas; Aspekte der ungetreuen Geschäftsbesorgung nach Art. 158 StGB, in: ZStrR – Zeitschrift für schweizerisches Strafrecht 1996, Seiten 200 – 220. (Zit.: *Donatsch*, ZStrR 1996, 200 (S.).).

Doralt, Peter; Die Österreichische Privatstiftung – Ein neues Gestaltungsinstrument für Unternehmen, in: ZGR – Zeitschrift für Unternehmens- und Gesellschaftsrecht 1996, Seiten 1 – 17. (Zit.: *Doralt*, ZGR 1996, 1 (S.).).

Doralt, Peter; Kalss, Susanne; Stiftungen im österreichischen Recht, in: Hopt, Klaus J./Reuter, Dieter (Hrsg.), Stiftungsrecht in Europa, Köln 2001, Seiten 419 – 440. (Zit.: *Doralt/Kalss,* in: Hopt/Reuter (Hrsg.), Stiftungsrecht in Europa, 419 (S.).).

Ebersbach, Harry; Handbuch des deutschen Stiftungsrecht, Göttingen 1972. (Zit.: *Ebersbach*, Handbuch des deutschen Stiftungsrecht, S.).

Egger, August; Escher, Arnold; Haab, Robert; Oser, Hugo (Hrsg.); Kommentar zum Schweizerischen Zivilgesetzbuch, Band I: Einleitung Art. 1 – 10 und Personenrecht Art. 11 – 89, 2. Auflage, Zürich 1978. (Zit.: *Bearbeiter,* in: Egger/Escher/Haab/Oser (Hrsg.), Kommentar Schweizerisches ZGB, Bd. I, Art. Rn.).

Eisele, Jörg; Untreue in Vereinen mit ideeller Zielsetzung, in: GA – Goltdammers Archiv für Strafrecht 2001, Seiten 377 – 394. (Zit.: *Eisele*, GA 2001, 377 (S.).).

Eisenberg, Ulrich; Anmerkung zum Urteil des BGH vom 20.12.2012 (4 StR 55/12; JR 2013, 224) - Zur Feststellung des Schadens beim Sportwettenbetrug und zur Einstufung der Erklärung des Vorsitzenden über die Haftfrage als Drohung, in: JR – Juristische Rundschau 2013, Seiten 232 – 236. (Zit.: *Eisenberg*, JR 2013, 232 (S.).).

Eisenring, Martin; Die Verantwortlichkeit für Vermögensanlagen von Vorsorgeeinrichtungen, Zürich 1999. (Zit.: *Eisenring*, Die Verantwortlichkeit für Vermögensanlagen von Vorsorgeeinrichtungen, S.).

Fischer, Daniel J.; Ihle, Jörg; Satzungsgestaltung bei gemeinnützigen Stiftungen, in: DStR – Deutsches Steuerrecht 2008, Seiten 1692 - 1896. (Zit.: *Fischer/Ihle*, DStR 2008, 1692 (S.).).

Fischer, Thomas; Sander, Sascha; Die Verwaltung des Stiftungsvermögens, in: Graf Strachwitz, Rupert; Mercker, Florian (Hrsg.), Stiftungen in Theorie, Recht und Praxis – Handbuch für ein modernes Stiftungswesen, Berlin 2005, Seiten 493 – 516. (Zit.: *Fischer/Sander*, in: Graf Strachwitz/Mercker (Hrsg.), Stiftungen in Theorie, Recht und Praxis, S. 493 (S.).).

Fischer, Thomas; Strafgesetzbuch und Nebengesetze, 60. Auflage, München 2013. (Zit.: *Fischer*, § Rn.).

Foffani, Luigi; Die Untreue im rechtsvergleichenden Überblick, in: Sieber, Ulrich (Hrsg.), Strafrecht und Wirtschaftsstrafrecht – Dogmatik, Rechtsvergleich, Rechtstatsachen – Festschrift für Klaus Tiedemann zum 70. Geburtstag, Köln 2008, Seiten 767 – 787. (Zit.: *Foffani*, in: Sieber (Hrsg.), FS Tiedemann, S. 767 (S.).).

Foregger, Egmont; Kodek, Gerhard; Fabrizy, Ernst Eugen; Strafgesetzbuch StGB samt den wichtigsten Nebengesetzen Kurzkommentar, 10. Auflage, Wien 2010. (Zit.: *Foregger/Kodek/Fabrizy*, StGB Kurzkommentar, §.).

Fritz, Stefan; Stifterwille und Stiftungsvermögen, Baden-Baden 2009. (Zit.: *Fritz*, S.).

Froning, Christoph; Gesellschaftsrechtliche Gestaltungsmöglichkeiten, in: Sudhoff (Hrsg.) Unternehmensnachfolge, 5. Auflage, München 2005. (Zit.: *Froning*, in: Sudhoff (Hrsg.), Unternehmensnachfolge, §, Rn.).

Gassauer-Fleissner, Christian; Grave, Christian; Stiftungsrecht – Privatstiftungsgesetz, Bundes-Stiftungs- und Fondsgesetz sowie Landes-Stiftungs- und Fondsgesetze mit Erläuternden Bemerkungen und Entscheidungen, 2. Auflage, Wien 2008. (Zit.: *Gassauer-Fleissner/Grave*, Stiftungsrecht – PSG, BStFG, Landesstiftungs- und Fondsgesetze Kommentar, § S.).

Goette, Wulf; Habersack, Mathias; Kalss, Susanne (Hrsg.); Münchener Kommentar zum Aktiengesetz, Band 2 §§ 76 – 113, 3. Auflage, München 2008. (Zit.: *Bearbeiter*, in: Goette/Habersack/Kalss (Hrsg.), MüKo AktG, Bd. 2, § Rn.).

Grabenwarter, Christoph; Die Stiftung als Gegenstand der Stiftungsaufsicht, in: Csoklich/Müller (Hrsg.), Die Stiftung als Unternehmer, Wien 1990, Seiten 125 – 140. (Zit.: *Grabenwarter*, in: Csoklich/Müller (Hrsg.), Die Stiftung als Unternehmer, S. 125 (S.).).

Gräwe, Daniel; von Maltzahn, Ruprecht; Die Untreuestrafbarkeit von Stiftungsvorstand und –beirat: Vermeidungsstrategien bei stiftungstypischen Maßnahmen, in: BB – Betriebs Berater 2013, Seiten 329 – 336. (Zit.: *Gräwe/v. Maltzahn*, BB 2013, 329 (S.).).

Gutzwiller, Max; Hinderling, Hans; Meier-Hayoz, Arthur; Merz, Hans; Secretan, Roger; Von Steiger, Werner (Hrsg.); Schweizerisches Privatrecht Zweiter Band: Einleitung und Personenrecht; Basel und Stuttgart, 1967. (Zit.: *Bearbeiter*, in: Gutzwiller u.a. (Hrsg.), Schweizerisches Privatrecht Band II, §, S.).

Helbich, Franz; Die österreichische Privatstiftung – eine Erfolgsstory, in: Gassner, Wolfgang; Göth, Philip; Gröhs, Bernhard/Lang, Michael (Hrsg.), Privatstiftungen Gestaltungsmöglichkeiten in der Praxis, Wien 2000, Seiten 1 – 14. (Zit.: *Helbich*, in: Gassner/Göth/Gröhs/Lang (Hrsg.), Privatstiftungen Gestaltungsmöglichkeiten in der Praxis, S. 1 (S.).).

Hennerkes, Brun-Hagen; Schiffer, Jan; Stiftungsrecht, Köln und Frankfurt am Main 2001. (Zit.: *Hennerkes/Schiffer*, Stiftungsrecht, S.).

Hennerkes, Brun-Hagen; Schiffer, K. Jan; Fuchs, Marcus, Die unterschiedliche Behandlung der unternehmensverbundenen Familienstiftung in der Praxis der Stiftungsbehörden, in: BB – Betriebs Berater 1995, Seiten 209 – 212. (Zit.: *Hennerkes/Schiffer/Fuchs*, BB 1995, 209 (S.).).

Henssler, Martin/Strohn, Lutz (Hrsg.); Gesellschaftsrecht – BGB, HGB, PartGG, GmbHG, AktG, UmwG, GenG, IntGesR, München 2011. (Zit.: *Bearbeiter*, in: Henssler/Strohn (Hrsg.), Gesellschaftsrecht, § Rn).

Hillenkamp, Thomas; Risikogeschäft und Untreue, in: NStZ – Neue Zeitschrift für Strafrecht 1981, Seiten 161 – 168. (Zit.: *Hillenkamp*, NStZ 1981, 161 (S.).).

Hindermann, Walter E.; Der Stiftungszweck, in: ZSR – Zeitschrift für Schweizerisches Recht 1928, Seiten 225 - 281. (Zit.: *Hindermann*, ZSR 1928, 225 (S.).).

Hof, Hagen; § 10 Stiftungsaufsicht, in: Seifart, Werner; von Campenhausen, Axel (Hrsg.), Handbuch des Stiftungsrechts, 3. Auflage, München 2009. (Zit.: *Hof*, in: Seifart/von Campenhausen (Hrsg.), Stiftungsrechts-Handbuch, § 10 Rn.).

Hof, Hagen; § 9 Vermögen und Erträge, in: Seifart, Werner; von Campenhausen, Axel (Hrsg.), Handbuch des Stiftungsrechts, 3. Auflage, München 2009. (Zit.: *Hof*, in: Seifart/von Campenhausen (Hrsg.), Stiftungsrechts-Handbuch, § 9 Rn.).

Hof, Hagen; Die Vermögensausstattung von Stiftungen privaten Rechts (Teil II), in: DStR – Deutsches Steuerrecht 1992, Seiten 1587 - 1591. (Zit.: *Hof*, DStR 1992, 1587 (S.).).

Hof, Hagen; Kap. VIII Stiftung, in: Heidenhain, Martin; Meister, Burkhardt (Hrsg.), Münchener Vertragshandbuch Band 1 Gesellschaftsrecht, 7. Auflage, München 2011. (Zit.: *Hof*, in: Heidenhain/Meister (Hrsg.), Vertragshandbuch Band 1, Kap. VIII, Form., Anm.).

Hof, Hagen; Stiftungen im deutschen Recht, in: Hopt, Klaus J./Reuter, Dieter (Hrsg.), Stiftungsrecht in Europa, Köln 2001, Seiten 301 – 341. (Zit.: *Hof*, in: Hopt/Reuter (Hrsg.), Stiftungsrecht in Europa, 301 (S.).).

Honsell, Heinrich; Vogt, Nedim Peter; Geiser, Thomas (Hrsg.); Baseler Kommentar Zivilgesetzbuch I: Art. 1 – 456 ZGB, 4. Auflage, Basel 2010. (Zit.: *Bearbeiter,* in: Honsell/Vogt/Geiser (Hrsg.), ZGB I, Art. Rn.).

Honsell, Heinrich; Vogt, Nedim Peter; Geiser, Thomas (Hrsg.); Kommentar zum schweizerischen Privatrecht: Schweizerisches Zivilgesetzbuch I Art. 1 – 359 ZGB, Band I, Basel und Frankfurt am Main 1996. (Zit.: *Bearbeiter,* in: Honsell/Vogt/Geiser (Hrsg.), Kommentar schweizerisches Zivilgesetzbuch, Art. Rn.).

Honsell, Heinrich; Vogt, Nedim Peter; Watter, Rolf (Hrsg.); Baseler Kommentar Obligationenrecht II: Art. 530 – 1186 OR, 3. Auflage, Basel 2008. (Zit.: *Bearbeiter,* in: Honsell/Vogt/Watter (Hrsg.), OR II, Art. 728c Rn.).

Hüttemann, Rainer; Der Grundsatz der Vermögenserhaltung im Stiftungsrecht, in: Jakobs, Horst H./Picker, Eduard/Wilhelm, Jan (Hrsg.), Festgabe für Werner Flume zum 90. Geburtstag, Berlin 1998, Seiten 59 - 98. (Zit.: *Hüttemann,* in: Jakobs/Picker/Wilhelm (Hrsg.), FG Flume, 59 (S.).).

Hüttemann, Rainer; Schön, Wolfgang; Vermögensverwaltung und Vermögenserhaltung im Stiftungs- und Gemeinnützigkeitsrecht, Köln 2008. (Zit.: *Hüttemann/Schön,* Vermögensverwaltung und Vermögenserhaltung im Stiftungs- und Gemeinnützigkeitsrecht, S.).

Ihle, Jörg; Stiftungen als Instrument der Unternehmens- und Vermögensnachfolge – Teil 1, in: RNotZ – Rheinische Notar-Zeitschrift 2009, Seiten 557 – 573. (Zit.: *Ihle,* RNotZ 2009, 557 (S.).).

Ihle, Jörg; Stiftungen als Instrument der Unternehmens- und Vermögensnachfolge – Teil 2 – (Fortsetzung von RNotZ 2009, 557), in: RNotZ – Rheinische Notar-Zeitschrift 2009, Seiten 621 - 642. (Zit.: *Ihle,* RNotZ 2009, 621 (S.).).

Jakob, Dominique; § 119 BGB, in: Beuthien, Volker; Gummert, Hans (Hrsg.), Münchener Handbuch des Gesellschaftsrechts, Band 5: Vereine Stiftungen bürgerlichen Rechts, München 2009. (Zit.: *Jakob,* in: Beuthien/Gummert (Hrsg.), Münchener Handbuch des Gesellschaftsrechts, Bd. 5, § Rn.).

Jakob, Dominique; Begrenzung und Ausschluss der stiftungsaufsichtlichen Kontrolle durch stiftungsautonome Bestimmungen, in: ZSt - Zeitschrift zum Stiftungswesen 2006, Seiten 63 – 72. (Zit.: *Jakob,* ZSt 2006, 63 (S.).).

Jakob, Dominique; Das Stiftungsrecht der Schweiz zwischen Tradition und Funktionalismus, in: ZEV – Zeitschrift für Erbrecht und Vermögensnachfolge 2009, Seiten 165 – 170. (Zit.: *Jakob*, ZEV 2009, 165 (S.).).

Jakob, Dominique; Stifterrechte zwischen Privatautonomie und Trennungsprinzip - Möglichkeiten und Konsequenzen der Einflussnahme des Stifters auf seine Stiftung unter Berücksichtigung aktueller Entwicklungen des schweizerischen, österreichischen und liechtensteinischen Rechts, in: Saenger, Ingo; Bayer, Walter; Koch, Elisabeth; Körber, Thorsten (Hrsg.), Gründen und Stiften Festschrift für Olaf Werner, Baden-Baden 2009, Seiten 101 – 115. (Zit.: *Jakob,* in: Saenger/Bayer/Koch/Körber (Hrsg.), FS Werner, S. 101 (S.).).

Joecks, Wolfgang; Miebach, Klaus (Hrsg.); Münchener Kommentar zum Strafgesetzbuch, Band 4: §§ 263 – 358 StGB, §§ 1 – 8, 105, 106 JGG, München 2006. (Zit.: *Bearbeiter,* in: Joecks/Miebach (Hrsg.), MüKo StGB, Bd. 4, § 266 Rn.).

Keul, Thomas; Gesellschaftsrechtliche Pflichtwidrigkeit und Untreue, in: DB – Der Betrieb 2007, Seiten 728 – 730. (Zit.: *Keul*, DB 2007, 728 (S.).).

Kienapfel, Diethelm; Grundriss des österreichischen Strafrechts Besonderer Teil, Band II: Delikte gegen Vermögenswerte, 3. Auflage, Wien 1993. (Zit.: *Kienapfel*, Grundriss des österreichischen Strafrechts BT II, § Rn.).

Kienapfel, Diethelm; Schmoller, Kurt; Studienbuch Strafrecht, Besonderer Teil, Band II: Delikte gegen Vermögenswerte, Wien 2003. (Zit.: *Kienapfel/Schmoller*, Studienbuch Strafrecht BT II, § Rn.).

Kiethe, Kurt; Die Haftung des Stiftungsvorstands, in: NZG – Neue Zeitschrift für Gesellschaftsrecht 2007, Seiten 810 - 814. (Zit.: *Kiethe*, NZG 2007, 810 (S.).).

Kiethe, Kurt; Die Unangemessenheit des Honorars – „Haftungsfalle" für Unternehmensberater und -sanierer? in: BB – Betriebs Berater 2005, Seiten 1801 - 1806. (Zit.: *Kiethe*, BB 2005, 1801 (S.).).

Kindhäuser, Urs; Neumann, Ulfrid; Paeffgen, Hans-Ullrich (Hrsg.); Strafgesetzbuch, 5. Auflage, Baden-Baden 2013. (Zit.: *Bearbeiter,* in: Kindhäuser/Neumann/Paeffgen (Hrsg.), StGB, § Rn.).

Knauth, Alfons; Die Verwendung einer nicht gedeckten Kreditkarte als Straftat, in: NJW – Neue Juristische Wochenschrift 1983, Seiten 1287 – 1291. (Zit.: *Knauth*, NJW 1983, 1287 (S.).).

Köck, Elisabeth; Wirtschaftsstrafrecht – eine systematische Darstellung, 2. Auflage, Wien 2010. (Zit.: *Köck*, Wirtschaftsstrafrecht, S.).

Köhler, Helmut; 7. Kapitel, Insolvenz – Strafrechtlicher Teil, in: Wabnitz, Heinz-Bernd; Janovsky, Thomas (Hrsg.), Handbuch des Wirtschafts- und Steuerstrafrechts, 3. Auflage, München 2007. (Zit.: *Köhler,* in: Wabnitz/Janovsky (Hrsg.), Handbuch Wirtschafs- und Steuerstrafrecht, Kap. 7 Rn.).

Krauß, Hans-Frieder; Stiftungsrecht, in: Beck'sche Online Formulare Vertragsrecht, 24. Edition, 2013. (Zit.: *Krauß* in: Beck'sche Online Formulare Vertragsrecht, Nr.).

Kuchinke, Kurt; Probleme bei letztwilligen Zuwendungen für Stiftungszwecke, in: Barfuß, Werner/Dutoit, Bernard/Forkel, Hans/Immenga, Ulrich/Majoros, Ferenc (Hrsg.), Festschrift für Karl H. Neumayer zum 65. Geburtstag, Baden-Baden 1985. (Zit.: *Kuchinke*, in: Barfuß u.a. (Hrsg.), FS Neumayer, S.).

Künzle, Hans Rainer; Die Verantwortung des Stiftungsrates – Krisenfälle weisen auf Regelungslücken hin, in: Der Schweizer Treuhänder 2000, Seiten 539 – 547. (Zit.: *Künzle*, in: Der Schweizer Treuhänder 2000, 539 (S.).).

Künzle, Hans Rainer; Familienstiftung – Quo vadis?, in: Breitschmid, Peter; Portmann, Wolfgang; Rey, Heinz; Zobl, Dieter (Hrsg.), Grundfragen der juristischen Person, Festschrift für Hans Michael Riemer zum 65. Geburtstag, Bern 2007, Seiten 173 – 192. (Zit.: *Künzle*, in: Breitschmid/Portmann/Rey/Zobl (Hrsg.), Festschrift Riemer 2007, 173 (S.).).

Labsch, Karl Heinz; Der Kreditkartenmißbrauch und das Untreuestrafrecht, in: NJW – Neue Juristische Wochenschrift 1986, Seiten 104 - 110. (Zit.: *Labsch*, NJW 1986, 104 (S.).).

Lackner, Karl; Kühl, Kristian (Hrsg.); Strafgesetzbuch – Kommentar, 27. Auflage, München 2011. (Zit.: *Bearbeiter*, in: Lackner/Kühl (Hrsg.), § Rn.).

Langenfeld, Gerrit; Die letztwillige Stiftung, in: ZEV – Zeitschrift für Erbrecht und Vermögensnachfolge 2002, Seiten 481 - 484. (Zit.: *Langenfeld*, ZEV 2002, 481 (S.).).

Lanter, Marco; Die Verantwortlichkeit von Stiftungsorganen – Eine zivilrechtliche Haftung von Organpersonen mit Verwaltungs- und Aufsichtsaufgaben in privatrechtlichen Stiftungen unter Berücksichtigung der Vorschriften des BVG, Zürich 1984. (Zit.: *Lanter*, die Verantwortlichkeit von Stiftungsorganen, S.).

Lassmann, Tom; Stiftungsuntreue, Berlin 2008. (Zit.: *Lassmann*, Stiftungsuntreue, S.).

Lassmann, Tom; Untreue zu Lasten gemeinnütziger Stiftungen – Strafbarkeitsrisiken im Non-Profit-Bereich, in: NStZ – Neue Zeitschrift für Strafrecht 2009, Seiten 473 – 478. (Zit.: *Lassmann*, NStZ 2009, 473 (S.).).

Laufhütte, Heinrich Wilhelm; Rissing-van Saan, Ruth; Tiedemann, Klaus (Hrsg.); Strafgesetzbuch Leipziger Kommentar, Großkommentar Neunter Band 1. Teilband: §§ 263 bis 266b, 12. Auflage, Berlin 2012. (Zit.: *Bearbeiter*, in: Laufhütte/Rissing-van Saan/Tiedemann (Hrsg.), Leipziger Kommentar StGB, § Rn.).

Leipold, Klaus; Beukelmann, Stephan; Vermögensschaden bei betrügerischer Sportwettenmanipulation, in: NJW- Spezial – Neue Juristische Wochenschrift Spezial 2013, Seiten 88 – 89. (Zit.: *Leipold/Beukelmann*, NJW-Spezial 2013, 88 (S.).).

Liebscher, Klaus; Anmerkung zu OGH v. 6.4.1959 Az.: 8 Os 409/58, in: RZ – Österreichische Richter Zeitschrift 1959, Seiten 117 – 118. (Zit.: *Liebscher*, RZ 1959, 117 (S.).

Liver, Peter; Die Privatrechtliche Rechtsprechung des Bundesgerichts im Jahre 1981, in: ZBJV – Zeitschrift des Bernischen Juristenvereins 1983, Seiten 57 – 63. (Zit.: *Liver*, ZBJV 1983, 57 (S.).).

Maier, Thomas; Stiftung und Strafrecht, in: Werner, Olaf; Saenger, Ingo (Hrsg.), Die Stiftung, Recht Steuern, Wirtschaft – Stiftungsrecht, Berlin 2008. (Zit.: *Maier*, in: Werner/Saenger (Hrsg.), Stiftungsrecht, S.).

Mercker, Florian; Die Familienstiftung, in: Graf Strachwitz, Rupert; Mercker, Florian (Hrsg.), Stiftungen in Theorie, Recht und Praxis – Handbuch für ein modernes Stiftungswesen, Berlin 2005, Seiten 328 - 336. (Zit.: *Mercker*, in: Graf Strachwitz/Mercker (Hrsg.), Stiftungen in Theorie, Recht und Praxis, S. 328 (S.).).

Momsen, Carsten; Christmann, Boris; Untreue im Fall des Lastschriftwiderrufs durch den Insolvenzverwalter – Potenzielle Strafbarkeitsrisiken für die Beteiligten, in: NZI – Neue Zeitschrift für das Recht der Insolvenz und Sanierung 2010, Seiten 121 - 127. (Zit.: *Momsen/Christmann*, NZI 2010, 121 (S.).).

Mosenheuer, Andreas; Untreue durch mangelhafte Dokumentation von Zahlungen?, in: NStZ – Neue Zeitschrift für Strafrecht 2004, Seiten 179 – 181. (Zit.: *Mosenheuer*, NStZ 2004, 179 (S.).).

Muscheler, Karlheinz; Arnhold, Jonas; Gantenbrink, Matthias; Der Fall Beisheim – rechtliche Überlegungen zur „Prof. Dr. Otto Beisheim Stiftung Tegernsee", in: ZErb – Zeitschrift für die Steuer- und Erbrechtspraxis 2007, Seiten 211 – 215. (Zit.: *Muscheler/Arnhold/Gantenbrink*, ZErb 2007, 211 (S.).).

Muscheler, Karlheinz; Das vertragliche Stiftungsrecht, in: ZEV – Zeitschrift für Erbrecht und Vermögensnachfolge 2003, Seiten 41 – 49. (Zit.: *Muscheler*, ZEV 2003, 41 (S.).).

Muscheler, Karlheinz; Keine Schenkung bei Zuwendung an juristische Person zur Förderung eines gemeinnützigen Zweckes – Anmerkung zu OLG Dresden v. 2.5.2002, in: ZEV - Zeitschrift für Erbrecht und Vermögensnachfolge 2003, Seiten 415 – 418. (Zit.: *Muscheler*, ZEV 2003, 415 (S.).).

Nelles, Ursula; Untreue zum Nachteil von Gesellschaften: Zugleich ein Beitrag zur Struktur des Vermögensbegriffs als Beziehungsbegriff, Berlin 1991. (Zit.: *Nelles*, Untreue zum Nachteil von Gesellschaften, S.).

Nietzer, Wolf M.; Stadie, Volker; Die Familienstiftung & Co. KG - eine Alternative für die Nachfolgeregelung bei Familienunternehmen, in: NJW – Neue Juristische Wochenschrift 2000, Seiten 3457 – 3461. (Zit.: *Nietzer/Stadie*, NJW 2000, 3457 (S.).).

Noll, Peter; Schweizerisches Strafrecht Besonderer Teil I: Delikte gegen den Einzelnen, Zürich 1983. (Zit.: *Noll*, Schweizerisches Strafrecht BT I, § S.).

Nowotny, Christian; Die Organisation der Privatstiftung, in: Csoklich, Peter; Müller, Michael J.; Gröhs, Bernhard; Helbich, Franz (Hrsg.), Handbuch zum Privatstiftungsgesetz, Wien 1994, Seiten 145 – 174. (Zit.: *Nowotny*, in: Csoklich/Müller/Gröhs/Helbich (Hrsg.), Handbuch zum Privatstiftungsgesetz, S. 145 (S.).).

Nowotny, Christian; Fragen des neuen Privatstiftungsgesetzes, in: GesRZ – Der Gesellschafter 1994, Seiten 1 – 12. (Zit.: *Nowotny*, GesRZ 1994, 1 (S.).).

Ossadnik, Wolfgang; Dorenkamp, Axel; Wilmsmann, Dirk; Diversifikation und Risikomanagement: Auswirkungen auf die relative Rendite-Risiko-Position, in: DB –

Der Betrieb 2004, Seiten 1165 – 1168. (Zit.: *Ossadnik/Dorenkamp/Wilsmann*, DB 2004, 1165 (S.).).

Otto, Lieselotte; Kuhli, Annett; Handbuch der Stiftungspraxis – Stiftungsrecht, Steuerrecht und Rechnungslegung bei Stiftungen, München 2007. (Zit.: *Otto/Kuhli*, Handbuch der Stiftungspraxis, S.).

Pahlke, Armin; Koenig, Ulrich (Hrsg.); Abgabenordnung Kommentar, 2. Auflage, München 2009. (Zit.: *Bearbeiter*, in: Pahlke/Koenig (Hrsg.), Abgabenordnung, § Rn.).

Palandt, Otto (Begr.); Bürgerliches Gesetzbuch Kommentar, 72. Auflage, München 2013. (Zit.: *Bearbeiter*, in: Palandt, § 80 Rn.).

Park, Tildo (Hrsg.); Kapitalmarktstrafrecht Handkommentar, 3. Auflage, Baden-Baden 2013. (Zit.: *Bearbeiter*, in: Park (Hrsg.) Kapitalmarktstrafrecht, Teil 3, Rn.).

Pittl, Raimund; Die österreichische Privatstiftung: Rechtsnatur, Stiftungszweck, Stiftungsvermögen und verbotene Tätigkeiten, in: ZVglRWiss – Zeitschrift für Vergleichende Rechtswissenschaft 99 (2000), Seiten 57 – 68. (Zit.: *Pittl*, ZVglRWiss 99 (2000), 57 (S.).).

Purtschert, Robert; von Schnurbein, Georg; Beccarelli, Claudio; Gemeinnützige Stiftungen in der Schweiz – Zwischen Aufbruch und Bewahrung, in: Egger, Philipp; Helmig, Bernd; Purtschert, Robert (Hrsg.), Stiftung und Gesellschaft – Eine komparative Analyse des Stiftungsstandortes Schweiz, Deutschland, Liechtenstein, Österreich, USA, Basel 2006, Seiten 91 – 118. (Zit.: *Purtschert/von Schnurbein/Beccarelli*, in: Egger/Helmig/Purtschert (Hrsg.), Stiftung und Gesellschaft, S. 91 (S.).).

Rawert, Peter; Der Stiftungsbegriff und seine Merkmale – Stiftungszweck, Stiftungsvermögen, Stiftungsorganisation in: Hopt, Klaus J./Reuter, Dieter (Hrsg.), Stiftungsrecht in Europa, Köln 2001, Seiten 109 – 137. (Zit.: *Rawert*, in: Hopt/Reuter (Hrsg.), Stiftungsrecht in Europa, S. 109 (S.).).

Rawert, Peter; Kapitalerhöhung zu guten Zwecken – Die Zustiftung in der Gestaltungspraxis, in: DNotZ – Deutsche Notar-Zeitschrift 2008, Seiten 5 - 18. (Zit.: *Rawert*, DNotZ 2008, 5 (S.).).

Rehberg, Jörg; Strafrecht III: Delikte gegen den Einzelnen, 5. Auflage, Zürich 1990. (Zit.: *Rehberg*, Schweizerisches Strafrecht III, §, S.).

Reimann, Wolfgang; Die rechtsfähigen Stiftungen in der Kautelarpraxis, in: DNotZ – Deutsche Notar-Zeitschrift 2012, Seiten 250 - 269. (Zit.: *Reimann*, DNotZ 2012, 250 (S.).).

Reinhold, Philipp; Der Arbeitgeber als Opfer „nützlicher Aufwendungen" seiner Mitarbeiter – zugleich eine Anmerkung zu BGH, 2 StR 587/07, Urteil vom 29. August 2008, in: HRRS – Zeitschrift für höchstrichterliche Rechtsprechung im Strafrecht 2009, Seiten 107 – 112. (Zit.: *Reinhold*, HRRS 2009, 107 (S.).).

Reuter, Dieter; Stiftungsrechtliche Vorgaben für die Verwaltung des Stiftungsvermögens, in: NZG – Neue Zeitschrift für Gesellschaftsrecht 2005, Seiten 649 - 654. (Zit.: *Reuter*, NZG 2005, 649 (S.).).

Riemer, Hans Michael; Die Stiftungen – Systematischer Teil und Kommentar zu Art. 80 - 89 bis ZGB, in: Meier-Hayoz, Arthur (Hrsg.), Berner Kommentar zum schweizerischen Privatrecht Band 1: Einleitung und Personenrecht, 3. Abteilung: Die juristischen Personen, 3. Teilband, 3. Auflage, Bern 1975. (Zit.: *Riemer*, in: Meier-Hayoz (Hrsg.), Berner Kommentar zum schweizerischen Privatrecht: Stiftungen, S.).

Riemer, Hans Michael; Stiftungen im schweizerischen Recht, in: Hopt, Klaus J./Reuter, Dieter (Hrsg.), Stiftungsrecht in Europa, Köln 2001, Seiten 511 – 519. (Zit.: *Riemer*, in: Hopt/Reuter (Hrsg.), Stiftungsrecht in Europa, 511 (S.).).

Rödel, Thomas; Rechtsfolgen einer verlustbringenden Anlage des Stiftungsvermögens in Aktien, in: NZG – Neue Zeitschrift für Gesellschaftsrecht 2004, Seiten 754 – 759. (Zit.: *Rödel*, NZG 2004, 754 (S.).).

Rübenstahl, Markus; Untreuehandlungen bei Kapitalanlagegeschäften und Verfahrensdauer in Wirtschaftsstrafsachen, in: NJW – Neue Juristische Wochenschrift 2008, Seiten 2451 – 2455. (Zit.: *Rübenstahl*, NJW 2008, 2451 (S.).).

Säcker, Franz Jürgen; Rixecker, Roland (Hrsg.); Münchener Kommentar zum Bürgerlichen Gesetzbuch, Band 1: §§ 1 – 240, ProstG, AGG, 6. Auflage, München 2012. (Zit.: *Bearbeiter,* in: Säcker/Rixecker (Hrsg.) MüKo BGB, § Rn.).

Saliditt, Franz; Untreue durch mangelhafte Dokumentation von Zahlungen, in: NStZ – Neue Zeitschrift für Strafrecht 2001, Seite 544. (Zit.: *Saliditt*, NStZ 2001, 544 (544).).

Saliger, Frank; Untreue bei Stiftungen, in: NPLY – Non Profit Law Yearbook 2005, Seiten 209 – 228. (Zit.: *Saliger*, NPLY 2005, 209 (S.).).

Satzger, Helmut; „Schwarze Kassen" zwischen Untreue und Korruption – Eine Besprechung des Urteils BGH – 2 StR 587/07 (Siemens-Entscheidung), in: NStZ – Neue Zeitschrift für Strafrecht 2009, Seiten 297 – 306. (Zit.: *Satzger*, NStZ 2009, 297 (S.).).

Satzger, Helmut; Schmitt, Bertram; Widmaier, Gunter (Hrsg.); Strafgesetzbuch Kommentar, 1. Auflage, Köln 2009. (Zit.: *Bearbeiter,* in: SSW-StGB, § Rn.).

Sauer, Jörg; Widerspricht die Vermögenserhaltung der gemeinnützigen Mittelverwendung?, in: StiftungsBrief 5/2010, S. 95-99. (Zit.: *Sauer*, StiftungsBrief 5/2010, S.).

Schauhoff, Stephan; Grundlegung in: Schauhoff, Stefan (Hrsg.), Handbuch der Gemeinnützigkeit, 3. Auflage, München 2010. (Zit.: *Schauhoff*, in: Schauhoff (Hrsg.), Handbuch der Gemeinnützigkeit, § Rn.).

Schewe, Markus; Stiftungserrichtung von Todes wegen (Teil 1), in: ZSt – Zeitschrift zum Stiftungswesen 2004, Seiten 270 – 277. (Zit.: *Schewe*, ZSt 2004, 270 (S.).).

Schiemann, Anja; Sportwettenbetrug durch Spielmanipulationen – Schadensermittlung Anmerkung zu BGH Urt. v. 20.12.2012 – 4 StR 55/12, in: NJW – Neue Juristische Wochenschrift 2013, Seiten 883 – 888. (Zit.: *Schiemann*, NJW 2013, 883 (S.).).

Schiffer, K. Jan; Zur Entwicklung des Stiftungszivilrechts in den Jahren 2000 bis 2003, in: NJW – Neue Juristische Wochenschrift 2004, Seiten 2497 – 2500. (Zit.: *Schiffer*, NJW 2004, 2497 (S.).).

Schindler, Ambros; Vermögensanlage von Stiftungen im Zielkonflikt zwischen Rendite, Risiko und Erhaltung der Leistungskraft, in: DB – Der Betrieb 2003, Seiten 297 – 302. (Zit.: *Schindler*, DB 2003, 297 (S.).).

Schlüter, Andreas; Stolte, Stefan; Stiftungsrecht – Erscheinungsformen und Errichtung der Stiftung, Stiftungsaufsicht, Verwaltung des Stiftungsvermögens, Besteuerung von Stiftung und Stifter, Internationales Stiftungsrecht, Mit Mustern, 1. Auflage, München 2007. (Zit.: *Schlüter/Stolte*, Stiftungsrecht, Kap. Rn).

Schmid, Felix; Die Stiftungsaufsicht in der Schweiz, in: Der Schweizer Treuhänder 1995, Seiten 649 – 652. (Zit.: *Schmid*, in: Der Schweizer Treuhänder 1995, 649 (S.).).

Schmid, Niklaus; Die strafrechtliche Verantwortlichkeit des Revisors, Zürich 1996. (Zit.: *Schmid*, Die strafrechtliche Verantwortlichkeit des Revisors, S.).

Schmid, Niklaus; Die strafrechtliche Verantwortlichkeit für Wirtschaftsdelikte im Tätigkeitsbereich der Aktiengesellschaft, in: Die Schweizerische Aktiengesellschaft 1974, Seiten 101 – 119. (Zit.: *Schmid*, in: Die Schweizerische Aktiengesellschaft 1974, 101 (S.).).

Schmid, Wolfgang; § 31, in: Müller-Gugenberger, Christian; Bieneck, Klaus (Hrsg.); Wirtschaftsstrafrecht – Handbuch des Wirtschaftsstraf- und -ordnungswidrigkeitenrechts, 5. Auflage, Köln 2011. (Zit.: *Schmid*, in: Müller-Gugenberger/Bieneck (Hrsg.), Wirtschaftsstrafrecht, § 31 Rn.).

Schmidt, Oliver; Die Errichtung von Unternehmensträgerstiftungen durch Verfügung von Todes wegen und Testamentsvollstreckung, in: ZEV – Zeitschrift für Erbrecht und Vermögensnachfolge 2000, Seiten 438 – 440. (Zit.: *Schmidt*, ZEV 2000, 438 (S.).).

Schmidt, Oliver; Vermögenszuwendung und Festlegung des Stiftungszwecks bei der Errichtung unselbstständiger Stiftungen von Todes wegen, in: ZEV – Zeitschrift für Erbrecht und Vermögensnachfolge 2003, Seiten 316 – 319. (Zit.: *Schmidt*, ZEV 2003, 316 (S.).).

Schönke, Adolf; Schröder, Horst (Hrsg.); Strafgesetzbuch Kommentar, 28. Auflage, München 2010. (Zit.: *Bearbeiter*, in: Sch/Sch StGB, § Rn.).

Schramm, Edward; Untreue durch Insolvenzverwalter, in: NStZ – Neue Zeitschrift für Strafrecht 2000, Seiten 398 – 402. (Zit.: *Schramm*, NStZ 2000, 389 (S.).).

Schreiber, Hans-Ludwig; Beulke, Werner; Untreue durch Verwendung von Vereinsgeldern zu Bestechungszwecken - BGH, NJW 1975, 1234, in: JuS – Juristische Schulung 1977, Seiten 656 – 661. (Zit.: *Schreiber/Beulke*, JuS 1977, 656 (S.).).

Schubarth, Martin; Albrecht, Peter; Kommentar zum schweizerischen Strafrecht – Schweizerisches Strafgesetzbuch Besonderer Teil 2. Band: Delikte gegen das Vermögen Art. 137 – 172, Bern 1990. (Zit.: *Schubarth/Albrecht*, Kommentar zum schweizerischen Strafrecht, Art. Rn.).

Schünemann, Bernd; Zur Quadratur des Kreises in der Dogmatik des Gefährdungsschadens, in: NStZ – Neue Zeitschrift für Strafrecht 2008, Seiten 430 – 434. (Zit.: *Schünemann*, NStZ 2008, 430 (S.).).

Schwarz, Günter Christian; Die Stiftung als Instrument für die mittelständische Unternehmensnachfolge, in: BB – Betriebs Berater 2001, Seiten 2381 – 2389. (Zit. *Schwarz*, BB 2001, 2381 (S.).).

Schwarz, Günter Christian; Zur Neuregelung des Stiftungsprivatrechts (Teil I), in: DStR – Deutsches Steuerrecht 2002, Seiten 1718 – 1725. (Zit.: *Schwarz*, DStR 2002, 1718 (S.).).

Schwarz, Günter Christian; Zur Neuregelung des Stiftungsprivatrechts (Teil II), in: DStR – Deutsches Steuerrecht 2002, Seiten 1767 – 1773. (Zit.: *Schwarz*, DStR 2002, 1767 (S.).).

Schwintek, Sebastian; Vorstandskontrolle in rechtsfähigen Stiftungen bürgerlichen Rechts, Baden-Baden 2001. (Zit.: *Schwintek*, Vorstandskontrolle in rechtsfähigen Stiftungen bürgerlichen Rechts, S.).

Senge, Lothar; Karlsruher Kommentar zum Gesetz über Ordnungswidrigkeiten, 3. Auflage, München 2006. (Zit.: *Senge*, in: Senge (Hrsg.), KK OWiG, § Rn.).

Servatius, Wolfgang; Internationales Gesellschaftsrecht, in: Henssler/Strohn (Hrsg.) Gesellschaftsrecht, 1. Auflage, München 2011. (Zit.: *Servatius*, in: Henssler/Strohn (Hrsg.), Gesellschaftsrecht, Rn.).

Seyfarth, Sabine; Die Geltungsberechtigung der staatlichen Stiftungsaufsicht über privatnützige Stiftungen und Stiftungen mit internen Kontrollmechanismen, in: ZSt – Zeitschrift zum Stiftungswesen 2008, Seiten 145 – 150. (Zit.: *Seyfarth*, ZSt 2008, 145 (S.).).

Sprecher, Thomas; von Salis, Ulysses; Schweiz, in: Richter, Andreas; Wachter, Thomas (Hrsg.), Handbuch des internationalen Stiftungsrechts, Angelbachtal 2007. (Zit.: *Sprecher/von Salis*, in: Richter/Wachter (Hrsg.), Handbuch des internationalen Stiftungsrechts, S.).

Statistisches Bundesamt; Wirtschaft und Statistik: Oktober 2012, Wiesbaden 2012. (Zit.: Statistisches Bundesamt (Hrsg.), Wirtschaft und Statistik: Oktober 2012, S.).

Staudinger, Julius v. (Hrsg.); Kommentar zum Bürgerlichen Gesetzbuch mit Einführungsgesetz und Nebengesetzen, Buch 1, §§ 80 – 89 Stiftungsrecht, 13. Auflage, Berlin 2011. (Zit.: *Bearbeiter*, in: Staudinger BGB, § Rn.).

Stingl, Michael; Vermögensverfall und Insolvenzverfahren im Stiftungswesen, Bielefeld 2006. (Zit.: *Stingl*, S.).

Stratenwerth, Günter; Schweizerisches Strafrecht Besonderer Teil I: Straftaten gegen Individualinteressen, 6. Auflage, Bern 2008. (Zit.: *Stratenwerth*, Schweizerisches Strafrecht BT I, §, Rn.).

Tischer, Robert; Über die Notwendigkeit strenger gesetzlicher Regelungen von Aufsicht und Kontrolle über privatrechtliche Stiftungen, Hamburg 2012. (Zit.: *Tischer*, S.).

Trechsel, Stefan; Schweizerisches Strafgesetzbuch Kurzkommentar, Zürich 2008. (Zit.: *Trechsel*, Schweizerisches StGB, Art. Rn.).

Tuor, Peter; Schnyder, Bernhard; Das Schweizerische Zivilgesetzbuch, Zürich 2002. (Zit.: *Tuor/Schnyder*, Das Schweizerische Zivilgesetzbuch, § S.).

Turner, Nikolaus; Doppstadt, Joachim; Die Stiftung – eine Möglichkeit individueller Nachfolgegestaltung, in: DStR – Deutsches Steuerrecht 1996, Seiten 1448 – 1453. (Zit.: *Turner/Doppstadt*, DStR 1996, 1448 (S.).).

Urbach, Guido; Die ungetreue Geschäftsbesorgung gemäß Art. 158 StGB, Zürich 2002. (Zit.: *Urbach*, Die ungetreue Geschäftsbesorgung, S.).

Velten, Petra; Untreue durch Belastung mit dem Risiko zukünftiger Sanktionen am Beispiel verdeckter Parteienfinanzierung, in: NJW – Neue Juristische Wochenschrift 2000, Seiten 2852 – 2857. (Zit.: *Velten*, NJW 2000, 2852 (S.).).

Vetter, Tobias; Die Aufgaben des Stiftungsprüfers – aktuelle Rechtsfragen der Stiftungsprüfung, in: Gassner, Wolfgang; Göth, Philip; Gröhs, Bernhard/Lang, Michael (Hrsg.), Privatstiftungen Gestaltungsmöglichkeiten in der Praxis, Wien 2000, Seiten 115 – 123. (Zit.: *Vetter*, in: Gassner/Göth/Gröhs/Lang (Hrsg.), Privatstiftungen Gestaltungsmöglichkeiten in der Praxis, S. 115 (S.).).

Vollmar, Alex; Die ungetreue Geschäftsführung (Art. 159 StGB), Zürich 1978. (Zit.: *Vollmar*, Die ungetreue Geschäftsführung, S.).

von Campenhausen, Axel; § 1 Abgrenzung, in: Seifart, Werner; von Campenhausen, Axel (Hrsg.), Handbuch des Stiftungsrechts, 3. Auflage, München 2009. (Zit.: *von Campenhausen*, in: Seifart/von Campenhausen (Hrsg.), Stiftungsrechts-Handbuch, § 1 Rn.).

von Oertzen, Christian; Hosser, Marcus; Asset Protection mit inländischen Familienstiftungen, in: ZEV – Zeitschrift für Erbrecht und Vermögensnachfolge 2010, Seiten 168 – 174. (Zit.: *von Oertzen/Hosser*, ZEV 2010, 168 (S.).).

von Oertzen; Asset Protection im deutschen Recht, Angelbachtal 2007. (Zit.: *von Oertzen*, Asset Protection im deutschen Recht, S.).

Wachter, Thomas; Die österreichische Privatstiftung als Instrument der Nachfolgeplanung für deutsche Stifter?, in: DStR – Deutsches Steuerrecht 2000, Seiten 474 – 480. (Zit.: *Wachter*, DStR 2000, 474 (S.).).

Wachter, Thomas; Schweiz: Änderungen des Stiftungsrechts zum 1.1.2006, in: ZErb – Zeitschrift für die Steuer- und Erbrechtspraxis 2006, Seiten 11 – 15. (Zit.: *Wachter*, in: ZErb 2006, 11 (S.).).

Walter, Oskar; Golpayegani, Isabel; Die kaufmännische Rechnungslegung bei rechtsfähigen Stiftungen des bürgerlichen Rechts, in: DStR – Deutsches Steuerrecht 2000, Seiten 701 – 708. (Zit.: *Walter/Golpayegani*, DStR 2000, 701 (S.).).

Wassmer, Martin Paul; Untreue bei Risikogeschäften, Heidelberg 1997. (Zit.: *Wassmer*, Untreue bei Risikogeschäften, S.).

Werner, Rüdiger; Stiftung als Instrument des Vermögensschutzes, in: ZErb – Zeitschrift für die Steuer- und Erbrechtspraxis 2010, Seiten 104 – 111. (Zit.: *Werner*, ZErb 2010, 104 (S.).).

Wernicke, Thomas; Vorstandskontrolle in der Stiftung, in: ZEV - Zeitschrift für Erbrecht und Vermögensnachfolge 2003, Seiten 301 – 306. (Zit.: *Wernicke, ZEV* 2003, 301 (S.).).

Wettenschwiler, Suzanne; Die private gemeinnützige Stiftung – Eine Gebrauchsanleitung, in: Zindel, Gaudenz G.; Peyer, Patrik R.; Schott, Bertrand G. (Hrsg.), Wirtschaftsrecht in Bewegung – Festgabe zum 65. Geburtstag von Peter Forstmoser, Seiten 347 – 364. (Zit.: *Wettenschwiler*, in: Zindel/Peyer/Schott (Hrsg.), Festgabe Forstmoser, S. 347 (S.).).

Winnefeld, Robert; Bilanz-Handbuch – Handels- und Steuerbilanz, Rechtsformspezifisches Bilanzrecht, Bilanzielle Sonderfragen, Sonderbilanzen, IAS/US-GAAP, 4. Auflage, München 2006. (Zit.: *Winnefeld*, Bilanz-Handbuch, Kap., Rn.).

Wochner, Georg; Rechtsfähige Stiftungen – Grundlagen und aktuelle Reformbestrebungen, in: BB – Betriebs Berater 1999, Seiten 1441 - 1448. (Zit.: *Wochner*, BB 1999, S1441 (S.).).

Wochner, Georg; Stiftungen und stiftungsähnliche Körperschaften als Instrumente dauerhafter Vermögensbindung, in: MittRhNotK – Mitteilung der Rheinischen Notarkammer 1994, Seiten 89 – 112. (Zit.: *Wochner*, MittRhNotK 1994, 89 (S.).).

Zagler, Wolfgang; Strafrecht Besonderer Teil – Eine Auswahl für Studium und Praxis, 1. Auflage, Wien 2000. (Zit.: *Zagler*, Strafrecht BT, § Rn.).

Zensus, Janina; Schmitz, Benedikt; Die Familienstiftung als Gestaltungsinstrument zur Vermögensübertragung und -sicherung, in: NJW – Neue Juristische Wochenschrift 2012, Seiten 1323 – 1329. (Zit.: *Zensus/Schmitz*, NJW 2012, 1323 (S.).).

Zimmermann, Klaus; Aktueller Überblick über das deutsche Stiftungsrecht, in: NJW – Neue Juristische Wochenschrift 2011, Seiten 2931 – 2937. (Zit.: *Zimmermann*, NJW 2011, 2931 (S.).).

Aus unserem Verlagsprogramm:

Kristian Klüppelberg
Die Untreuestrafbarkeit des Vorstands bei Verstößen gegen den Deutschen Corporate Governance Kodex und § 161 AktG
Ein Restriktionsversuch im Hinblick auf den konturenlosen Tatbestand des § 266 StGB über den Weg der Einbindung eines Selbstregulierungsinstruments
Hamburg 2014 / 472 Seiten / ISBN 978-3-8300-7502-8

Lutz Uhlig
Steuerliche Vorteilhaftigkeit einer Familienstiftung gegenüber einer Dauertestamentsvollstreckung
Eine Analyse zweier Instrumente der Vermögensnachfolgeplanung bei unentgeltlichen Vermögensübertragungen im Erbfall unter Berücksichtigung von Ertrag- und Erbschaftsteuern
Hamburg 2013 / 470 Seiten / ISBN 978-3-8300-7426-7

Lulu Niu
Die objektive Bedingung der Strafbarkeit der §§ 283 ff. StGB
Hamburg 2013 / 226 Seiten / ISBN 978-3-8300-7424-3

Michael Hippeli
Zurechnung nach WpHG und WpÜG bei beherrschten Stiftungen und stiftungsähnlichen Rechtsformen
Hamburg 2013 / 148 Seiten / ISBN 978-3-8300-7344-4

Bastian Kornau
Die Stiftung als Unternehmensnachfolgerin
Hamburg 2012 / 486 Seiten / ISBN 978-3-8300-6704-7

Robert Tischer
Über die Notwendigkeit strenger gesetzlicher Regelungen von Aufsicht und Kontrolle über privatrechtliche Stiftungen
Hamburg 2012 / 286 Seiten / ISBN 978-3-8300-6523-4

Silke Nickmann
Krise, Insolvenz und Strafrecht – ein Beitrag zur Abgrenzung von Bankrott und Untreue bei der GmbH
Hamburg 2012 / 282 Seiten / ISBN 978-3-8300-6264-6

Jasper von Hoerner
Die Formulierungsfreiheit des Stifters als Ausfluss seiner Privatautonomie
Hamburg 2010 / 218 Seiten / ISBN 978-3-8300-4983-8

VERLAG DR. KOVAČ
FACHVERLAG FÜR WISSENSCHAFTLICHE LITERATUR

Postfach 57 01 42 · 22770 Hamburg · www.verlagdrkovac.de · info@verlagdrkovac.de